AF313687

cest ici la 1ere edition de ce livre composè en 1459 par antoine de
lasalle secretaire de renè danjou roy desicile et duc de lorraine ce meme la il le
est auteur de la salade un vrai roman extraordinaire (voyez la notte que j'y ay mise)
et celuy ci est en quelque facon historique du temps mesme en usant d'autres
voyès ce que j'ay dit m' quelque chose dans la preface et les nottes ...
de 1723 en ... derniere edition et celle ci en ne compte encor 3
autres savoir une de 1523 une de 1528 et une de 1553. elles sont
devenues toutes quatre rarissimement recherchèes ...
mort en 1767. estant la[que]une qui a ... fait rember et recerchar se
recherchè ... amis ...

Lhystoyre et plaisante cronicque

du petit Iehan de saintre/de la ieune dame des belles cousines sans
autre nom nommer/auecques deux autres petites hystoires de mes
sire Floridan et la belle Elinde/et leptraict des cronicques de flandres. Nouuelle
ment imprime par Michel le noir Libraire iure de luniuersite de Paris.

Cum priuilegio.

Rancoys par la grace de dieu Roy de France/aux preuost de paris
seneschal de lyon et bailly de rouen et a tous noz autres iusticiers et
officiers:ou a leurs lieutenans τ a chascun deulx sicomme a luy ap
partiendra salut et dilection. Receue auons lhumble supplication
de nostre cher et bien ame Michel le noir Libraire Iure de nostre
vniuersite de Paris/contenant quil a faict dresser/corriger et me/
ctre en forme deue a ses grans fraiz τ mises le liure appelle. Les passaiges doultre
mer faict par les francoys contre les turcqz et mores oultre maris. Le petit saintre
Guerin de montglaue /et linstruction du ieune prince/lesquelz liures ledict eppo/
sant a intécion faire imprimer pour soy tembourser des fraiz et mises quil a faictz
a faire dresser/escripre et corriger les dictz liures / mais il doubte que incontinent
apres ql les aura faict imprimer/aucuns libraires ou autres voulsissét faire iceulx
liures imprimer/et par ainsi ne pourroit retirer les fraiz et mises quil luy a conue/
nu et conuiendra faire:tant pour auoir faict dresser/corriger et escripre:que pour le
papier et impression diceulx/sur ce requerant humblemét nostre prouision:pour ce
est il que nous ces choses consideraes inclinant liberallement a la supplication du/
dict michel le noir a icelluy pour ces causes et autres ad ce nous mouuans Auons
permis et octroye/permectons et octroyons de grace especial par ces presétes quil
puisse et luy soit loysible imprimer ou faire iprimer les dictz liures dessusdictz men
tionnez iusques a trois ans prochainement venant/a compter du iour et dacte que
les dictz liures seront imprimez/sans ce que durant ledict temps aulcuns libraires
imprimeurs ne autres puissent iceulx liures imprimer ou faire imprimer ne ven/
dre/si vous mandons et commectons par ces presentes q de noz grace permission
et octroy vous faictes souffrez et laisser ledict suppliant ioyr et vser plainement et
paisiblement/en faisant ou faisát faire a tous libraires/imprimeurs et autres ex
presse inhibition et deffence de par nous sur certaines et grandes peines auons a
applicquer/et de confiscation des dictz liures Que durát ledict temps des dictz trois
ans nayent a imprimer les dictz liures/car ainsi nous plaist il estre faict :nonobstát
quelzconcques lettres subgectices/a ces contraires mandons et commádons a to'
noz iusticiers/officiers et subgectz:que a vous en ce faisant soit obey. ¶ Donne a
Rouen le.xij.iour daoust. Lan de grace Mil cinq cens dixsept/τ de nostre regne le
troysiesme. Par le roy a la relacion du conseil.

Maillart.

¶Comment la dame conseilla au petit sai(n)
tre q(ui)l failloit quil fist publier son entreprinse
par vng herault darmes contenant comment
le mieulx disat:fust escuyer, ou dame auroit
pris conuenable ⁊ luy mist le bracellet au bras
puis comet saintre fist vng banquet a tous
seigneurs et dames/et sur la nuyct retourna
au preau parler a la dame qui luy dist q(ui)l fail
loit publier ses lettres darmes a la court des
quatre roys despaigne.chapitre.　　　　xx.

¶Coment le petit saintre fut deuers le roy
et la royne presenter sa lettre darmes ⁊ demä
der conge de lobtenir:ce q le roy fit quasy co
me contrainct.chapitre.　　　　　　　xxi.

¶Comet le petit saintre entra enjouste trium
phant et bie acoustre ⁊ se porta vaillantemet
si quil fut prise ⁊honore de chascun.cha.xxii.

¶Comet saintre fut au preau parler a ma
dame/et il luy declaira de point en point com
ment il estoit acoustre:quelz gens ⁊ officiers
il auoit pour parfaire son entreprise/et com
ment la dame voult scauoir de ses couleurs ⁊
de ses armes:puis prindrent coge lug de lau
tre a tres gras pleurs et regretz. chap. xxiii.

¶Comment la dame aduertit la royne que
saintre estoit bien merueilleusemet acoustre
de coursiers et autres choses:parquoy ladicte
royne dist a saintre quil fist admener ses che
uaulx en la gallerie pour les veoir:ce quil fit
Et comment le roy et la royne les virent qui
moult le priserent.chapitre.　　　　xxiiii.

¶Comet saintre apres quil fut prest po(ur)
partir vint demander conge au roy pour fai
te son entreprise/laquelle chose le roy luy con
ceda:nonobstant quil fust marry de sondepar
tement.chapitre.　　　　　　　　　xxv.

¶Commet saintre fut au preau prendre co
ge de ma dame q laduertit de rechief de tous
ses affaires/et commet en la fin prindrent co
ge:nompas sans ietter grosses larmes dune
part et daultre.chapitre.　　　　　　xxvi.

¶Commet saintre print conge du roy/de la
royne et des dames:ausqlles il donna a chas
cune vne verge dor /et comment la royne luy

en demanda vne:laquelle il luy bailla en ex
cusant:disant quil ne cuydoit pas quelle eust
daigne prendre si petit present.chapi. xxvii.

¶Comment apres que saintre eut prins co
ge des barons et seigneurs de la court du roy
sen alla disner auecques ses copaignons/aus
quelz come il disnoit la royne luy euoya vng
tresfin drap darget ⁊ plusie(ur)s aultres seigntrs
autres dons e t largesses/et commet a sa des
partie se fit coduyre par les heraulx trompet
tes ⁊ ioueurs dinstrumes/⁊ leur dona a soup
per au bourc la royne.chapitre.　　　xxviii.

¶Comet saintre estant en auignon:le roy dar
mes daniou luy apporta le seele de la respon
ce de sa lettre darmes ⁊ luy copta tout comet
il auoit parle a enguerrat ⁊ monstre sa lettre
darmes qui en fut moult ioyeulx.chap.xxix.

¶Comment le roy darmes daniou recita a sai
tre q le roy darragon auoit donne conge a en
guerrant pour le deliurer de son entreprise ⁊
luy auoit faicte bone chere:p(ar)quoy saintre et
ses compaignons furet moult ioyeulx.c.xxx.

¶Comment saintre estant loge a parpigne
les nouuelles en vindrent au roy darragon q
ordonna son logis a barselonne.Et puis com
met enguerrant fut au deuant de luy hors la
ville lespace dune lieue ⁊ le receut honnora
blemet:⁊des diuises et parolles de lung a lau
tre.chapitre.　　　　　　　　　　　xxxi.

¶Comet messire enguerrant presenta saintre
au roy ⁊ a la royne q luy firent tresbel recueil
et festierent sollennellemet.chap　　　xxxii.

¶Comment saintre entra pompeusement
dedans les lices auecqs mainte belle compai
gnie de princes et cheualiers q le conduysoiet
et de lordre qui y fut.chap.　　　　　xxxiii.

¶Comment messire enguerrant entra pa
reillement dedans les lices en moult trium
phant arroy.chapitre.　　　　　　　xxxiiii.

¶Comet le roy fist mesurer les lances des
deux champions.Et comment saintre se co
tenoit honnestement quant il passoit par de
uant le roy et la royne estans en leurs houre.
Chapitre.　　　　　　　　　　　　xxxv.

Cy commence lhystoire et cronicque du petit saintre et de la ieune dame/et plusieurs autres hystoires et croniques.

Vous tresexcellent et puissant prince monseigneur iehan daniou duc de calabre et de lorraine marchis et marquie du pont et mon tresredoubte seigneur. Apres mes humbles et tresobeyssātes recommandacions pour obeir a voz prieres q me sont entiers cōmandemēs me suis delicte a vous faite quatre beaulx petiz traictez en deux liures pour les porter plus apseemēt/ dont le premier parlera dune dame des belles cousines de france sans aultre nom ne surnom nommer. Et du tresvaillant cheuallier le site de saintre. Le .ii. sera des tresloyalles amours et trespiteuses fins de messire floridan cheuallier et de la tresbōne et belle damoysele Eluyde desquelz le liure dont lhystoire est translatee de latin en frācoys ne les nomme point fors que lhystoire ainsi que mot a mot sensuit. Et la troysieme hystoire sera vne addicion q iap traicte de cronicques de flandres qui est tresnoble chose a veoir.

Cōment iehan de saintre seruoit en la court du roy iehan de frāce dēffant dhonneur/ et de paige seullemēt allant apres le roy.

Premier chapitre.

Et premieremēt de madicte dame des belles cousines et de saintre.

Au tēps du roy iehan de france filz ainsne du roy philippes de valloys estoit en sa court le seigneur de poulilly entouraine q en son hostel auoit vng tres debōnaire et gracieux iouuencel nomme iehan et ainsne filz au seigneur de saintre entouraine aussi. Lequel par sa debonnaitete vint en grace au Roy et tellement quille voult auoir Car il estoit encores bien ieune lors dōna a estre son paige seullemēt apres luy cheuaucher. Et le surplꝰ seruit en salle cōme ses autres paiges et enfās dhonneur/lequel iehan de saintre sur tous les autres paiges et enfans dhōneur seruoit chascun iour a table ca et la tresdiligemment et assez plus que nul des aultres Et especiallement les dames en tous les plaisirs et seruices quelles luy commandoyēt a son pouoir du surplus selon son aage de .xiii. ans estoit treshabille et hardy valleton fust pour cheuaucher vng bien rigoreux cours et fust a chanter ou a dancer a iouer a la paulme a courir et saillir et a tous aultres esbas ql veoit aux hommes faire. A tout se vouloit ioyeusement employer. Combien que sa personne estoit et fust tousiours linge et menu. Mais son cueur estoit entre les aultres tout fer et aciel par lesquelles habilletez doulceurs courtoysies et debonnairetez estoit tresayme et loue du Roy de la royne des seigneurs des dames. Et de tout tant que chascun disoit et iugeoit que vrayement il seroit vng des renommez gentilz hōmes de frāce sil viuoit. Et vrayemēt ainsi fut il tenu des cheualliers le plus vaillat. Ainsi que dune partie de ses faiz cy apres lhystoire fera mencion.

Lacteur.

Cōment en la court de la royne de frāce estoit vne ieuhe dāme q poit ne se vouloit remarier nō obstāt qlle en fut fort sollicitee. Et des respōces quelle faisoit touchant les dames anciennes.

Second chapitre.

En celluy temps en la court de la royne bōne de boesme fēme dudict roy iehā auoit vne assez ieune dame vefue q des bellef cousi nes estoit. Mais de sō nom et seigneurie lhystoire sen taist acause de ce que aps pourrez veoir. La quelle dame depuys le trespas de feu monseigneur son mary/pour quelque occasion q ce fut ou pour sēbler aux vrayes veufues de iadis dont les hystoires rōmaines qui sont les suppellatiues font tant de glorieses menciōs/desquelles ie me passe pour abreger et venir a mō propos de ceste dame que onc

ques pups quelle fut veufue a mary ne se voult
acompaigniet me semble de prime face que en
suir vouloit les anciennes veufues de iadis si
come les hystoires diet. Cest assauoir que les
rommains auopet vne tresloyalle coustume de
tresgrandement louer et honnorer les femmes
veufues celles qui aps le trespas de leurs pre／
miers marps iamais plus ne se voulopent re／
marier. Ains pour la tresgrat et loyalle amour
quelles leurs portoient voulopet garder honne
stete et entiere chastete. Et de ce dit lappostre
en sa premiere epistre. As thimoteum.7.c. Et
ou second chapitre honore les veufues. Celles
ne sont droictemet veufues qui ne se remariet
pour ce quelles ne trouuet a qui. Cestassauoir
a lempire de leur delict ou aussi a leur prouffit
ou pour aucune autre cause. Et ne le font pour
lamour de dieu ne pour lamour quelles auoiet
a leurs premiers marps comme les autres qui
ne se veullent acompaigniet a pires ne a meil
lieurs sicomme dit virgilles ou quart liure de
eneas. Lequel eneas tant ayma dido quil en
mouroit. Mais dido de samour ne tenoit com／
pte／car tat auoit ayme encores aymoit son ma
ry tout mort quelle ne se pouoit oublier. Et an／
ne sa seur quat elle lup parloit de mariet disoit
les parolles qui sensupuent. Jlle meos pri／
mus qui me iunpit amores. Abstulit. Jlle ha／
beat secum seruet qz／epulchro. Duquel ver la
sentence est telle. Cellup qui premier me ioin
gnit a lup lasse mop il emporta mes vrayes a／
mours et vueil quil les ayt tousiours 4 quil les
garde en son sepulchre auec lup. Les rommains
ainsi quilz honnoroient de couronnes ceulp qui
faisopent les grans vaillances darmes sicom／
me cil qui passoit premier le fousse ou palays
de lost aup ennemps estoit couronne de la cou／
ronne vallere. Et cellup qui premier montoit
sur leschelle et sur les murs a lassault dune cite
ou chastel ou ville estoit couronne de la couron／
ne muralle et ainsi des aultres vaillances pa／
reillement auoient acoustume. Et semblable／
ment couronnopent ilz tressollennellement les
femmes veufues qui pour amour et honneur

de leurs premiers marps ne se voulopent plus
marier 4 voulolet ainsi honestemet garder les
chastetez de la courone de chaste te emprise qui
estoient trop plus honorees q les auttes veuf／
ues nestopent. Et dist sur ce sainct Jherosme
parlat a iuminen de celles veufues et mect ey
emple de plusieurs quilz ne vouldrent nulz se／
condz marps auoit sicomme de marcia q estoit
fille de cathon qui sans cesser estoit en dueil de
son marp. Ses amps en la resconfortant lup de
mandoient et disopent. Las et quant cesseront
voz dueilz. Et elle leur respondit ilz cesseront
le dernier iour de ma vie. Encore recite dune
aultre nommee lucia qui iour 4 nupt ne cessoit
de plourer et ramenteuoir son bon marp mort.
Et son pere pour la gecter hors de son dueil lup
parla dung aultre nouuel marp. Helas dist elle
sire pour dieu ne men parlez plus. Et quant son
pere la blasmoit de ainsi ieune veufue demou
rer. Elle pour conclusion lup respodit／sire iay
me tant cestup que ie ne pourrope iamais nul
aultre tant soit peu amer. Et se par ma desor／
donnee simplesse ien preuope vng qui me fust
bon iamais mon cueur pour doubte de le per／
dre iope ne pourroit auoir. Et si nestoit fier ne
courageup ma douloreuse vie fineroit briefue
ment dont par ainsi voulut en cest estat toute
sa vie demourer. Et mains aultres beaulp ey
emples mect ledict benoist saict Jherosme que
ie laisse. Car la les pourra veoir qui vouldra.
Entre lesquelz eyemples de mariage il en mect
vng aultre qui est riable au.iiii.pp.vvi.de son
epistre. Cest dune femme a romme qui ne fut
pas de ses tresparfaictes veufues. Car elle es
pousa.ppii.marpz:dont aduint que vng par ad
uenture trouua vng home de la ville qui auoit
eu.vp.femmes espousees:desquelz ris 4 festes
sen fist le mariage／dont le peuple de rome eust
grans solas et iope desirans veoir lequel deup
surmoteroit. Si aduint que la femme mourut
premier. A lors vindret tous les gallas de rom
me qui lup vaillerent en sa main vne vranche
de lorier en signe de sa victoire sur celle qui a／
uoit desconfit.ppii.marps 4 sur son chief en si

gne de grāt ioye luy myrent vng chappel de ra
me vert·Et ainsi le menerēt par la ville a ta
bours et busines en lacompaignant criant par
tout viue palmo qui a desconfit la femme aux
vingtdeux maris·Et cy dōneray fin a ses ex/
emples pour reuenir a lhystoire de ma dame et
du petit saintre·

Lacteur

Comment la dicte ieune dame delibe
ra en soy de faire renommer le petit sain/
tre/ z le fist appeller en sa chambre linter/
rogant qui estoit sa dame par amours de
la quelle chose le petit saintre fut tout hon
teulx z ne respondoit parolle du mōde fors
quen la fin dist quil nen auoit point·

Le troysiesme chapitre·

Este dame cōme dict est ayant
empris pour quelque occasion
que ce fut de iamais pl9 soy ma
rier·Et non obstant ce elle ay
ant son cueur en diuerses pen/
sees·Entre lesquelle s p main
tesfoys se pēsa quelle vouloit en ce monde fai
re daucun ieune cheuallier ou escuyer vne hom
me renomme·Et en celle pensee sarresta total
lement·Si regarda par plusieurs iours ca z la
les bonnes condicions de tous les gentilz hom
mes de la court pour en choisir vng le pl9 a son
gre·Mais a la parfin sur le petit saintre sarre/
sta·Si aduint quelle pour veoir son maintien
et son plaisir plusieurs foys publicquement de
plusieurs choses sarraisonna dont tant plus el
le a luy parloit et tant plus luy venoit a plaisir
Mais dautre chose que damo9s touchast ne sen
osoit ou vouloit descouurir·Si aduint ainsi ql
le pour son maintien z son plaisir plusieurs foys

comme dict est et ainsi que fortune et amours
leurentpermis:ma dame venoit ensa chambre
qui en su b iour auoit mis la royne dormir·En
passant parmy les galleries auec ses escuyers
dames et damoyselles qui apres elle venoiēt
trouua le petit saintre la q regardoit bas en la
court les ioueux de paulmes iouer·Et quant
il vit les escuyers de ma dame passer:inconti/
nent a genoulx se mist faisant sa reuerence/
mais quant ma dame le vit si fut bien aise en
passant oultre luy dist Saintre q faictes vous
cy est ce la contenāce dung escuyer de bien que
de conuoyer les dames·Dr sa maistre passez
et vous mettez deuant·Alors le petit sainctre
tout hōteulx le viz de hōte tout enflamme soy
inclinant auec les autres deuant se mist·Et
quant ma dame le vit deuant:alors chemina a
uec ses femmes tout en riant z leur dist mais
que soyons enla chambre nous rirons/lors dist
dame iehanne ma dame dequoy / dequoy dist
ma dame vous verrez tost la bataille du petit
saintre et de moy·Helas ma dame dist dame
katherine z que a il faict il est si bon filz / et
endementiers que ces parolles estoient ma da
me en sa chambre entra·Alors dist a tous ses
gens allez vous en entre vous hōmes et nous
laissez icy·A ces parolles chascun saillit de/
hors:et le petit saintre a genoulx print congie
Et quant ma dame le vit a genoulx elle luy
dist vousdemourrez maistre vous nestes pas
au compte des hommes de biē ie vuieil cy par
ler a vous·/et alors la porte fu close Ma dame
assise sur les piedz du petit lict le fist entre el
le et ses femmes venir·Et lors print la foy de
luy dire de toutes ses demādes laberite/mais
le poure iouuencel qui ne pensoit pas a ce ou
ma dame vouloit venir luy promist·Et en ce
faisant pensoit:las et que ay ie faict mais que
sera cecy·Et en ses pensemens ma dame en
soubz riant a ses femmes luy dist/Dr sa mais
stre sa par la foy que iay de vous dictes moy
tout premier combien a il que ne vistes vostre
dame par amours·Et quant il ouyt parler de
dame par amours: comme cettuy qui oncques

ne lauoit pense les yeulx lermoiant le cueur
fremist ⁊ le viz pallist : ce qʼl ne sceust vng seul
mot parler. Alors ma dame luy dist / ⁊ quest ce
ce maistre ⁊ que veult dire ceste facon. Les au
tres dames qui entre luy estoient luy dirent.
Et saintré mõ amy poʳquoy ne dictesvous a
ma damepuis quãtvostre dame par umoʳs ne
vistes / ce nest pas grant demande:ne que voꝰ
luy doyez celler puis que luy auez donnevostre
foy. Et tant len presserent quil dist ma dame
ie nen ay point / nen auez vous point dist ma
dame / ⁊ qui seroit la bien eureuse qui vng tel
amy auroit /peut bien estre que nen auez poit
bien le croy / mais de celle que plꝰ vous aimez
et vouldriez que fust vostre dame puis,quant
ne la vistes vous. Le petit saintré qui encores
comme dit est nauoit ſēty ne gouste des amou
reux desirs nullement:dont par ce auoit per/
due toute contenance:fors de entortiller le pen
dant de sa saincture entre ses doidz sans mot
parler fust longuement. Et quant ma dame
vit quil ne respondoit rien luy dist /et beau si/
re quelle contenance est la vostre ne direzvous
mot:se ie vous demande puis quant nevistes
celle qui plus desirez a estre sien ne ne vous
fais nul tort. Alors dame iehanne /dame ka/
therine /ysabel ⁊ les autres q̃ de ce tout rioient
en eurent pytie.Lors dirent a ma dame il nest
pas ores pourueu de vous faire telle responce
maissilvous plaist ceste fois luy pardonner il
lavous fera demain(dist ma dame) Ains quil
parte dicy ie le vueilscauoir. Alors toutes luy
dirent /lune mon filz/lautre mon amy/et lau/
tre petit saintré/dictes seurement a ma dame
puis quant ne veistes vostre dame / ou autre/
mẽt vous estes son prisonnier.Et quant il fut
bien dettes assailly/alors il dist que voulezvoꝰ
que ie vous dye quant iennen ay point/⁊ si ien
eusse ie le diroye voulentiers.Dictes sans plꝰ
dirent elles de celle que plus vous aymez(de
celle que plus ayme dist il) Cest ma dame ma
mere / et apres est ma seur iacqueline. Alors

ma dame luy deist/sire iouuencel ie nentens
point de vostre mere ne de vostre seur /Car la
mour de mere et de seur et de parens est toute
differente a celle de dame par amours / mais
ie vous demande de celles qui riens ne vous
sont(de celles la dist il)sur ma foy ma dame ie
nen ayme nulle / et alors ma dame luy dist /et
nen aymezvous nulle /ha failly gentil homme
dictes vous que nen aymez nulle . A ce coup
congnois ie bien que iamais ne vauldrez riẽs
et failly cueur,que vous estes dont sõt venues
les grans vaillances /les grans emprinses et
les cheualereux faiz de lancelot/de gauuain ⁊
de Tristan/de Giron lecourtoys /et des aul/
tres preux de la table ronde/Aussi de ponthus
et de tant daultres tant vaillans escuyers et
cheualliers de ce royaulme/et aultres sansnõ
bre que ie bien nommeroye se ie auoye temps
sinon par le seruice damours acquerir /et eulx
entretenir en la grace de leurs tresditees da/
mes:dont ien congnoys aucuns que pour estre
vrayes amoureux ⁊ de bien loyaulment seruir
leurs dames sont venus en si treshault hon/
neur que a tousiours,en sera nouuelles /Et se
ilz ne leussent este deulx ne seroit plus de com/
pte /ne que de vng simple compaignon,et voꝰ
sire dictes doncques que vous nauez dame /ne
desirastes oncques de lauoir /et puis que ain/
si est cõme le plꝰ failly des autres voꝰ en allez.
Lesquelles parolles par ma dame dictes en
soubzriant / les dames congneurent bien que
combien que feussẽt vrayes que nestoient que
pour forcer . Et quant le poure saintré eut de
ma dame son trescrueux congie / las ne pensa
que destre deshonnore.

Ore se print tresgriefuement a
plourer.Alors ma dame iehan/
ne /dame katherine /ysabel et
aussi pareillement les aultres
damoyselles en eurent grant pi
tie. Lors en riant tout a genoulx deuant ma
dame se mitent priant que ceste fois luy voul

sist pardonner en promettant pour luy que de-
uant deux iours il auroit choisy et faict dame
pour seruir. Nanny dist ma dame uous uous
abusez que ung cueur failly fist iamais tât de
bien. Et si fera ma dame dirent elles:quen di-
ctes uous sire uous dormez se dist ma dame:
seroit en uous iamais tant de bien comme el-
les dient (alors le poure desconfit print cueur)
Ouy ma dame puis quil uous plaist/et ainsi
le me promettez/ouy ma dame sur ma foy. Or
dôcques dist ma dame uous enallez/et faictes
comment que ce soit que demain uous soyez
es galleries alheure que uous y ay trouue (q
te uous y trouue/ou autremêt tenez uous po-
salue. Alors le poure desprisonne print (a ge-
noulx de ma dame congie/et puis des aul-
tres et sen alla/et au congie delles luy dirent
souttiengne uous de la promesse/car nous sô-
mes pleiges pour uous. Et quât il fut hors de
la chambre ilcommenca tant quil peut a fuyr
comme sil fust de cinquante loups chassie/ma
dame et ses autres dames qui sur iour dormir
deuoient ne cesserent de rire et raisonner du
grant effroy que saintre auoit eu en son logis
et tant en rirent que uespres sonnerent (sans
dormir les conuint leuer. Et quât saintreleut
les autres enfans ses compaignons trouuez
dieu scet si leur côpta deses aduâtureuses nou
uelles. Lors de la grant ioye quil auoit destre
eschappe peu a peu sa promesse oublia:fors de
tant que quant il ueoit ma dame et ses autres
femmes il fuyoit dont elles rioient par grant
delit/mais une des fois au disner les deux da
mes estans a table le ueoient ca et la deuant
les tables seruir toutes les autres dames et
damoyselles comme il auoit accoustume fors
que elles seullement si le firent a elles uenir:
puis luy dirêt Et beau sire saintre a quel ieu
uous auos nous perdu:uous nous souliez ser-
uir comme les autres (maintenant uous no9
fuyez/mes dames dist il baissant les yeulx de
honte sauf uostre grace/et en ce disant il sen
partit.Alors commenca le riz moult longue-
ment de lune a lautre/ma dame qui estoit as-

sise au bas bout de la table du roy et de la roy-
ne uit dauanture deuant le petit saintre/(uit
aussi comme elles rioient apres luy/si leur de-
manda apres ce que les tables furent leuees
que le petit saintre leur auoit dit dequoy elles
rioient tant. Lors luy dirent comment il ser-
uoit toutes les dames fors quelles.Or laissez
moy faire fait ma dame et bien ien cheuiray
Et quant uint au uin du congie prendre Ma
dame qui uit le petit saintre qui portoit une
tasse a seruir le fist a soy uenir (luy dist sain-
tre allez uous en aux galleries et la me atten-
dez comment quil soit/car ie uous ueuil en-
uoyer en la uille pour moy faire ung plaisir et
uous serez bien mon amy.Le petit saintre qui
oyt ma dame si doulcement parler fut bien cô-
tent (pensa quelle eust sa promesse toute mi-
se en oubly/si luy dist ma dame tres uoulen-
tiers.Alors le roy se retrait:si fist la royne aus
si.Lors le petit saintre sen alla aux galleries
Si ne tarda gueres que le roy se mist a dormir
et que ma dame reuenoit en sa chambre (trou
ua le petit saintre comme elle luy auoit dit.
Lors luy dist Allez deuât auec les aultres.Et
quât elle fut en sa chambre assise sur les piedz
dung petit lict dit a tous ses escuyrs et aultres
quilz sen allassent hors. Alors appella le petit
saintre et luy dist.Or sire uous ay ie cy/ou est
uostre foy que par deux fois me promistes (y
quatre iours uous fuyez de moy/quelle uen-
gence (quelle pugnicion doit on prendre dung
hôme qui a menty sa foy. A ces dures (cruel-
les parolles ne pensa pas moins q destre mort
Lors tout a coup a genoulx (a mains ioinctes
se mist Requerant a ma dame mercy:disant
que urayement il auoit eu grandement a fai-
re.Ma dame qui derriere luy ueoit ses fem-
mes rire sen tenoit le plus quelle pouoit. Si
luy dist/or bien sire prenons quil soit ainsi cô-
me uous dictes:en ces quatre iours auez uous
dame choysie.Et quant il ouyt de ce parler il
ne prisa plus sa uie que sa mort.Lors commen
cerent ses yeulx a plourer/son uiz a pallir (a
tressuer comme cestuy qui auoit ia tout ce iour

blie/ſi ne ſceut plus que dire ne comment ſoy
epcuſer. Lors ma dame qui le bit en tel party
en ſoubz riant a ſes femmes diſt. Que direz
bous dung faitly eſcuper qui par deup foys a
donne ſa foy a bne dame comme bous ſcauez
Et pour ſi peu de choſe il a faitly/quelle pu
gnicion doit il auoir/et a bous dame iehanne
ien demande tout premier. Et quant le poure
gentil homme ſe oupt ainſi de ma dame repro
cher il ne cupda paſ q a ce coup il ne fuſt perdu
et a touſiourſmaiſ dehonnore. Lors a ioinctes
mains eſtant touſiours a genoulp requiſt de
rechief a ma dame pour dieu mercy / puis ſe
tournoit enuers les autres dames que toutes
priaſſent pour lup. Ma dame qui de tout ce eſ
ſtoit treſaiſe. Et tant plus quant le beoit ſi hu
ble et innocent laymoit trop mieulp : penſant
que ſi elle pouoit par bonne facon en ſon ſerui
ce lacquerir quelle le mettroit bien a ſon ploy.
Et neantmoins boulſ elle a ma dame iehanne
ne q aup aultres ſa demande entretenir/Da
me iehanne eſt eſmeue de toute pptie ne pre
nant pas garde/non faiſoient toutes les aul
tres la ou ma dame bouloit ſaillir lup diſt. He
las ma dame ſil a faitly de ſa promeſſe bous
auez oup ſon epcuſe pour les grans affaires ql
a euz dot bous en requiert a genoulp q a mais
ioinctes treſhumblement mercy/et auſſi fai
ſons nous toutes pour lup. Et bous dame Iha
therine quen dictes bous. Helas ma dame ie
ne ſcay que dire:fors que il ſen repent q le trou
uerez ainſi. Si bous requiers pour lup mercy.
Et bous pſabel qui eſtes la plus ainſnee que
dictes bous. Helas ma dame ie ne ſcay que di
re:fors que il ſen repent q le trouuerez ainſi.
Si bous requiers pour lup mercy. Et oultre
plus bous ſcauez que le poure priſonnier bouſ
confeſſa loyaulmet ql nauoit poit de dame ad
uiſee pour ſeruir:dot ie le croy;mieulp que au
trement Ma dame pardonez moy/car il a bien
a penſer le cueur dung nouuel amant delibere
de loyaulment ſeruir comme le ſien eſt de bien
choyſir/et ſoy du tout aſſeruir aup entiers co
mandemens de ſa dame ſil neſt damours bien

grandement amy/Mais ſur ma foy ma dame
ie croy que amours il nebit oncques ne ne par
la a lup/et neſt il pas bray diſt pſabel mon filz
Par ma foy pſabel ma mere oup que oncques
ie ne parlay a lup:ne ne le by. Dz regardez doc
ques ma dame ce poure ſuppliant qui oncques
ne le bit/ne le congnoiſt/ne parla a lup/Com
ment pourroit ſi toſt auoir choyſie dame / car
ceulp qui ia en ont eſte acoinctez doubtant le
reſſuſ y font de penſemens aſſez/Et pource
ma dame ie dis que brayemet pour ceſte foys
il lup doit eſtre pardonne. Et quen dictes bo9
marguerite/et bous autres femmes ie bueil
que chaſcune en ait ſon dit. Alors toutes enſe
ble ſarreſterent a loppinion de pſabel:comme
la plus ancienne q q pl9 auoit beu q auoit oup

La dame.

Comment le petit ſaintre reſ
pondit a la dame comme cotrainct
et celluy qui poit nauoit encor gou
ſte les eſticelles damours que ma
theline de coucy eſtoit ſa dame q
nauoit encor que dip ans. Chapi
tre. iiii.

R dit ma dame iay oup tou
tes boz oppinions q au regard
de la foy mentie et du pardon
eſtes toutes en bng. Et quant
a moy po9 lamour de bous tou
tes pour ceſte fois ie lup par
done/mais dune choſe bous aduiſe quil a fail
ly enfant quil deuoit auoir dame choyſie:et ne
la point faict. Ha ma dame dirent elles en riat
et que ſi/et que non dit ma dame. Et dirent el
les/cuydez bous ma dame quil ait mis quatre
iours:fors que pour bien choyſir celle qui boul
dra ſeruir/et que non dit ma dame/et que ſi di
rent elles nous nous faiſons fortes pour lup.
Lors elles lup dirent:neſt il pas bray mon filz
Le poure tout eſbahy / et ainſi ſurprins delles
force lup fut de dire oup. Lors ma dame lup diſt
Dz eſtes bo9 home de bie mo amy. A ces parol

ſes luy fut force dē nōmer vne :dōt ſes peulx cō
mēcerent a plourer ꝗ ſa viue face a couleur chā
gier/cōe celluy ꝗ onꝗs ne lauoit empris. Alors
ma dame a ſes femmes diſt. Et ne le vous di
ſoie ie pas bien quil na ce dit fors pour eſchap/
per. Helas dirent elles Saintre dictes le a ma
dame ſeurement. Et vous ma dame tyrez le a
part ſi vo⁹ le dira. Cuydez vous que vng vray
amant doibue ainſi publier le nom de ſa da/
me quil ayme tant. Alors ma dame luy diſt.
Di vous tyrez donc ca/et puis luy diſt ſaintre
mon amy icy na ꝗ vous et moy qui nous peuſt
ouyr. Or le me dictes ſeurement ꝗ quant le pe
tit ſaintre voit ꝗ autrement nen peult eſchap/
per luy diſt. Helas ma dame quil me ſoit par/
donne et puis que tant en voulez ſcauoir. En
penſāt de laquelle il diroit ainſi que nature de
ſire et attraict les cueurs a ſon ſemblable. Se
appenſa de nommer vne ieune fille de la court
et de laage de diy ans. Lors diſt il ma dame/
ceſt matheline de coucy. Et quant ma dame
ouyt nommer matheline de coucy pēſa bien
que amours denfance et ignorance y ouuroit.
Neantmoins plus que par auant fiſt vng grāt
eſtroy en ſon logis/et luy diſt. Or voy ie bien
que vrayement vo⁹ eſtes vng treſfaitē eſcuy/
er de auoir choyſi matheline a ſeruir. Je ne dy
pas que matheline ne ſoit vne treſbelle fille et
de bon lieu ꝗ meilleur ſire que a vous nappar/
tient/mais quel bien/quel prouffit/quel hon/
neur/quel ſubcide/quel aduantaige/quel con/
fort/quel ayde ꝗ quel conſeil pour vous mettre
ſus vous en peult aduenir pour eſtre vaillant
homme. Quelz ſont les biens que vous pouez
auoir de matheline/qui neſt encores que vng
enfant. Sire deuez vous choyſit dame qui ſoit
de hault et noble ſang ꝗ ſaige ꝗ qui ayt dequoy
vous ayder et mettre ſus a voz beſongnes/ et
celle tāt ſeruir ꝗ loyaulment aymer pour quelꝗ
peine que en ayez a ſouffrir quelle congnoiſſe
bien la parfaicte amour que ſans deſhonneur
luy portez. Et ne croyez que ainſi eſt que au
long aller qui quelle ſoit ſe elle neſt ſur toutes
la plus cruelle/ce que oncques ie ne ouyz quel/

le nayt cōgnoiſſance/pitie mercy et miſericor/
de de vous ou quelle ne vous en ſaiche treſbon
gre. Et par ainſi deuiendriez hōmme de bien.
Autrement ie ne donne de vous ne de voz faiz
vne pomme/ainſi que ſur ce dit le maiſtre en
ſa ballade qui dit ainſi.

❡ Le maiſtre.

Eſt tout ꝗ daymer loy aulmēt
en vng tout ſeul lieu ceſt aſſez
Qui onꝗs le fait autrement
Il eſt de bien faire laſſez
Et tous ſes beaulx faitz ſont
paſſez

Car vng cueur qui par tout ſe part
Et requiert dames de tous lez
En doit auoir petite part.

Se part en a ceſt meſchamment
Et vient de lieux mal renommez
Et ne ſe peult faire autrement
Et puis quant il ſi eſt boutte
Et ceſt apres bien aduiſez
Dieu ſcet ſil congnoiſt lors a part
Comment des riches bien ceſſez
En doit auoir petite part

Celle qui ne vault pas grammēt
Quant pluſieurs ſe ſont ahurtez
Namours naccordent nullement
Ne telles gens ſoient aymez
Ains ſoient par tout diffamez
Car vng cueur qui par tout ſe part
Et requiert dames de tous lez
En doit auoir petite part.

❡ Comment la dame enſeigna
le petit ſaintre de maintes bon/
nes choſes ꝗ ſalutaires doctrines
touchant la maniere commēt on
doit fuir les ſept pechez mortelz.
Chapitre.   .ħ.

Ncores sur ce propos vous dis ie plus que cellui qui entend a loyaul/ment vne telle dame seruir/ ie dis quil peult estre sauue en ame et en corps/ Veez cy la raison comment Au regard de lame nous deuons scauoir que qui se garde de pechier mortellement quil est sauue et les autres pechez venielz par vraye confession sont estains a anullez a bien peu de penitence. Dont pour soy garder de peche mortel sil ayme ainsi qui sensuyt il est sauue.

T premier au regard du peche dorgueil po[ur] acquerir par lamant la tres desiree grace de sa dame/ sefforce destre doulx/ humble/ courtoys a gracieux affin que nul deshonneste parler ne peust estre dit de luy. En ensuiuant le dit du saige tulles de milesie qui dit ainsi.

Si tibi copia si sapiencia formaqz detur.

Sola superbia destruit omnia si committetur.

Cest a dire mon amy si tu as habondace de richesses / se tu as saigesse / se tu as noblesse et toute perfection de corps. Le seul orgueil sil est en toy destruit toutes les vertuz. Et a ce propos dit socrates.

Quantucumqz bon[us] fueris essendo superb[us].

Totu deprauat te sola superbia dampnat

Cest a dire mon amy/ Combien que tu soies bon se tu es orgueilleux tout est gaste ton seul orgueil te dampne.

Affin que tu ne soies orgueilleux souuiengne toy que tu mourras/ Regarde dont tu viens et ou tu vas. Si te despiteras. Et a ce propos dit encores trimides le philosophe.

Et no if eris memor esto qz morieris.

Vnde venis cerne quo vadis te quoqz spne Et tant dautres auctoritez que tres longue chose seroit a lescripre/ desquelles a present ie me Vueildelaisser pour venir a mon propos. Que vng vray amoureux tel que ie dis les ensuiura toutes pour acquerir la tres desiree grace de sa tresbelle dame/ dont par ainsi bannira ce tres plaisat a abhominable peche dorgueil a de tou

tes ses circonstances/ a se acompaignera de la tres doulce vertu de humilite/ dont par ainsi il sera de peche quicte et sauue.

La dame.

T quant au deuxiesme peche q est de ire. Certes oncques vray amoureux ne fut ireux. Jay bien ouy que aucunes desplaisantes amours leur ont donne pour les essayer. Mais ce nestoient pas ires/ silz ny estoiet feruz dautre mal que damours. Et pour ce mon amy que ce peche est a dieu desplaisant si est il a lhonneur et au corps de cellui qui lest Et pource vueilles le fouyr a ton pouoir et ensuiuir le dit du philosophe qui dit.

Tristicia metis caueas plus q mala detis.

Seignicie fugias nuqz piger ad bona fias.

Cest a dire mon amy fuy tristesse de pensee/ plus que le mal des des. Aussi fuy paresse po passer la douleur de ton cueur/ et fay tousiours bien. Et sur ce propos dit pitac[us] de misselene.

Effugias iram ne pestendet tibi diram.

Juris de lira nuttix est scimatis ira.

Cest a dire mon amy fuy courroux a ire/ affin quilz ne te baillent pas leur cruelle pestilence/ Car ce sont les voyes q font foruoyer du droit et sont nourrices de tous scismes et diuisions. Et a ce propos dit leuangille.

Non odias aliqué se deum poci[us] tibi placa. Quisqz odit fratré césetur ab hoc homicidia.

Cest a dire mo amy que ne portes a nul pie ne hayne. Mais que vous pacifiez a chascun/ car quiconcques hait son prochain il est homicide comme dit leuangille. Et a ce propos dit saict augustin en vne de ses epistres/ que tout ainsi que le mauluais vin gaste et corropt le vaissel sil y demeure longuement/ tout ainsi ire gaste et corrompt les cueurs ou elle se tient. Et ace propos saccorde lapostre qui dit.

Sol non super iracundiam vestram.

Cest a dire mon amp q̃ le soleil ne se doit pas
enconcer sur vostre courroup ne pze. Et enco-
res a ce propos dit cathon.

¶Jmpedit ita aimũ ne possit cernere verum

Cest a dire mon amp que pze et courroup em-
peschent et aueuglent le couraige de la person-
ne/en telle facon quelle ne peult regarder a ce
qui est vrap. Et pour ce mon amp que le vrap
amoureup tel que ie dis est tousiours ꞇ doit e-
stre iopeup esperant que par bien ꞇ lopaulmēt
que en amoures ꞇ en sa tresdesiree dame il trou-
ua toute mercp. Et par ainsi il chante et dance
et est iopeup en ensuiuant le dit de salomon.
Qui en la fin de son derrain liure conclud et
dist. ¶Bene viuere et letari. ¶Cest a dire
bien viure et iopeusement Mais ce bien viure
ne sentent pas seullement pour menger bōnes
viandes/bopre bons vins/ et dormpr longues
matinees/ et en bons litz/ et le surplus viure
en tous delitz/mais sentēt viure premier auec
dieu/ bien sop maintenir honnestement/veri-
tablement ꞇ en ce iopeusement. Dont par ain-
se dp que tous vraps amoureup qui pour ac-
querir la tresdesiree grace de leurs tresbelles
dames fuient a tout pouoir ce tresdesplaisant
a dieu au mōde/ꞇ se acompaigne a celle tres-
amoureuse vertu de pascience. Dont par ainsi
du tresdesplaisāt ꞇ enuieup peche dire quitez.

¶La dame.

ET quant au troisiesme pechie/
est denuie. Le vrap amoureup
tel que ie dis/iamais sur hōme
ne sera enuieup. Car sil venoit
a congnoissance de sa dame il la
perdroit vrapement/ car oncques dame dhon-
neur ne peust apmer homme ēuieup se ne fust
les bonnes vertus/ pour en estre le meilleur.
Comme a leglise le plus deuost/ a table le pl9
mengeant/en cōpaignie de dames le plus gra

cieulp et plaisant/en armes armigeres et en
armes couuoitises le plus vaillātꞇ de ce auoir
enuie pour faire le mieulp/et non autrement.
Et a ce propos dit senecque.

¶Quid melius auro iaspis quid iaspide sen
sus quid sensu racio quid racione modus.

¶Oñibus adde modum modus est pulcher-
rima virtus.

Cest a dire mon filz et amp/q̃l chose est meil-
leur que loz/iaspe et sens. Quel chose est meil
leur que sens et raison. Quel chose est meil-
leur que raison et maniere/car maniere est la
couronne de toutes vertus. Et encores a ce pro
pos dit le philosophe.

¶Filius ancille morosus plus vallet ille.

¶Cest a dire mon amp que le filz de la chā-
beriere bien morigine vault assez plus que le
le filz dung rop qui est mal condicionne. Et en
cores a ce propos pour entretenir les bonnes
meurs ie vous recorde le dit du saige salomon
dathenes qui dit ainsi.

¶Per vitum miser/per talos et mulieres.

¶Hec tria si sequeris semper egenus eris.

Cest a dire mon amp/que par vin/ par ieu de
dez et compaignie de femmes folles de les hā-
ter serez tousiours poure/ meschant ꞇ malheu-
reup et hap de toutes bonnes gens/ et encores
de ce vil peche denuie dit plato:

¶Inuidiam fugere studeas et amore carere.

¶Que reddit siccũ corpus faciens cor inicũ.

Estudie top a fupr enuie/car enuie est sans a-
mour et seiche le corps ꞇ fait le cueur inique et
mauuais et pour ce mon amp fuiez tous vices
ꞇ toutes gens vicieup / car amours et dames
dhonneurs le commandent a tous vraps amou
reup en ensuiuant le dit du philosophe qui dit

¶Malo mori fame q̃ nomen perdere fame.

¶Cest a dire mon bon amp Japme mieulp
mourir de fain/que perdre le nom de bonne re
nommee Dont pour conclure mon amp souuie
gne vous de ce dit qui dit. Jap plus chier mou-
rir de fain/que perdre ma bonne renommee.
Et encores au propos de ce dit du philosophe
le saige chilon de lacedemonnie/qui dit ainsi.

¶ Nobilis es genere debes nobilis magis ee.
Nobilitas morum plus est ǧ genitorum.
Nobilitas generis mortem superare nequibit
¶ Cest a dire mon amy se tu es noble de lignee
tu dois estre plus noble devertu. Car la nobles
se des bonnes meurs vault trop mieulx que la
noblesse des parens/ꝗ ne peut sa noblesse tant
soit elle grande ne puyssante su. monter la mort
doncques par estre ce vray amoureux ǧ ie dis
hoꝛescheuez se tresdeshonneste pechie deniri e ꝗ
vous acompaignez de celle tresglorieuse vertu
de charite qui est fille de dieu ꝗ qui nous a tãt
recommande comme dit est serez net quitte ꝗ
saulue/au regard de se pechie.

¶ La dame.

¶T quãt au quatriefme pechie quiest
auarice. Certes auarice ne vrayes a
moꝛs ne peuét logier en vng cueur en
semble. Et se lauer par quelque cause
est amoureux nest point a croyre que ce ne soit
de meschant et ville chose par nauoir cause de
riens despédre. Mais le vray ꝗ loyal amoureux
ne contendra que a toute largesse honnorabl e
ment seruir sa dame, ꝗ amours pour soy tenir
bien habille/bien monte ꝗ toutes ses gens selõ
son estat/ꝗ qui plus en faict quil ne peut il en
sera fol ꝗ mal content. Car amours ꝗ dames
dhonneurs naymét nulz amoureux prodigues
ne telz gens. Mais ayment ceulx qui selon leur
estat se gouuernent honnestement. Cest assa
uoir pour eulx mõstrer en armes:en tournois:
en ioustes ꝗ en toutes nobles assemblees hõne
stemét a leur pouoir sans fol despens/ꝗ qui de
leurs biens donnent pour dieu aux plus neces
saires lieux en ensuyuant leuangille qui dict.
¶ Beati misericordes quoniã ipsi misericor
diam consequentur. Mathei quinto capitulo.
Cest a dire mon amy bien sont eureulx ceulx
qui sont misericords. Car misericorde ilz en
suyront. Et ainsi que dict periandus de corin
the. ꝗ Vt sis preclarus nõ sis cupidus nec aua
tus. Cest a dire mon amy affin ǧ tu soyez tres

clerc ne soyes pas couuoiteux ne auaricieux ꝗ
eusses ia des richesses assez. Car hõme de tel
le condition ne peult estre de nully ayme. Ains
est hay de tous. Et a ce sacorde le philosophe ǧ
dict. ¶ Furtum/rapina/senus/fraudé/simo
niam causat auaritia lusum:periuria/ bella/
Radix cunctorum fit nempe cupido malorum
¶ Cest a dire mon amy que auarice est cause
de larrecin/de rapine/dusure/de fraulde/de sy
monnie/de pariuremens/de batailles/et con
clusion de tous les maulx. Et a ce sacorde bi
as de prienne qui dict ainsi. ¶ Plus flet per
dendo cupidus ǧ gaudet habendo.
Et magis est seruus cũ plus sibi crescit acri
uus. ¶ Cest a dire mon amy/le couuoiteux
plus pleure en perdãt quil ne sesiouist en ayãt
ꝗ plus amasse ꝗ plus est serf ꝗ chetif. Et sur ce
dit sainct augustin que le cueur auaricieux est
semblable a enfer. Car enfer ne scet tant en
gloutir des ames quil die cest assez. Et ainsi
est de lauaricieux/ Car se tous les tresors du
monde estoient en son pouoir iamais ne diroit
quil en eust assez. Et a ce prepos dit lescriptu
te. ¶ Incassiabilis occulus cupidi in partem
iniquitatis non saciabitur ecclesiasticis piiiiº
capitulo. ¶ Cest a dire mon amy loeil du cou
uotteux est incassiable et il ne sera pas saoule
en partie diniquite et tant dautres auctoritez
qui se trouueroiét treslongues a dire que pour
le despartir me fault laisser dont par ce le vray
amoureux tel que ie dy pour acquerir la tresde
siree grace de sa tresbelle dame toutes les acõ
plist ꝗ laisse ce tresdesplaisant peche dauarice
et se acompaigne auec celle tresdoulce et tres
amiable vertu de largesse qui est ayme de dieu
ꝗ honnoree du monde ꝗ par ainsi est il sauue.

¶ La dame.

¶T quãt au cinquiesme peche ǧ est de pa
resse Certes mõ amy oncꝗs vray amou
reux ne fut paresseux car les tres doulx ꝗ amou

ceulx pensets quil a iour ⁊ nuyt pour acquerir
la tresdesiree grace de sa tresbelle dame ne le
pourroit consentir·Car soyt pour chanter pour
dancer sur tous les aultres il est le plus diligent
⁊ le plus ioyeux/ seuer matin/dire sesheures/
ouyr messe deuotemét/aller a la chasse ⁊ au gi
bier la ou les poacres damours sont a dormir ⁊
lors fuit ce pechie en ensuyuant le dict du philo
sophe·Epicurus qui dict·Ocia vina dapes ca
ueas ne sit tibi labes· Dix homo sit castus re
quiescens ⁊ bene pastus· ⫶Cest a dire, mon
amy eschieue oiseuse superfluite de vin et de
viandes affin que ensuyuure tu ne soyes souille
car la personne oiseuse ⁊ bien repeue a grát pei
ne peut garder chastete⁊ encores de ce meschát
pechie de paresse dict sainct Bernard· ⫶Dis
di stultos se excusantes sub fortuna· Dix auté
diligentiam cum infortunus sociabis·Sed mi
nus infortuniuma pigritia separabis·⫶Cest
a dire mon amy iay veu aucuns folz eulx excu
ser sur fortune a peine trouueras que vng dili
gent puist estre infortune/mais tousiours ver
res q de paresse ⁊ de infortune seront tousio⁹s
acompaignez·Et a ce propos dict encores saict
Bernard· Reuidere que sua sunt quomodo sút
summa prudétia est· ⫶Cest a dire mon amy
que reuoir ses choses quelles ⁊ comment elles
sont·/est prudence· Et ne dict pas seullement
veoir seschoses/mais reueoir/⁊ ce reueoir sen
téd que nul ne le peut trop veoir· Et a ce pro
pos dit encores atheus le poete ou il dict·
⫶Ocia sunt iuuenum méti plerisqz venenú.
Et iuuenum pausa viciorum maxima causa·
⫶Cest a dire mon amy que oysiuetez sőt sou
uent le venin de la pensee des ieunes gens·
Car le corps des ieunes est lespeciale cause
des vices·Et a ce propos dict senecque·
⫶Accidiam linque que dat mala tedia vite.
Tedia virtutis fuge:nam sunt dampna salu-
tis·⫶Cest a dire mon amy laisse paresse /la
quelle donne a la vie mauuais ennuy· Et suy
les ennemys ⁊ ennuys de la chose vertueuse·
Pource mon amy que les amoureux telz que
ie dis sont par telle vertuz sauluez habandon-

nét ce tresuil et maleureux pechie de paresse
pour eulx acompaigner auec la tresresplandis-
sant vertu de dilligence vous prie que soyez de
ceulx·Et lors serez de ce maleureux pechie de
paresse saulue ⁊ quitte·

⫶La dame·

T quant au sixiesme pechie de
gueulle ou de gloutőnie·Certes le
vray amoureux nena tant soit peu
que ce quil mégeue ⁊ boit nest que
pour viure seullement sobrement/
ainsi que le philosophe dict que londoibt seulle
ment menger ⁊ boyre pour viure/⁊ non pas vi
ure pour boyre ⁊ pour menger comme les pour
ceaux font/⁊ sur ce le saige Tulles de miles
nes dict· ⫶Pone gutle frenum ne sumasinde
venenum· Nam male digest⁹ cibus extat sepe
molest⁹·⫶Cest a dire mon amy metz le frain
a ta bouche affin q par elle tu ne preigne le ve
nin·Car habondances de viandes mal dige-
rees sont au corps tres nuysablesvenins·Enco
res sur ce dict le saige selon dathenes·
⫶Ne confunderis nunq vino replearis.
Dili diceris nisi i vino te moderaris:
⫶Cest a dire mon amy tu ne soyes iamais ré
pli de vin affin que tu ne puysses estre confon-
du·Car tu seras repute a villain se tu ne faiz
attrempence de toy au vin/et du vin a toy·En
cores sur ce propos de gloutonnie dict sainct ber
nard es morales·Que quant le vice de gloutő
nie prent a seigneurir la personne elle pert tout
le bien quelle a iamais faict·Et quant le ven
tre nest retrait par droicte ordre de abstinence
toutes les vertuz sont en luy noiees·Et sur ce
dict sainct pol· ⫶Quorum finis interitus·
quorum deus venter est ⁊ gloria in confusione
eorum qui trenua sapiunt·Ad philipen· quar
to capitulo· ⫶Cest a dire mon amy q la finde
ceulx qui assauourent les choses terriennes est
la mort desquelz aussi font de le⁹ ventre le⁹ dieu

a cestgloire feront darmes damours q de corps
leurs confusions. Si vous prie que ne soiez pas
de ceulx. Ains ensuiuez le dict deauicene po'
escheuer tout ce qdict ainsi. C Sic sp comedas
vt surgas esuriando. Sic etiam sumas mode-
rate vina bibendo. C Cest a dire mon amy me
geue tousiours en telle maniere que quant tu
te leueras de la table ton appetit ne soit pas sa
oul. Et ainsi ton boire soit prins attrempeemet/
dont par ainsi viuras par cours de nature tres
longuement: q seras en la grace de dieu. Au re
gard de ce pechie aussi damours/ q devostre da
me/ q par ainsi aurez laisse ce tres villain q des
honneste pechie de gueulle/ q vous vous acom
paignerez auec la tres doulce vertu de abstinen
ce fleur de toutes vertus/ q lors seres de ce pe
chie quicte q saulue. Et si vous donneray fin
au souuerain des vrays et loyaulx amoureux
touchant le sixiesme pechie mortel qui est de
gueulle.

C La dame.
Et quant au septiesme pechie q
est de luxure/ vrayement mona
my ce pechie est au cueur dvray
ament bien estaint. Car tant
sont grandes les doubtes que sa
dame nen pde q preigne desplai
sir que vng seul deshonneste penser nen est en
luy/ dont par ainsi il ensuyt le dict de sainct au
gustin qui dict ainsi. C Luxuria fugito ne vili
nomine fias. Carni ne credas ne christum no-
mine ledas. C Cest a dire mon amy fuy luxu
re de ce que tu ne soyes brouille en deshonneste
renommee. Aussy ne croys point ta chair affin
que par pechie tu ne blesses ihesucrist. Et a ce
propos encores se acorde sainct Pierre lapostre
en sa premiere epistre ou il dict. Obsecro vos ta
q aduenas q peregrinos abstinete vos a carna
libus desideriis qui militant aduersus anima
prima pe. ii. ca. C Cest a dire mon amy ie vo'
prie comme estrangiers q pellerins que vous
vous abstinez des delitz charnelz. Car ilz ba-
taillent iour q nuyt a lencontre de lame. Et a ce
propos dict encorese philosophe. Sex perdunt

vete homines i muliere. animam ingeniu mo
res vim lumina vocis. C Cest a dire mon a
my que homme qui hante les folles femmes
pert six choses dont la premiere est qui pert la
me. La seconde lengin. La troisiesme ses bon
nes meurs. La quattriesme sa force. La cinques
me sa clarte/ q la sisiesme sa voix/ q pource mon
amy fuy ce pechie q toutes ses circonstaces ain
si comme dict est. Cassiodore dict sur le psaul
tier que Vanite feist deuenir lange diable q au
premier homme donna la mort q vuida de la bie
eurete qui luy estoit octroye q q Vanite est nour
risse de tous maulx/ la fontaine de tous Vices
la voye diniquite qui met homme hors de la gra
ce de dieu. Et a ce ppos dict dauid en son psau
tier en parlant a dieu. Odisti obseruantes va
nitates super vacue. ps. xxx. Cest a dire mon
amy tu mon seul dieu as hay q haiz tous ceulx
qui gardent vanitez q tant daultres auctoritez
ont escript les sainctz docteurs de saincte egli
se/ q qui plus est les philosophes/ les poetes et
aultres saiges payens qui encores nauoyet sen
tu la vraye congnoissance/ la tressaincte q tresa
moureuse grace de nostre vray dieu/ le sainct
esperit qui ont ce pechie tant blasme que lese
scriptures en seroyent trop logues a reciter des
quelles ie me veil passer pour ensuir le surpl
fors seullement du dict de boece qui sur ce dict.
C Luxuria e ardor i accessu fector/ in recessu
breuis delectatio/ corporis q anime destructio.
Cest a dire mon amy que luxure est ardeur a
lassembler/ puantise au departir/ briesue dele
ctation du corps q de lame destructio. Et pour
ce mon amy que ce pechie est si tres deshonneste
le vray amoureux comme iay dict pour doubte
que sa dame nenpreigne desplaisir pour acque
rir sa grace a tout pouoir le fuit/ et se par vue
contrainte damours aucunement il y enche oit
tant q tresat sont les angoisseuses peines et
dangiers pour les grans perilz q dangiers qui
sen peuent ensuir q les tresangoisseux cueurs
des loyaulx amans ont a souffrir que ce ne leur
doibt point estre compte a pechie mortel/ q se au
cun pechie pa/ vrayement il doibt bien estre et

stainct par lesdictes paines quilz en ont tant
a souffrir:dont par ansi ie puis bien dire que
le vray amoureux tel que ie dy de ce mortel
pche (t de tous les aultres est quicte franc et
sauue. ¶La dame.

¶Comment la dame donne
daultres enseignemens au pe
tit saintre touchant les vertus
lestat et moyen de noblesse.
Chapitre. vi.

T quat au sauuemet du corps
que iay dit que le vray amou
reux tel peut estre saulue en a
me et en corps. Apres le sauue
ment des sept pechez mortelz
qui touchent a lame ie vous diray le sauue
ment du corps (t par plusieurs facons:dont le
premier est sur le faict damours.

LE vray (t loyal amoureux qui
est gentil homme sain et nect
de fes et de corps/et qui nupct
et iour tend a lamoureuse que
ste et grace de sa tresbelle da
me. Et p les sept facons contraires aux sept
pechez mortelz sicomme iay dit/laquelle da
me sera quant a honneur la nompareille des
autres lappelle toutes dames/car toutes sot
dames en amours:prenons qlle nait iamais
voulente daymer luy ne autre par amours:si
veult nature droict et raison qlle lendoit trop
mieulx aymer/priser et honnorer/ Et telle
ment que de son bien de son honeur (t de tout
son auancement elle en fera ioyeuse/ Et par
contraire dolete de son desplaisir quelque da
me quelle soit/et luy pour quelque gentil ho
me quil soit tel que iay dit de fes biens a son
besoing ne luy fauldra iamais/ou elle de na
ture autrement seroit villaine/ingrate (t di
gne destre bannye de toutes gens de bien/et
puis gectee au tresgrant et puant abisme du
pche de ingratitude en ame et en corps/co
bien que iamais nen ouyt parler de nulle qui

telle fut /et parlainsi le vray amoureux qui
est sauue en ame se peut aisi sauuer encorps.

¶La dame.

T quat au surplus touchant
lautre sauuement du corps:le
vray amoureux gentil home
q nest point ordone ne dispose
aux estudes des tresprudetes
(t faictes scieces de theologie
des decretz/des loix ne autres estudes o scie
ce:fors que a tresnoble (t illustre science (t me
stier darmes /auquel pour acquerir honneur
a la tresdesiree grace de sa tresbelle dame
quant il y est/cest celuy qui se monstre et qui
se presete le premier (t faictant que entre les
autres il est nouuelle de luy. Et quant il est a
la messe cest le pl9 deuost/a table le plus hone
ste/en copaignie de seigneuries (t des dames
le plus aduenant/de ses oreilles nul villain
mot escouter/ne de ses yeulx vng faulx re
gard /de sa bouche vng deshonneste parler/
De ses mains nulz faulx serremens ne at
touchemens /de ses piedz en nulz lieux des
honnestes aller. Que vous dirons ie. Il sur
tous sera le mieulx condicione. Et en faictz
darmes le mieulx (t le plus nouuellement ar
me monte (t habille /et pour amour de sa da
me fera armes a cheual (t a pie. Et iacoit ce
que on pourroit dire que ses armes sont faic
tes de vanitez qui sot par leglise deffedues
ainsi que au decret est escript qui dit ainsi co
me iay ouy recorder/et premier ou il dit.

¶Et alibi non temptabis dominum deum
tuum/ Car onveult scauoir si dieu aydera a
celuy qui a bon droit.

¶Item predestinaciones.xxiiii.qoe.iiii.
Du experience ne droict ne promet ce faict.
Encores vue il prouuer que cest po9 tempter
dieu/car les clers dient que demander chose
contre nature est pour miracle ou pour tem
pter dieu. Et puis de purgatoire.

¶Vulgari per totum.in capitulo.consului.

sti·ii·questione·v·
¶Item capitulo predestinationes·vvv·que
stione·iiii·Et notabiliter in capitulo glorio
sus de veneratione sanctorum Libro septo·

¶Item capitulo vt nemo/In propria causa
ius sibi dicat per totum·Capitulo de gladia
toribus tollendis·Libro·li·vi·Et des autres
decrez sans nombre deffendans tous gaiges
de bataille ? ces armes que ie dis /mais les
empereurs/les roys ? les autres princes ter
riens selon leurs droictz et coustumes de sei
gneuries temporelles/telles batailles ont or
donnees et maintenues en cas que la chose
le requiere·Et de ceste question fut vng grat
debat entre le saint pere pape vrbain ciquief
me en celuy nom et le bon roy iehan de fran
ce dung gaige de bataille quil tint de deux
cheualliers/lung francoys/lautre angloys a
ville neufue dauignon·Et cobien que le pa
pe voulsist garder les droiz des decrez /com
manda et fist mectre cedulles par toutes les
portes des eglises Que personne sur paine
dexcommunication ne allast veoir ceste ba
taille· Et non pourtant le treschrestien Roy
pour garder ses preuilleges royaulx /ne sen
voult point detenir/voult vser des loix des
princes temporelz qui diet ainsi· Le geste de
pa·¶Et eius·S·Si quis homines eadem
lege ? vne re·S·Si quis alium·l·lombarda
qui incipit si quis·S·vltimo·l·lombarda de
consti·z·l·similiter·S·Vltimo lombarda de
homicidio·l·si quem in lombarda de pariti·l·
Vltima in lombarda de homicidio·l· Liber
homo in lombarda de fur·l·Si quis alium in
lombarda de adulterio·l·iiii·Et maintes au
tres sur ce fait de batailles par querelles les
loix qui se dient lombardes les permettent
longuement ? en plusieurs facons:Toutes
fois auiourdhuy elles sont moult deffedues
par lordonnance du treschrestien roy Le bon
roy Phelippes/desquelles auiourdhuy nous
vsons /cestassauoir quatre choses seullemet
et pour nulle plus·¶La premiere cause est

quil soit chose notoire/certaine et euidente q
le malefice soit aduenu/et ce signifie la clau
se ou il appera euidamment homicide/tra
hyson/ou autre vray semblable malefice par
euidente souspeccon·¶La seconde cause est
que le cas soit tel q mort naturelle sen doye
ensuyuir·¶La tierce cause est/que nul ne
peut estre pugny aultrement que par voye de
gaige /et ce signifie la clause de murdre:ou
de trahyson reponste:si que cestuy qui laus
roit faicte ne se pourroit deffendre que par
son corps·¶La quatriesme est/que cestuy q
on veult appeller soit diffame du faict par in
cides ou presumptions semblables a verite·
Et ce signifie la clause des incides/mais ia
coit ce que ses gaiges de batailles soiet ain
si deffendus et reseruez pour les clauses que
leglise et decret ont ordone les vngz pour les
pechez de tempter dieu /les aultres de vani
tez· Le vray amoureux retournant a mon
propos ne le fait pour nul de ces deux pechez
fors seullement pour accroistre son honneur
et sans querelle ne le preiudice de nulluy/car
ie respons pour luy que a lentier des armes
il ne vouldroit le mal / ne deshonneur de cel
luy a qui il le feroit autat q le sien/? de ce en
doit requerre dieu en ayde/et en tesmoig do
en tant que touche a luy/et que dieu le veuil
le mieulx ouyr il vont confes et repentans
pour les perilz qui sen peuent ensuyuir des
sermens que ilz font/et des serimonies ie
men passe a present pour abreger· ¶Mais
quant le vray amoureux part de son pauillo
tout arme comme il doibt estre garny de sa
pauesme ? de tous ses bastons que sur luy il
doibt porter /lors faict le grant signe de la
croix/Puis baisse sa baueroffe/Et lors on
luy baille en sa dextre main sa lance ou son
espee de gect pour offendre et soy deffendre
au mieulx que il peut· Et la est assis sur
lescabel /ou sur ces piedz iusques a lappel
ou dit du iuge ou mareschal du champ·Alos
ce vray ? loyal amoureux desmarche et se va
hardiement et fierement:semblant que doye

tout menger /et faict aussi sur sa garde ses
premiers coupz mesureement et attrempee/
ment/ainsi que dit Valerius maximus en
son cinquiesme liure ou il dit que cest grant
blasme au duc de la bataille ou cõbateur de
dire ie ne cupdoye pas quil fist ainsi /car en
tre toutes les choses qui se concluent et finis
sêt par fet comme font les batailles qui sont
les plus perilleuses /Car nul pour les amê/
der ne les peut reffaire deux fois/ʒ sembla/
blement des faictz de guerre qui se doibuent
conclure/et puis condupre par meur et sain
conseil. Et a ce conferme Vegece en son pre/
mier liure đ lart de cheualerie ou il dit :ceulx
qui errent en toutes choses sans raison /tout
ce peut amender:fors que es erreurs desordõ
nees guerres et batailles: Ausquelz ne st nul
qui se puist opposer /Car la paine incõtinêt
ensupt son meffait. Et pource monamp le sa
ge:Vrap ʒ loyal amoureup est loyal/et doit e/
stre en tous ses faictz et dictz ordonne ʒ ame
sure/ et ce sont ceulp qui cõmunemê t/iacoit
ce quilz ne soient de corps ou de gens darmes
les plus fors ou puissans occient souuent les
batailles ʒ soubzmectêt les armigeres guer/
res ʒ les corps en ensupuant le dit du saige ǭ
dit comme est dit deuant.

¶ Malo mori fame ǭ nomem perdere fame
Cest a dire monamp iapme mieulp mourir
deffaim que perdre bonne renommee. Et en/
cores ce parfaict amoureup a tous ceulp qui
bien lup ont faict ou feroient:fut a conseiller
en chastop ou endons il ensupt tous les iours
le dit aristote qui dit.

¶ Diis parentibus et doctoribus non possi/
mus reddere equiualens.
Cest a dire monamp que aup dieup /aup pa
rens est entêdu que a dieu/aup peres meres
et autres de son sang /et ains de doctrine ia/
mais ne pourront rêdre lequiualent des biês
qui nous ont fais.

¶ La dame dame encores.

¶ Commêt la dame sefforcoit
de scauoir lintêcion du petit sain
tre touchant le faict damours.
   Chapitre.   vii.

Res mon amp ie vous ap re
monstre et dict beaucoup de
choses :si prie a dieu ǭ tout
ou la plus grant partie vous
doint bien auoir ouy et rete
nu :quen dictes vous voftre
cueur sen sêt il assez p têps aduenir puissant
de ce faire. Or me me dictes voftre entêcion

¶ Lacteur.

T quant ma dame eut ainsi
ses parolles finees saintre qui
comme enfant et tout espris
de tant de belles doctrines ne
respondit riens. Lors celle lup
dit/et beau sire quen dictes vous auriez vo⁹
cueur de faire ainsi. Alors le poure coniure
en leuant ses yeulp sur elle en basse voip lup
dist Oup bien ma dame voulentiers. feriez
mon amp/ma dame oup de bon cueur /mais
qui est la dame telle que vous dictes ǭ voul/
droit mon seruice ʒ apmer tel que ie suis. Et
pourquop non dit ma dame/nestes vous pas
gentilhomme /nestes vous pas beau ieune
filz /nauez vous yeulp pour regarder /oreil/
les pour ouyr /bouche et langue pour parler
bras et mains pour seruir /iambes et piedz
pour aller/cueur et corps pour acõplir ʒ loyal
vous emploper a ce quelle vous vouldroit
cõmander/ma dame si ap /et doncques pour
quop ne vous adanturez vous /cupdez vous
que pour quelque biê qui soit en vous il soit
dame qui apme tant soit peu son hõneur que
de la seruir elle vous dope prier: Combien ǭ
aulcunes sont tant conttrainctes par amours
que par force leur est de monstrer doulcemêt
le bon vouloir quelles ont. Et par ce donnent
facon de proceder:Et doncques pourquop ne

Vous aduēturez vous /car tāt plus sera la da
me de biē Jasoit ce quelle hōnestemēt se des
liure de vous:si vous en prisera elle mieulx·

¶Saintre·

A dame Jaymeroye aussi
cher mourir que de moy of-
frir ↄ estre reffuse./ↄ puis e-
stre mocque et farce comme
dautres ont este que iay ouy
dire/ Et pource ma dame
me vault mieulx estre tel q̄ ie suis· Et quant
ma dame loyt ainsi parler ↄ par raison /et q̄l
nentend pas ou elle veult venir· Lors ne se
peut tenir de son cueur descouurir et luy dit·

¶Comment la dame ouurit
soncourage au petit saintre luy
monstrant quelle le vouloit ay-
mer·Chapitre.   viii·

¶La dame·

R ca comme bon chrestien et
gentil homme que vo9 estes
vous me promectez sur dieu
sur voftre foy de chrestien /ↄ
sur voftre honneur/cy na que
vous et moy qui nous puisse
ouyr:que de chose que ie vous dye a person-
ne qui puisse viure ne mourir par quelque
facon que ce soit vous ne dirtez ne descou
urerez ne ferez scauoir ce que ie vous diray
presentement ne autressoys /et que aussi de
voftre main en la mienne le me promettez·
Ouy dist il ma dame sur ma foy·

¶La dame·

Lors ma dame luy dist . Dy ca
faintre /si iestoye celle que vo9
ay dit et vous voulsisse pour
moy seruir loyaulmēt /faire
des biens et a grant honneur
paruenir/me vouldriez vous obeyr·

¶Lacteur·

Le petit saintre qui en seruice
de seulle dame damours onc-
ques nauoit eu pēsee:ne sceust
que dire:fors soy agenouiller ↄ
dit/ma dame ie feroye tout ce
que me vouldriez commander/ainsi de vo-
ftre main en la mienne voftre foy me pro-
mectez· Ouy par ma foy et par ma loyaulte
ma dame ainsi que ie le vous promectz le
tiendray ↄ feray tout ce que me vouldriez com
mander·Or vous leuez ↄ entendez bien mes
parolles ↄ les retenez·

¶Comment la dame admon-
nesta le ieune saintre·touchant
les dix commandemens de la
loy·Et lestat des vertus et bon-
nes meurs·
Chapitre   ix·

¶La dame·

Out premier ie vueil et cō-
mande que sur toutes cho-
ses vo9 aymiez dieu de tout
voftre cueur selon les com-
mandemens de saincte egli-
se au mieulx que pourrez et
scaurez· Encores vueil et vous commande
que apres dieu vo9 aymez et seruez la benoi-
ste vierge marie sur toutes les autres choses
le mieulx que vous pourrez· Encores vueil
et vous commande que aymez et vous recō-
mandez a la tresbenoiste vraye croix :pour

laquelle pour nous sauluer nostre seigneur
fut mort et passione qui est nostre vray signe
et deffence a lencontre de tous noz ennemys
et mauluais esperitz. Encores vueil q̃ vous
commande que tous les iours de quelque pa
ter noster:ou autre oraison vous seruez q̃ vo⁹
recommandez a vostre bon ange:auquel no-
stre seigneur a donne le commandement et
garde de lame et du corps de vous quil vous
conduyse/garde q̃ deffende se par vous nest
et quil soit a vostre vie q̃ a vostre mort. En-
cores vueil et vous comande que apez sainct
michel/sainct gabriel:ou aulcun autre ange
sainctz ou sainctes de paradis en vostre cueᵒ
a tous les iours/affin que ilz soient enuers
nostre seigneur et nostre dame voz aduocatz
procureurs et embassadeurs/aussi que ont co
munemēt en la court des roys et autres grās
seigneurs/ceulx qui ne les peuent veoir ne
a eulx parler. Encores vueil q̃ vous commā
de que les dix commandemens de la Loy a
vostre pouoir vous accomplissez et gardez.
Si vous les declaireray.

Remieremēt/tu ne adoreras
nulles ydolles ne nulz faulx
dieux.
 Tu ne iureras le nõ de dieu
en vain.
 Tu garderas les dimenches
et festes commandees.
Tu honnoreras pere et mere.
Tu ne feras point homicide.
Tu ne feras point adultere.
Tu ne feras point lartecin.
Tu ne feras point faulx tesmoignage.
Tu ne desireras ou couuoiteras la femme
de ton prochain.
Et si ne couuoiteras point lautruy.

   La dame.

Ncores vueil q̃ vous commande
que totallement vous croyez les
douze articles de la foy qui sont
vertus theologiennes mres qu
bon esperit/ainsi que dit Cas-

siodore en lexposition du credo Que foy est
la lumiere de lame / la porte de paradis / la
fenestre de vie/et le fondement de salut par-
durable/car sans foy ne peult nul a dieu plai
re. Et a ce propos dit sainct pierre lapostre.
Sine fide impossible est placere deo ·pi·ca.
Cest a dire mon amy q̃ sans auoir foy il est
impossible que nul fust plaisant a dieu/dont
les six articles regardent la diuinite de dieu
le pere /et les autres six la humanite de Ie-
suchrist/lesquelz six apparte nans a la diuini
te de dieu le pere sont telz.
Croyre en dieu le pere tout puissāt:crea-
teur du ciel et de la terre.
Croyre en son vray filz et homme iesuchrist
nostre vray saulueur.
Croyre en dieu le sainct esperit vray zel q̃ a-
mour de dieu le pere a dieu le filz/et de dieu
le filz a dieu le pere.
Croire en la saicte eglise q̃ a ses comādemēs
Croire en la communion des sainctz/et re-
mission des pechez.
Croyre en la generalle resurrectiõ d̃ lachair
et de la vie pardurable.

  Et les six appartenans a lhumanite
  de iesuchrist sont telz.

Croyre que la secõde persõne de la trini
te/cestassauoir que iesus le filz de dieu le pe
re fut conceu du sainct esperit/q̃ ne de la vier
ge marie.
Croyre quil fut crucifie/mort et ensepuely
dessoubz ponce pylate.
Croyre que incontinent quil fut mort il des-
cendit aux enfers pour deliurer les sainctz
pophethes et iustes personnes qui la estoient
Croyre que au tiers iour il ressuscita par sa
propre puissance de mort a vie.
Croyre que quarāte iours apres quil fut res
suscite il monta es cieulx son corps glorifie
et que la siet a la dextre de dieu le pere.
Croyre q̃l viendra iuger les vifz et les mors
au tresespouentable iour du iugement.
Encores vueil ie q̃ vous comāde que les sept
vertus principalles soient en vous/dont les

trops sont diuines/les quatre sont moralles.
Les trois qui sont diuines/sont foy esperan
ce et charite.
Et les quatre moralles sont prudence/attrem
pance/force et iustice
Encores vueil ie ⁊ vous commande que es
sept dons du sainct esperit vous deuez croire
et obeyr/cestassauoir le don de paour/le don
de pytie/le don de science/le don de force/le
don de conseil/le don dentendement/le don de sapien
ce. Encores vueil ⁊ vous comande q les huit
beatitudes vueillez ensuyuir et croyre. Et
premier/pourete desperit/debonnairete de
cueur/pleurs de voz pechez/et des autres de
sir dexecucion de vraye iustice. Estre encue?
pyteux et misericors/auoir purte desperit/
paix a chascun/et estre pacient.
Encores vueil ⁊ vous commande que es qua
tre douaires du corps vous delictez/Cestas
sauoit en clarte/ en subtilite / en agilite/en
passibilite. Encores vueil ⁊ vous comman
de que les sept oeuures de misericorde espi
rituelles soient tousiours en vous/Cest as
sauoir les ignorans enseigner/les deffaillas
corriget/les errans et desuoyez addresser/les
vices daultruy celler/les iniures supporter/
les desconfortez consolez/et pour tous les pe
cheurs priez.

Encores vueil ⁊ vous commande que
les autres sept oeuures de miseri
corde corporelles vous acomplissez
Et tout premier Repaistre les af
famez/abbreuuez ceulx qont soif/herberger
les poures/vestir les nudz/visiter les mala
des/rachepter les prisonniers/ensepuelir les
mors. Et sur ce dit sainct gregoire en son epi
stre. Anepociam. Je ne suis point souue
nant auoir leu ne ouyr parler q nul soit mort
de malle mort qui ait voulentiers acomplies
les oeuures de misericorde/Car monseignr
a tant de intercesseurs quil estpossible q les
prieres de plusieurs ne soiet epaulcees. Et
a ce propos dit nostre seigneur en leuangille
Beati misericordes qm ipsi misericordiam

consequentur. Mathei .v.capitulo. Cest a di
re mon amy. Bien sot eureux ceulx qui sot
misericors/Car ilz ensuyront misericorde
a tant de intercesseurs quil est possible.
Encores vueil ⁊ vous commande q ferme
ment vous croyez les sept sacremens de sain
cte eglise/cestassauoir au sainct batesme/en
la saincte confirmation/en la vraye peniten
ce/Au sainct sacrement de lautel/aux sain
ctes ordres/au sainct ordre de mariage et en
la saincte vnction. Encores vueil et vous
commande q a tout vostre pouoir vous gar
dez de cheoir en aulcuns des sept pechez mor
telz. Et premier dorgueil/denuye/de pares
se/de gloutonnie/de yre et de luxure.

La dame.

Encores vueil et vous commande que
bien vous gardez dencheoir ne tomber pour
chose qui vo⁹ puisse aduenir en nul des sept
pechez contre le sainct esperit/Cest assauoir
de desesperacion/de presumption/de ipugner
verite/de endurcir enpeche denuye fraternel
le ⁊ de lesion de charite/de desesperacion fi
nalle de penitence. Encores vueil ⁊ vous
commande que les sermons ⁊ les seruices de
saincte eglise quant vous pourrez les oyez
Et pour abreger tout ce q saicte eglise veult
et comande quoy que nul dye vous obeyssez.
Encores vueil et vous commande que a
lentree:ou au meilleu de karesme:a pasques
a la penthecouste ⁊ aux cinq festes de nostre
dame/a la toussains/a noel vous confessez
et quetez bon medecin de lame/ainsi q quer
riez pour la garison du corps.
Encores vueil et vous comande pour quel
que copaignie du roy/de royne/de seigneur
et de dames:ou que vo⁹ soyez:soit par champs
par villes/par maisons / quant vous verrez
les ymages de nostre seignr /de nostre dame
en quelq facon qlz soiet/aussi de la croix:des
anges/des sainctz et sainctes:ausqlz vo⁹ ayez
vostre deuocion q pour honte du parler ne du
penser de gens vo⁹ ne laissez a oster vostre cha
peron:chapel ou bauette dessus vostre chief

ce ꝟous luy auez/ꞇ si non que de ꝟostre cueur
ꝛ saluez· Et le semblable soit il des poures/
qui ꝟous requerrõt aulmonne se ꝟous pouez
ꞇ si non que en ꝟostre cueur au moins ꝟous
en ꝟueillez et appellez dieu a tesmoing· Et
de ce faire pour la honte des gẽs ꝟous laissez
ꝟous pecheriez mortellement tout ainsi que
feriez par ꝟaine gloire et ꝟanite du monde·

¶La dame encoꝛes·

Encoꝛes ꝟueil et ꝟous commande/
que quant ꝟous serez grant et que
ꝟo⁹ suiutez les tresnobles faiz dar/
mes /comme les hommes de bien
font qui sont es batailles/par mer
par terre/corps a corps ou en compaignies ꞇ
rencontres en mines/en sailles/en eschiel
les/en barrieres en escarmouches/ou autre/
ment ꝟous nobliez pas ceste tressaicte beneis
son que nostre seigneur dit a moyse pour la di
te a aron son frere qui estoit prestre de la loy
pour beignir les filz disrael sicomme dit la bi
ble ou liure des nõbꝛes ꞇ au·ꝟiiii·iesme iour

¶Benedicat tibi dñs et custodiat te osten/
dat tibi faciẽ suã/dominus ꞇ misereatur tui·

¶Conuertat dñs ꝟultũ suũ ad te ꞇ det tibi pace·

¶Car ceste begneysson partãt de la bouche
ꝟraye de nostre seigneur/me semble estre pl⁹
louable et plus proffitable ꝗ nulle que ie sai/
che· Et pource la ꝟous recommande au leuer
ꞇ au coucher de ꝟostre lit· Mais il me semble
que ꝟous en la disant beneitez les autres et
non pas ꝟous· Pour ce me semble que en fai
sant sur ꝟous le signe de la croix deuez dire·

¶Cest assauoir·

¶Benedicat michi domin⁹ ꞇ custodiat me·

¶Ostendat michi faciem suam dominus ꞇ
misereatur mei·

¶Conuertat dominus ꝟultum suum ad me
et det michi pacem·

Et puis faictes te que deuriez faire liemẽt/
Car ia mal ne ꝟous en pourra ꝟenir· La ꝗlle
beneisson monseigneur saint francois dit a

frere lyõ son cõpaignon tẽpte daucune dyabo/
licꝗ tẽptation laꝗlle oncques puis ne luy ꝟint

¶La dame

Ncoꝛes ꝟueil ꞇ ꝟous commãde
que quant ꝟous serez et pres
aux faiz des armes et aux ba
tailles/ꞇ quant ꝟous serez sei/
gneur de ꝟoz ennemys/et que
serez tempte de ꝟengence/ou de cruelle cha/
leur/quil ꝟous souuiengne des paroles qui
dist ou premier liure de la bible deuteronomi

¶Quicunqz fudetur sanguinem humanuz
fundetur et sanguis istius·

Encoꝛes dist il en sa passion·¶Qui gladio
percussit gladio peribit· Encoꝛes dist il a da/
uid·¶Non edificabis michi domum· Quia
ꝟir sanguinis est· Encoꝛes dist il par la bou/
che de dauid·¶Uirum sanguinum ꞇ dolosũ
non ꝟidebit dies suos· Cest a dire mon amy
que lhomme de sang ne ꝟerra ia la fin de son
aage/et dit mon amy cy deuant/que qui de
coustel tue/de coustel sera tue· Encoꝛes dist
il·¶Uirum sanguinũ ꞇ dolosum abhomina/
bitur dñs· Cest a dire mon amy que lhomme
de sang ꞇ malicieux est abhominable a nostre
seigneur· Encoꝛes dist il par la bouche de da/
uid·¶Si occiderit deus peccatoꝛes ꝟiri san
guini declinate a me· Cest a dire mon amy/
se tu tues les pecheurs de dieu le sang des hõ
mes se declinera a moy· Et tant dautres pe/
tites misericoꝛdes nous a il commandees et
monsttrees en sa propre personne/dont toutes
les escriptures en sont plaines/ꝗ trop seroit
grant chose a plus grant clerc les ꝟouloit tou
tes exposer· Et pour ce mon amy de ce tres/
iuhumai peche cõme de tous les autres ꝟueil
et ꝟous cammande/que ꝟous gardez a tout
pouoir de offendre dieu nostre dame et toute
la court de paradis/et prendre aux tresbelles
paroles de senecque qui estoit paꝑ/qui dit·

¶Si scirem deos ignoscituros et homines
ignoraturos non tamen dignarer peccare pro
pter ꝟilitatem ipsius peccati·

Cest a dire mõ amp Si ie scauope les dieux nauoit point de congnoissance et que tous hõ mes fussent ignorãs si ne daignetope pecher Or aduisez dõcques mon amp de cestup sene qne qui estoit payen et tant abhominoit les Uices et pechez / dont les deuons bien abho/ hominer qui sommes par Urap baptesme en la saicte foy de iesucrist lesqꝰes choses Uueil que Uous faictes Uostre pouoir dacomplir.

¶ La dame encores.

T quãt au surplus qui touche Uostre personne / ie Uueil et cõ mãde q tous les matins quãt Uous leuerez / et tous les soirs Uous coucherez / Uous Uous sei gnez en faisant le signe de la croix bien par parfaictement et quelle ne soit ne par tozne par biãz ainsi que Uous ap dit q ses dya bolitques caractes font et a dieu et a nostre dame et a la Urape croix et a Uostre bon an e et a tous saincts q sainctes Uoz aduocatz Uoꝰ recommandez. Et assez matin Uous leuez et habillez le plus topeusement et honnestemẽt que Uous pourrez et sans grant bruit / et quãt serez en Uostre pourpoint lacce q Uoz chausses bien nectes et bien tendues / et Uoz soulliers bien nectz. Lozs Uous peignez q Uoz mains q Uostre face lauet / puis nectoiez Uoz ongles et sil est besoing les toignez q lozs seignez Uous et faictes Uostre robe cueuir. Et quant serez tout habille a lyssir de Uostre chambre faictes le signe de la croix a nostre seigneur / et a no stre dame / a Uostre bon ange q a tous saincts et sainctes Uous recommãdez. Et faictes ce que dit est. Saint augustin dit.

¶ Primo querite regnum dei.

Cest que auant nulle oeuure quelle qlle soit a leglise Uous en allez / et prenez de leaue be noiste / puis ouez messe si la trouuez Et si nõ deuãt la figure q remẽbrance de nostre seigñr a genouilx Uous mettez / et aussi a nostre da/ me q a ioinctes mains sans regarder, ca ne la

faictes Uoz prieres et ozaisons de tout Uostre cueur non pas a eulx / mais pour lamour de cestup qui est es cieulx. Et puis en la chãbre de parlement Uous en allez / et la auec les au tres cheualiers q escupers attendez tant que moseigneur le rop / q ma dame la royne ou li deulx Uoise la messe oupz / q aussi les cõuoper et se Uous nauez oup messe / Lozs a genouilx Uous mettez sans regarder nulle part fozs ad uisez que ne soyez deuant quelque seigneur ou dame / qui par hõneur Uoise deuant Uous. Et aussi ne Uous mectez pas ou nombze des Uarletz / car de tous estatz le moyẽ est le meil leur Ainsi que dit le philosophe en ethicques ou il dit. ¶ Uirtus consistit in medio. Cest a dire mon amp que laUertu consiste es choses moyennes. Et le Uercifieur sur ce dit. ¶ Medium tenuere beati. Cest a dire mon amp q les gens qui ne cherchent monter trop hault / q sont cõtes de raison / ilz sont benoistz Et la honnestemẽt q de bon cueur opant mẽ se dictes Uoz heures / et puis monseigneur et ma dame hõnestement reconuopez. Et si Uoꝰ auez faim ou soif / allez seurement desieuner q legierement attendant le disner / mais que ce ne soit pas glotonnie de boyre / ou de man gier ainsi que iap dit. Que dit le phlẽ / q len doit seullemẽt mẽgier q boyre pour Uiure / et non pas Uiure pour boyre et pour mẽger. Et bien Urap Urap le cõmun dit des maistres que la gueulle tue plus de gens / q les cousteaulx ne font. Et encores Uoꝰ deffẽs q ne soyez nop seux ne mẽteux ne rapporteur de choses mal dictes / dõt nul mal sẽ peust ensuir. Cassiodo res dit ou liure des louẽges saict pol / q la con dicion de la mauuaistie est telle / q delle mes mes ou elle na nulz cõttredisãs. Si deschiet el les se publie a lapparãt de toꝰ / mais au cõtrai re est la cõdiciõ deUite / car elle est tresestable q si ferme q tãt plusa elle de cõttredisãs seslie ue elle plꝰ q croist Et a ce ppos dit la saicte es cripture. ¶ Sup oia Uitas scõz es dze. iii. cpo Cest a dire q Uerite e sur toutes. Et poꝰce mõ amp soyez tousioꝰs ferme q Uitable q fuyez la

compaignie des bouteurs ⁊ des rumoreux/
qui trop perilleuses gens sont. Aussi que soy
ez loyal de bouche/des mains et seruir chas/
cun a vostre pouoir sans desseruir et sans nul
seruice reproucher: Suiuez la compaignie des
bons/ouez et retenez leurs parlers/soyez hũ
ble ⁊ courtoys ou que vous soyez/sans vous
vanter ne trop parler/ ne aussi estre muet/
car le prouerbe dit q̃ pour trop parler/⁊ estre
mis peut estre foltenu. Gardez vous bien
que dame ne damoyselle ne soit blasmee po[ur]
vous ne pour quelque autre femme que[l]le q[ui]l
le soit. Et se vous trouuez en compaignie q[ue]
len en parle deshonnestem[en]t monstrez par vo
stre gracieux parler quil vous en desplaist et
vous en departez.

¶ La dame encores.

Ncores vueil ⁊ vous commã
de q̃ des poures soyez piteux
et ne diffamez autruy poure
te/et selon vostre puissance de
voz biens leur departez. Et
vo[us] souuiengne du dit albert[us]

¶ Non tua claudatur ad vocē pauprib[us] auris

¶ Cest a dire mõ amy que tes oreilles ne soiēt
pas closes a la voix des poures gens. Enco/
res vueil et vous commãde que se dieu vous
auoit par les dons de fortune en aucun ḡault
estat monte/que bien garder de non oublier
les tresglorieuses ⁊ pardurables richesses des
cieulx/pour celles de ceste tenebreuse ⁊ tran/
sitoire vie. Sur ce vous auos ia dit le dit du
vertifieur. Qui dit ainsi. ¶ Quomodo di/
ues moritur iter partes diuiditur caro datur
vermibus pecunia parentibus anima demo/
nibus nisi deus miseretur.

¶ Cest a dire mon amy que quant le riche
sera mort luy et ses biens seront partiz.
Et premier la chair sere donnee aux vers sõ
o[u] son argent ⁊ ses bagues et tout ce quil a a
ses parens ⁊ son ame aux diables se dieu de
sa grace nen a mercy. Et a ce propos mon a/

my/souuiengne vous de ce beau dit dariflo/
te qui dit ainsi.

¶ Dit bone q̃ curas res villez res pitur as

¶ Nil profituras dampno quãdo q[ue] futuras

¶ Nemo domini mãsit in crimine sed cito
transit.

¶ Et breuis atq[ue] leuis in mũdo glia queris

¶ Cest a dire mon amy que aristote en sa
generale doctrine dit. O tu homme qui par
aduãtureuse force te fforce de mõter es haulx
estatz de gloire et de richesses prens garde q̃
par les mesmes forces tu ne soyes tresbuche
en bas/car oncques nulle efforceuse haultes/
se ne fut sans grant peril et quãt tout est fait
et qui pis est il fault mourir.

¶ La dame.

Ncores vueil et vous commã/
de pour vous recorder que en
vostre grant prosperite il vous
souuiengne du dit senecque en
son derrai liure des benefices
ou vingt et vngiesme chapitre/ou il dit que
ceulx qui sont leuez es haulx estatz qui nont
de riens plus grant besoing/fors que on leur
die verite. Et sur ce ensuyt sa sentence sur
les enuies et grans debatz qui sont es cours
aux grans seigneurs/a q[ui] leur pourra mieulx
complaire et plus subtillement flater / et de
ce est escript en polithicque ou tiers liure/et
ou neufiesme chapistre que le flateur est en/
nemy de toute verite/et quil fiche ainsi que
vng cloud en loeil droit de son seigneur qu'il
il lescoute. Adonc les seigneurs sont aueu/
glez/par quoy ilz en perdent lamour de dieu
honueur/et congnoissance deulx mesmes/
Dontne scaiuent les plusieurs quelle chose
prendre ne quelle laisser / et cuydent estre
tresbien louez/de ce dont ilz sont tresfort blas
mez. Et tout ce nest que par faulte que lon
ne dit pas la verite. Et pource mon amy en/
tre toutes les autres choses que ie vous ay
deuant dictes et diray vous gardez escheuez

te fuyez la tresperilleuse compaignie de telz
flateurs/dont si vous auez estat t dequoy en
trouuerez assez lesquelles choses ie vous ay
dictes pour estre vray amy de dieu. Et vng
des hommes renommez de ce royaulme voy/
te du monde de ceulx du iourdhuy. Et par ai
si ne pourriez faillir que en les suiuant au ser
uice de nostre dame t damours ne soyez vraye
ment sauuez/non seullement en corps/mais
en ame t en corps/se vous doit suffire pour
ceste fois. Et quant ie verray que ainsi vous
gouuernerez ou au moins de toutes ses cho/
ses le mieulx que vous pourrez. Alors ie vo9
aymeray t feray des biens et serez mon amy
vrayement et quen dictes vous de cecy auez
vous cueur de moy obeyr.

¶ Saintre.

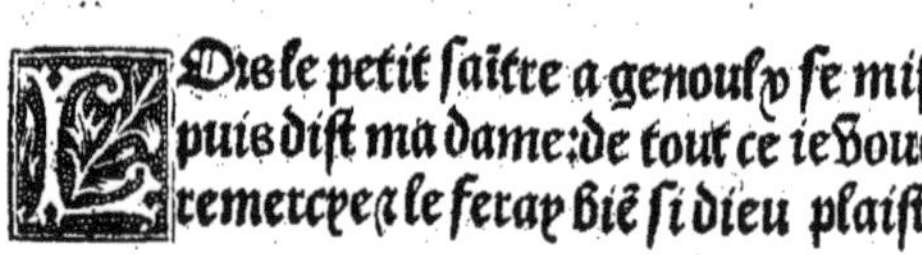

Ors le petit saitre a genoulx se mist
puis dist ma dame:de tout ce ie vous
remetcye t le feray bie si dieu plaist.

¶ La dame.

Erez dist ma dame/t ie ver/
ray que vous ferez. Or faic/
tes bonne chiere coment quil
soit / et de chose que ie vous
die a present ne vous souciez
ne aussi vueil ie q point vo9
en riez/affin que mes femmes ne sappercoi
uent de noz voulentez mais deuat elles faic/
tes ainsi les bahy comme faisiez ainsi par a/
uant et attedez moy/car ie reuiendray tatost.

¶ Lacteur.

Ors ma dame qestoit assise se
lieue/t tout hault a ses femes
dist. Et que cuydez vous de ce
faulx garson lay ie bien loque
ment confesse/ Il nest en ma
puissance q iaye peu scauoir qui sa dame est

Lors comme par courroup luy dist / Allez
vous en garson/car iamais ne vauldriez riens.
Et a lentrer de sa garde robe elle sen tourna
comme par courroux/ et puis dist. Attendez
moy maistre attendez/Car ie vueil encores
compter a vous. Lors tout asseure comme el/
le luy auoit dit/faisant vng peu lesbahy il se
arresta. Si ne tarda guieres que ma dame re
uint/puis lappella et dist hault si que toutes
la pouoient bien ouyr. Or sa maistre ca pour/
ray ie scauoir qui vostre dame est. Et se ie la
deuinoye par vostre foy le diriez vous. Esse
point telle/telle/ne telle. Ma dame nenny tel
le/telle ne telle. Or soes no9 desobligees car
nous vous estions tenues pour luy que a ce/
ste fois il auroit dame choisie / et vous veez
q ce nest de celles aucune. Et doncques fault
il quil en ait vne. Et puis que ainsi est tirez
le a part/et sil est tel quil doit estre il vous
dira t sera quicte de sa foy. Et lors ma dame
tout en riant et par maniere de farce tout a
part le tira et puis coiement luy dist.

¶ La dame.

¶ Coment la dame ia frappee de
lamour du petit saintre luy donna
vii.escuz pour se faire acoustrer et
habiller honnestement.
¶ Chapittre. p.

Or amy ie vous done ceste
boursette telle quelle est/et
douze escuz qui sont dedans
Si vueil q les couleurs dot
elle est faicte t les lecttres en
trelassees doresenauat pour
lamour de moy vous portez/t les douze escuz
vous les emploiez en vng pourpoint de da/
mas ou de satin cramoysi/ et deux paires de
fines chausses/les vnes de fine escarlate/ et
les autres de fine brunette de sainct lo/ qui
seront toutes brodees du long t par dehors de
couleurs et deuise que la bourse est et en au/

tres quatre paires de draps linges/ et quatre
cuurechiefz bien deliez/des souliers z des pa/
tins qui soient bien faiz/ z que ie vous voye
bien ioly dimenche prochain/ z se de cecy vo9
vous gouuernez bien z saigement/ bien brief
au plaisir de dieu ie vous feray mieulx.

La dame.

E petit saintre comme teune en/
fant innocent et plain de honte/
voult la bourse refuser en disant
Ma dame ie vous en remercye et
ne vous en desplaise/ ie ney prendray riens
Car ie ne vous lay pas desseruy.

La dame.

Esseruy dist ma dame / bien
scay que ne le mauez pas des/
seruy/mais vous le me desser
uirez se dieu plaist. Si vueil z
vous commade que la prenez
En disant ce celleeme z core
ment dung atour bien enueloppe la luy mist
ou seing puis luy dist/Or vous en allez z pe/
sez de bien faire z que iaye bonnes nouueues
de vous z a dieu soiez/mais ne reuenez plus
a la gallerie iusques a ce que vous soyez abil/
le. Et pour le present autre chose ne vous die
forsque ie prie a dieu que toutes ou la plus
grant partie des choses que ie vous ay dictes
puisset estre en vous. Alors ma dame a haul/
te voix faingnant estre courroucee. Or vous
en allez fuyez faictz de cueur et de pensee pour
ceste fois allez/mais encores nestes pas qui/
te/vne autre fois nous compterons a vous.

Lacteur.

T quat il fut hors de la chambre z eut
prins son piteux congie elle dist a ses
femmes en riant ie croy q no9 perdros

bien nostre temps et quil na pas encore tant
de sens quil entende dauoir dame ne quil pe9
sast oncquis destre a noureup Mais au mois
nous en aurons ris. Et encores rions. Alors
ma dame se fait desuestir sa robe et se met a
dormir et ainsi font toutes/dont a plusieurs
ce long parler de ma dame a saintre/ pour le
taillent de dormir leur ennuye mallemet. Et
si me tairay vng peu de ma dame z de ses fe9
mes pour reuenir au petit saintre.

Lacteur encores.

Comment le petit saintre sacoustra
honestement come la dame luy auoit
comande puis coment la dicte le trou
ua es galeries le faisant venir en sa
chambre et linterrogant de la diuise
quil portoit z tout a cause. Affin que
ses damoiselles ne sceussent de ses a/
mours z luybailla encores .pii.escus
en vne bourse.

Chapitre. pi.

E petit saintre quat il fut bie
loing de la chambre se tyra abng
coste et regarda de ca z de la se
nul le veoit. Lors tyra sa bourt
se de sa menche et la desuelop
pa. Et quant il laveit si bele et les douze es
cuz dedans nest pas a doubter sil en fut conte
tant. Lors commenca en son cueur la ioye tel9
le quil ne pensoit pas estre moins riche que
le roy. Mais pour donner fin aux commande
semens de ma dame et pour estre dimanche
ainsi ioly/fist en son cueur mains petis pen
semens ioyeulx. Lors sen va a perrin de sotte
qui tailleur du roy estoit. Et luy dist/Perrin
mon amy pour combien auroie ie dimenche
prochain vng pourpoint pour moy qui feust
de damas bien cramoisy. Perrin qui laduisa
vng petit print sa mesure/ puis luy dist/ A/
uez vous de largent/Ouy perrin mais quil
ne fust pas trop chier. Et lors perrin pour ce

quil estoit a tous si gracieux luy dist/mõ filz
saintre sur ma foy ie ne puis a moins de six
escuz/mais il sera du plus fin· Adonc sain-
tre comme ieune et voulentiz/ met la main
a la bourse/ Et luy bailla les six escuz· Et
quant il eut son pourpoint·Lors senva a iehã
de busses qui de chausses seruoit le roy/ fist
marche q̃ deux paires de chausses luy couste
toient lune parmy lautre deux escuz q̃l paya
tantost·Puis vint a francoys de nantes bro-
deur du roy/et luy mõstra la bourse pour bro-
der ainsi que ma dame lauoit deuise/dont le
marche fut a deux escuz·Et par ainsi ne luy
en resterent plus que deux·Lors senva avne
bourgoyse de paris a qui le seigneur de sain-
tre son pere lauoit plusieurs fois recomman-
de·Et luy dist·Marie de lisle ma bonne mere
antois ie bien deux paires de fins draps lin-
ges pour vng escu· Ouy bien dist marie ma
mere dez le cy/ et faictes que dimanche ien
puisse porter les vngs·Lors de son seing tira
la bourse ainsi enueloppee q̃ luy mõstra les
deux escuz·Et mon filz dist elle qui les vous
a donnez/Certes dist il ma dame/ ma mere
men a enuoye douze et vous prie que lũg soit
employe en linges/et lautre auecq̃s la bour-
sette me soit garde· ¶Et quant marie
dit la belle boursette si en fut moult aise po²
lamour de luy et dist/dieu donne bonne vie a
madame qui ainsi pẽse de son filz· Puis luy
dist·Et ou sont les autres dix escuz/ma me-
re dist il il sont ia employez·Helas mon filz
dist celle ie croy q̃ les ayez ia perduz ou tref-
mal employez/ma mere dist il Non ay vraye-
ment et dimenche vous le verrez· Et ainsi
passa toute celle sepmaine iusques au dimen-
che matin que a la chambre de iacques mar-
tel premier escuper descuyrie du roy ou le pe-
tit saintre/ et les autres paiges du roy dor-
moient vindrent ledit perrin de solles taille²
du roy iehan de busses chaussetier frãcoys de
nantes brodeur/et guillaume soldan cordon-
nier tous du roy qui portoient luy le pourpoit
lautre les chausses brodees soulliers et patis

tous a vng coup· Et quant iacques martel
sceust quilz estoient a lhuys de sa chambre af
semblez leur fist ouurir· Et quant il fut en
tre dedans q̃ il leur dit porter ses choses leur
demanda pour qui cestoit·Nostre maistre di-
rent ilz/cest pour le petit saintre nous sõmes
tous a luy·Alors iacques se tourna vers le pe
tit saintre q̃ en riant luy dist/ Ie croy saintre
que vous auez a voz recepueurs compte·No-
stre maistre dist il / cest ma dame ma mere q̃
na doncques compte·Car elle ma enuoye de
largent pour moy esbanoyer et pour mes ne-
cessitez/et me semble que dargẽt nay ie mye
grãment a faire: fors pour moy honneste-
ment habiller·Et vrayement dist lescuyer ie
vous aymoye bien par auant/ mais encores
vous aymarie assez mieulx· Lors se tourna
vers les autres gentilz hommes paiges/ et
leur dist·Ha tresmauuais garcõs vous ne fe
riez empiece ainsi/ains les priez plⁱtoft des-
pendre en ieux de dez par cabaretz et par ta-
uernes/et en autres deshonnestes lieux· Si
voyen ay iebiẽ batuz pour en estre chastiez/q̃
lors il dist aux maistres·Or vabillez le moy
tost et le me faictes bien ioly·Et quant il fut
du tout habille le petit saintre qui des iales
auoit tous payez donna aux compaignons la
moytie dung escu/et lautre moytie aux var-
letz de lescuyer qui ia assez plus que nul des
autres paiges laymoient pource quil leur dõ
noit de ses despouilles voulentiers·Et quãt
lescuyer et tous furent habillez apres luy sen
vont a la messe/puis en la chambre de pare-
ment attendre le roy/maisce nestoit pas sãs
grans enuies ne sans grans raisonnemens/
que les autres paiges sur luy auoiet·Et quãt
le roy saillit de sa chambre et veit le petit sai
tre ainsi abille il se print a rire/q̃ demanda
lescuyer dont ce venoit quil estoit ainsi ioly
deuenu· Sire dist il ie fuz huy matin tresef-
merueille quant perrin de solle/iehan de buf
se/francois de nantes/guillaume soldam et
leurs varletz vindrent en ma chambre appo¹
ter ses habillemens ie cuyday bien estre pris

Lors le roy et tous les seigneurs qui auec luy venoient commencerent fort a le louer· Puis dist le roy ie vouldroye quil eust plus trois ou quatre de mes ans/ Il seroit mon varlet trã chât· Et a ses porolles le roy entra en sa chap pelle et la royne q̃ venoit apres luy· Et quant les messes furêt dictes au retourner quilz fi rent ma dame vit lepetit saitre vng peu loig ainsi gracieusement habille· Lors en allant sauanca q dist a la royne· Hee ma dame veez cy le petit garson saintre comment il est io ly· Ha dist la royne/ belle cousine vous dictes verite q vrayemêt il se faict bon veoir· Lors entrerent en la salle pour disner/ma dame a qui ses peulx ne cessoient de le regarder pour plus couuertemêt le veoir q pouoir a luy par ler appella des autres dames q leur dist vou lons nous veoir quelz deuises en chausses porte le petit saintre· Et na pas dieu bontêps dit elle: quant telz gens veullent deuise por ter et contrefaire lamoureux· He ma dame il luy part de bonne voulente· Lors dist lune he pour dieu ma dame voyons que cest· Et lautre dist/ma dame deportons nous en/ Et lors ma dame q elles vers vne des fenestres se retrahirent: puis le firent a elles venir:si luy dist ma dame tout ainsi que selle nen sca uoit riens· Ša maistre sa Nous voulons sca uoir q veoir quelle deuise cest que vous por tez en voz chausses· Alors le petit saintre q̃ a genoulx estoit se fist aucunemêt prier· Cer tes dirêt elles nous le verrons q faisons tost car le roy veult disner/lors lune prent le bras lautre prêt lespaule/les autres parmy le corps tant que sur piedz le font leuer· Lors ma da me et toutes les autres q plusieurs q̃ ny fu rent pas appellees ces deuises virent: Dont il fut tresloue/mais du grant plaisir que ma dame en prinst son cueur et son corps en fut tout ressasie· Et quant les tables furent le uees q les graces dictes:pour abreger les me nestriers cômencerent a sonner/q les cueurs ioyeux commencerent a dancer q puis a chã ter:tant que le roy pour soy retraire deman

da les espices q vin de congie· Et en deman tiers quilz dancoiêt (le petit saitre)les peulx de ma dame ne cessoient de regarder tant dã coit et chãtoit bien· Lors cesse sappensa quel le vouloit veoir plus a loysir sa deuise et a luy parler/ Car tant plus elle le regardoit:et tant pl9 il luy plaisoit:que en la court nauoit celuy ne celle qui ne le iugeast vne fois estre homme de bien/dont en demantiers quil por toit la tasse au vin de conge:ma dame en pas sant luy dist/faictes comme lautre iour petit saintre:laquelle parolle il entendit bien· Si ne tarda gueres que le roy se retrahyt q que la royne a dormir se mist· Lors ma dame sen vint en sa chambre:si trouua le petit saintre aux galleries côme elle luy auoit dit· Si luy dist comme dempre esbahye/he maistre vous estes moult ioly si marchez deuât:vousvous estes fouy cinq ou six iours il fault compter a vous:Puis se tourna a ses femmes q leur dist Il nous fault veoir les deuises de ce gar son q scaurons si nous pouons dont illes a q que cest/ie ne puis croyre quil ait le sês et lê tendement destre amoureux· Et en deuisât ces choses elle fut en sa chambre:lors donna a tous conge:fors que a luy:puis fist cloire la porte· Et la ou meilleu de toutes voult ma dame ses deuises biê regarder(puis luy dist) Ha maistre maistre vous dictes que nauez point de dame et vous vous faictes si ioly (ma dame dist il) Cest dieu mercy et ma da me ma mere qui ma faict ainsi ioly· Et com ment dist ma dame Vous a elle faict si ioly elle qui est en tourainne/et croy que iamais ne fut icy(ma dame dist il)douze escuz quel le ma enuoyez en vne belle boursette dor q de soye montfaict ainsi ioly· Et vrayemêt dist ma dame il nous fault veoir ceste boursette et scauoir ou sont ces douze escuz allez· Et silz ne sont bien employez Ie luy rescripray quelle ne vous en enuoye plus· Lors le petit saintre traict du seing la boursette enuelopee dung fin petit cueurechief· Et ma dame qui bien asseuree estoit que nulle de ses femmes

ne la congnoistroit:prent la boursette ꝗ deuāt
toutes la regarde:comme si iamais ueue ne
leust/ꝗ puis regarda les deuises de ses chaus
ses ꝗ celles de la boursette ꝗ uit ꝗ tout estoit
sēblable/lors luy dist.Or sa maistre tout pre/
mier que uous cousta ce pourpoit.Ma dame
fait il/ienay paye a perrin de solles siꝑ escuz
Et les chausses faict ma dame:qui les a fai
ctes ꝗ que uo⁹ ont elles couste.Ma dame dist
il:ces chausses desclarte ꝗUnes autres de bru
nette fines de sainct lo mont couste deux es/
cuz a Jehan de buffe.Et la brodeure de ces
chausses ma couste de francoys de nantes au
tres deux escuz.Et que auez uous faict des
autres deux/ma dame de lūg auec trois solz
ien ay eu deux paires de fins draps linges/ꝗ
des.yy.solz ien ay eu trois paires de solliers
et trois paires de patins/et le surplus donne
pour le uin aux compaignons des maistres
ouuriers ꝗ aux uarletz de nostre maistre les/
cuyer.Ma dame qui de tout ce fut bien aise ꝗ
uoit que sa gracieusete deuers les maistres
ouuriers luy a ayde/aussi la largesse biē em/
ployee dit en riāt a ses fēmes il en a la moi
stie cassasse.Par ma foy ma dame sauf uo/
stre grace il ne men est demoure denier.Et
lors dit ma dame/ace coup scauray ie qui est
uostre dame.Or ca uenez parler a moy.He
ma dame dirent elles He par dieu uous luy
donnez trop a souffrir pour scauoir de luy tāt
de choses.Ne uous chault dit ma dame tirez
uous toutes arriere/car ie le uueil scauoir.
Et quant toutes furēt arriere ma dame luy
dist.Or ca mon amy iusques icy ie suis bien
contente de uous:Pensez tousiours de bien
faire/car uo⁹ nen uauldrez que mieulx.En
tre toutes choses uous commande que tant
soit il uostre amy ꝗl saiche rien de noz faictz
Non sera il ma dame/car par ma foy iayme/
roye mieulx mourir.Or ca mō amy ie uueil
que uous ayez deux autres robbes:dont luy
ne sera de fine brunette de sainct lo qui sera
fourree de martres ꝗ lautre sera dūg fin gris
de monteuillier qui sera fourree dūg fin blā
chet pour uestir a tous les iours:fors quant

uo⁹ cheuaucherez aꝑs le roy/ꝗ si aurez deux
chaperōs:lūg desclarte:lautre noir/ꝗ si aurez
ung pourpoit de satin bleu ꝗ deux autres pai
res de fines chausses cueurechiefz/chemises
patis ꝗ autres choses necessaires/aussi ꝗuo⁹
iouez et esbatez de fois a fois a la paulme:a
uoir des arcz et fleches ꝗ sōt ieux hōnestes/et
dōt les corps y raison en uallēt mieulx/ꝗ po
ce faire et uous entretenir ie uous dōray soi/
xante escuz ꝗ uerray comment uous uous
gouuernerez/car encores uous nauez point
de uarlet:pource uueil ꝗ a gillet qui est bon ꝗ
loyal seruiteur de lescuyer uous donnez tous
les moys huyt solz de pension/ꝗ quil preigne
bien garde a uoz robbes/chausses et habille/
mens/et si bien et honnestement uous gou/
uernez:uous aurez collier et chayne/seintu
re de bahaigne/robe de damas ꝗ autres biēs
assez/mais que soyez loyal secret et homme
de bien.Ma dame dist il/si seray ie si a dieu
plaist.Or mon amy entendez a moy de quel/
conques menasses:parolles rigoreuses que
deuant mes femmes ne ailleurs ie uous die
uous ne soyez mal content.Non seray ie ma
dame puis quil uous plaist neuous esmayez
de riēs.Lor⁹ ma dame deuāt ses damoyselles
sicōe de luy tresmal cōptāte deuāt ses fēmes
le tāca:puis ensa garde robe ouurit lescrinet
en une boursette de soye mect.ly.escuz.Lor⁹
reuient ꝗ lappella Ca maistre ca estes uous
encores a deuiser ꝗ ne uous fierez uo⁹ point
en moy/ꝗse a moy ne le uoulez dire dictes le
a dame iehanne ou a dame Katherine:ou
ysabel:ou a qui mieulx uous plaira:ꝗ ꝗuous
diroie ie ma dame quant ie nen ay point/et
uous portez deuises ꝗ lettres entre lacees:si
te morueux que uous estes ꝗ faictes lamou
reux.Ma dame:sur ma foy ie uous ay dit cel
le que iayme mieulx en ce monde:et qui me
faict porter ces deuises.Ha maistre maistre
uous nous cuydez abuser que ce soit uostre
mere:ie croy bien que uous aymez uostre me
re:et que ce soit celle qui uous entretient/
mais ce nest pas celle pour qui uous portez
ceste deuise.Or ca uenez a moy Je me suis

appensee dune aultre que ie nay pas nõmee
Lors lappella a part et luy deist: tenez ceste
boursette gardez bien que ne la perdez Il ya
soixante escuz dedans/Or verray bien com/
ment vous vous gouuernerez/z si vueil que
vous ne venez plus aux galleries a lheure q̃
ie y doy passer/ne que trop souuent deuant
moy vous ne arrestez /mais quant vous me
verrez q̃ dune espingle ie furgeray mes dẽs
cest signe que ie vouldray parler a vous/et
lors froterez voftre droit oeil/et par ce cõgnoi
stray que vous mentendez /et a celle fois y
viendrez·Or auez bien entẽdu ce que ie vo⁹
ay dit/ouy ma dame tresbien·Or pensez dõc
ques de bien faire:si vous aymeray/et quãt
ie verray que bien vous gouuernerez Alors
ie vous retiendray pour mon amy z vous fe
ray tresbien ioly/ma dame dist il si feraye
si dieu plaist· Or vous en allez ie vueil dor
mir/et de chose que ie vous tance deuant les
gens cõme ie vous ay dit ne vo⁹ esbahyssez·

Comment la dame menaca
faintement le petit sainctre:luy
disant deuãt ses dames quil ne
vauldroit iamais riens· Et a/
pres cela sen alla le dit Sainctre
faire tailler autres habillemẽs
de largẽt que la dame luy auoit
baille· Et puis comment la da/
me parla a luy/a laquelle il dist
q̃ sa mere luy auoit enuoye lar/
gent duquel il sestoit habille·

Chapitre   ·vii·

Encores lacteur·

Ors ma dame cõme par cour/
touy luy dist Allez vo⁹ en gar
son assez / car iamais nevaul/
driez riens· Helas ma dame di
rẽt elles toutes que ne soit pas
le grant congie·Et pource sai/
tre il vous vaulsist mieulx a ma dame dire

la verite·Sainctre q̃ de ma dame ayant sa
lecon:faignant estre courrouce se agenouilla
et sans dire mot prinst congie· Alors toutes
se prindrent a rire des grans assaulx que ma
dame luy faisoit disans·Or lauons nous per
du et ne aurons de luy plus nostre deduyct/
Mais elles ne scauent pas les doulces conue
nances de ma dame et de luy)Taisez vous
dit ma dame encores nest il pas quicte Le
bon du ieu ne fait encores que venir· Helas/
se moy dollente dist ysabel) ce poure enfant
est bien deuant nous gehenne· Et a tant me
taire cy vng peu a parler des ris et des ieux
que ma dame et ses femmes en faisoient/et
viendray a parler comment il employa ses
soixante escuz·

Lacteur·

Vant le petit sainctre fut par
ty de ma dame sen alla tan/
tost cõpter son tresor/et quãt
il vit celle monnoye descuz
en sa main/il fut si trestaux
quil ne scauoit que faire ne
quey penser·Toute celle iournee fut en pense
ment ou il les pourroit musser/car a lescuyer
ne a aultre ne les oseroit bailler en garde:po⁹
ce que ma dame luy auoit tresexpressement
deffendu que nul nensceust riens·Si sappen
sa quil les musseroit en ses puissetes iusques
a lendemain pour les employer z aussi le fist
car celle nuyct luy fut si longue que oncques
si longue ne fut se luy sembloit· Adonc au
plus matin qui fut leue z euft ouy messe il
sen alla au perrin de solle et luy fist faire les
trois tobbes que ma dame luy auoit ordonne
qui furent fourrees:desquelles il en vestit
vne le dimenche ensuyuant z le pourpoint de
damas bleu / car pour accomplir tout trouua
argent assez z assez de demourant·

Lacteur·

T quãt ma dame vit le petit
saintre vestu de sa robe noire
fourree de martres ⁊ son pour/
point de damas bleu plus quel
le nauoit dit fut tresioyeuse·
Lors en le guignant fist de son espingle le si/
gnal:auquel il respõdit· Et quant ma dame
en sa chambre reto²na le trouua es galleries
Et de si loing quelle levit dist a ses femmes
veez la nostre esbatement il nous fault com/
pter a luy·Et quant il lapperceut fist sẽblant
de soy desuoyer /⁊ prẽdre autre chemin· Lors
ma dame le fist appeller:puis luy dist/a mai
stre maistre esse la facon de fuyr deuant les
dames vous ny faictes riens/oz marchez de
uant· Et quant ma dame fut en sa chambre
donna congie a toutes ses gens:fors a iehan
de soussy escuyer de la royne / et thibault de
roussy son escuyer /les deux qui meilleurs
bouches auoiẽt pour franchemẽt parler tout
ce que ne pourroient celler ⁊ leur dist /ie vo⁹
ay cy retenus po² rire auecques nous· Alors
ma dame au petit saintre commenca a dire/
oz sa maistresa par tant de fois nous toutes
vous auons prie de nous dire qui vostre da/
me par amours est /et oncques pour prieres
pour requestes/pour menasses ne pour iniu/
tes ne lauons peu scauoir / et puis que ainsi
est que de nulle de nous tant ne vous estes
voulu fier:aumoins dictes le a iehan de sous
sy ⁊ a thibault de roussy:ou a lung deulx qui
sont bien voz amys·Et ma dame dist iehan
de soussy Pourquoy le diroit il pl⁹ tost a no⁹
quil ne la voulu dire a vous·Le petit saintre
qui ia estoit tout asseure /et congnoissoit biẽ
les parolles de ma dame:faignant destre es/
bahy ne disoit mot·Et quant ma dame vit
quilse taisoit Dist a iehan et a thibault· Le
maistre cy que vous veez porter robe de mar
tres fourree : pourpoint. de soye et chausses
brodees ⁊ si iolis nous veult faire entendre
quil na point de dame /⁊ qui pis est quil nest
point amoureux·Par ma foy quant ie bien
regarde elle seroit en vous bien assenee da/

uoir vng tel amoureux·Et a ces parolles se
monstra tresrigoreuse contre luy/et puis luy
dist·Dz sire vous qui estes encore vng paige
combien que soyez de bon hostel:dont vous
sontvenuz ceste robe ⁊ cest pourpoint/ma da
me dist il:puis quil plaist a ma dame ma me
re qui veult que ie soye ainsi ⁊ le ma mande
il fault q̃ ie luy obeysse a sa voulente· Et cõ
biẽ vo⁹a elle enuoye/soixãte escuz ma dame
Soixãte escuz dist elle:vous enauez la moy
tie cabasse·Non ay par ma foy ma dame·Et
ceste robbe/ce chapperon/ce pourpoint ⁊ ces
chausses vous ont elle couste soixante escuz
ie le vueil scauoir/nanny ma dame ien ay a
uec tout ce que vous veez vne autre robe de
fin bleu fourree de fins aigneaulx de rome/
nie/et vne autre robe de fin gris de mõteuil
liet doublee de fin blanchet/deux chapperõs
deux paires de fines chausses :dont les vnes
sont de graine ⁊ quatre escuz de demourant·
Et qui a este vostre conducteur a faire tãt
de choses· Ma dame nul:fors perrin de solle/
dist ma dame ie scay bien quil est preudoms
et a voz affaires la bien monstre / car vostre
argent est a mon aduis bien employe· Et ne
me dictes vous derrenierement quelle vous
auoit enuoye douze escuz:dont vous fistes si
iolis/ma dame ouy /et dieu vous gard telle
mere ⁊ vueil que vous luy soyez bon filz·Dz
sa allez vous en tous /car il no⁹ fault dormir
A ces parolles tous partirent et sen allerent
en allant iehan de soussy ⁊ thibault de roussy
louerent fort le petit saintre ⁊ luy dirent que
les rigoreuses parolles de ma dame ne priist
pas a desplaisir/et dautre part se plaignoiẽt
de ma dame qui parloit ainsi rigoreusement
sans ce que la chose luy touchast vouloir tant
scauoir son faict:voyre dist il/et qui prẽdroit
plaisir a tãt de mal gracieuses parolles quel
le me dist:po²ce que ne luy dis qui est ma da
me ⁊ a ses femmes aussi/et ne me veult poit
croyre que ie nen aye ne vueille auoir nulle/
et p ma foy si ie lauoye iamais ie ne leur di
roye tant mont elles ennuye·Et lors ilz com

mencerent a rire/et sur ce fut leur departir/
que puis a ma dame ⁊ a toutes les autres ilz
dirent/dõt entre elles en fut grant riz·Si ne
tarda gueres que les parolles de ma dame et
delles toutes auec le petit saintre par eulx en
plusieurs lieux ne furent semees tout ainsi
que ma dame pensoit /et des aultres choses
silz leussent sceu:dont en fut bien ris / et par
ainsi demoura ceste loyalle et bonne amour
secrette iusques a ce que fortune ꝑ sa varia/
blete leur voult le dos tourner ainsi que a/
pres sensuyt·

¶ Lacteur·

Este amour ainsi loyalle et
secrette dura·ꝑvi·ans :entre
lesquelz quãt ma dame vou
loit parler au petit saintre
pour le faire plus secrette/
ment elle luy dist Mon amy
il nya que faire dentrer en la dance / mais la
facon est de sen saillir a honneur :pource que
assez de fois vous ay faict venir icy de la gal
lerie/et iacoit ce que vous dictes que vostre
mere vous a ainsi habille et faict ioly:Tou
tesfois plusieurs des gens pourroient pẽser
beaucoup de choses/⁊ nen fault quevne pour
en deuiner et publier tout /et pource me suis
appensee que ie ne vous vueil plus trouuer
en la gallerie /mais quant ie vouldray par/
ler a vous:ou vous a moy nous ferons nous
deux seignaulx ainsi que est dit /et lors bien
briez ⁊ ouurerez lhuys de mon preau quãt vo⁹
verrez que ie men seray par nuyct retournee
en ma chambre:⁊ vez cy la clef ⁊ la parlerons
et deuiserons ensemble a noz plaisirs·

¶ Commẽt la dame aduertit
la royne de parler au roy : affin
quil fist le petit saintre son es/
cuyer trenchant·

Chapitre   piiii·

¶ Lacteur·

T quant vint au troysiesme
an de leurs amours quil fut
en son seiziesme an Ma dame
se appensa que il estoit ia as
sez grãt pour estre hors de pai
ge /car il scauoit bien trẽcher
et seroit bon pour estre varlet tranchant du
roy ou de la royne qui pourroit·Lors elle sap/
pensa comment elle le pourroit mieulx faire
Et dist en soy mesmes/si tu le dis a lescuyer
qui a de luy la charge a cause des·piii·escuz :⁊
puis des autres choses il pourroit pẽser que
de toy viendroiet/⁊ se tu le dis a tel seigneur
a tel ou a tel encores aucun deulx pourroit
penser la cause /et touteffois fault il qui luy
soit ayde ⁊ quil ne soit plus paige/Et se con
clud quelle mesme de par luy en suppliroit la
royne qui en feroit la requeste au roy·Lors el
le fist le signal de lespingle /auquel le petit
saintre respondit.

¶ Lacteur·

T quant ilz furẽt au preau ensem
ble:elle en le tresamoureusement
baisant luy dist Mon tresloyal de/
sir vous estes en laage de·ꝑvi·ans
Et doresnauãt estes trop grãt poꝛ
estre paige:ie me suis appensee q̃ pour vous
mettre plus auant ie feray a ma dame la roy
ne de par vous priere que mõseigneur le roy
vous enboute hors/⁊ que soyez de lung ou de
lautre varlet trẽchant /car a la premiere fois
quil vous dist si ioly il dist en riant quil voul
droit que eussiez quatre ou cinq de ses ans q̃l
vous oꝛdõneroit a trancher deuant luy :pour/
quoy ie vous aduertiz q̃ si ma dame vous en
parloit par quelque facon que ce fust/affin q̃
ie ne fusse pas trouuee mẽsongiere que tres/
humblement vous len merciez·

¶ Lacteur encores·

E ces parolles le petit saintre fut
tresioyeulx ⁊ treshumblement en
remercya ma dame q̃ apres ces pa/
rolles en le baisant tresdoulcement
luy donna congie·Lors saintre se part ⁊ apres

luy ma dame tout coyement ferma la porte:
puis sen alla dormir·

¶Lacteur·

A dame qui de auancer son
treshumble seruant iour et
nuyct ne cessoit le matin au
leuer de la royne luy dist en
riant/ma dame il fault que
ie me acquite ce que iay par
plusieurs iours oublie/cest de vous faire vne
requeste de p vng ieune treshonteux escuyer
qui est tant crainctif quil ne labous ose faire
Et qui est il dist la royne/ma dame cest le pe
tit saintre/et que veult il ma dame/il dit ql
a honte destre plus paige:et quil a ia·pvi·ou
pvii·ans·quil vous plaise faire la requeste a
monseigneur le roy quil soit son varlet tran
chant/et il escripra a son pere ꝗ a sa mere qui
luy apderõt de cheuaulx ꝗ a le mettre enpoit
Et en verite dist la royne sa requeste est rai
sonnable et honneste si:le ferons tres voulen
tiers/car ie scay que monseigneur layme biẽ
ꝗ si est tresgracieux ieune filz ꝗ ay espoir bel
le dame quil sera vne fois treshomme de biẽ
Laquelle requeste par la royne ne tarda gue
res quelle ne fust faicte au roy· Le roy qui p
ses gracieusetez ꝗ par les bons rappors quil
en auoit laccorda tres voulentiers :dont pour
non mettre la chose plus en delay/aussi tost ꝗ
la royne vit le maistre dhostel deuant le roy el
le len fist souuenir·Alors le roy commanda ꝗ
le petit saintre le seruist de varlet tranchant
et quil commẽcast a ce disner ꝗ eust trois che
uaulx ꝗ deux varletz bliurez·Le maistre dho
stel qui congneut le bon vouloir du roy ꝗ la ti
see de la royne ꝗ vit le petit saintre entre les
autres gentilz hommes si lappella ꝗ puis luy
dist Petit saintre mon amy comment est vo
stre nom/Monsieur le maistre dhostel dit il)
iay nom iehan(iehan dist il)doresnauant vo
ne serez plus paige Le roy vous a son varlet
tranchant ordonne a trois cheuaulx de liuree
et deux varletz/ Et pource mon filz si vous
fistes oncques biẽ faictes tousiours mieulx

car par la relacion de voz gracieux seruices
sans desseruir nulluy Le roy vous ayme si
nen soyez pas orgueilleux/ Car iespere quil
vous fera tousiours mieulx/tenez voz mains
et voz ongles netz ꝗ le surplus devostre corps
au mieulx que vous pourrez/car en tous les
offices de seruir seigneur a table le vostre le
tequiert·Et tous ceulx de la salle qui ces pa
rolles ouyrent ꝗ de lauancemẽt du petit sain
tre furent tous bien ioyeulx· Et pour ce est
tresbelle ꝗ prouffitable chose a tous ieunes
escuyers de seruir sãs desseruir destre doulx
humble et pacient pour acquerir la grace de
dieu ꝗ puis de toutes gẽs ainsi que dit le pro
uerbe cõmun· Qui bien ne mal ne peut souf
frir a grant honneur ne peut venir.

¶Commẽt le petit saintre re
mercya le roy/la royne ꝗ ma da
me:porce quil auoit este faict es
cuyer· Et commẽt il trancha de
uant le roy:et fist son office bien
saigement·
Chapitre   viiii·

¶Lacteur·
Lors iehan de saintre comme
humble doulx et gracieux in
continant a genoulx deuant
le Roy se gecta ꝗ le remercya
du grant honneur qui luy fai
soit· Le roy comme seigneur
saige/doulx et debonnaire luy dist / saintre
faictes bien seullement ꝗ nous le vous reco
gnoistrons·Si se vira au maistre dhostel ꝗ la
present le roy et tous les remercya des bons
enseignemens qui luy disoit/ꝗ neut pas hon
te cõme plusieurs auroiẽt de le remercier pu
blicquemẽt /ꝗ lors se part ꝗ va a la royne qui
estoit en sa chambre· Lors publicquemẽt sãs
faire nul sẽblãt a ma dame deuãt tous ceulx
et celles qui la estoiẽt/ꝗ genoulx treshumble
ment la remercya·Et la royne luy dist/sain
tre les seruices et gracieusetez ꝗ auez faictz
a to⁹:ꝗ especiallemẽt aux dames ont auãcez

Vo¹ ioꝰ a voꝰ faire saillir de paige ꞇ deuenir
escuyer de mõseignr ꞇ de noꝰ· Et po²ce mon
amy pensez tousiours debien faire et de com
plaire a chascun/car vng iour viendra ꝗ paye
ra pour tous Alors les tables furent dressees
et le maistre dhostel pour disner le vint que/
rit·Ma dame se monstrant ignorante de tou/
tes ces choses auecques les autres dames et
damoyselles/qui de saintre tous bien disoiẽt
ne dit plus/fors que en verite il a esté et est
bon valeton·

¶Lacteur·

Uant le roy ꞇ la royne furent assis
ꞇ ma dame au bas bout de la table
le maistre dostel print le cheneuas
du pain/la seruiete et sur lespaule
iehan de saintre la mist· Lors il cõ
menca a faire son office de varlet tranchant ꞇ
si gracieusemẽt que au roy ꞇ a la royne ꞇ a toꝰ
pleut grandement· Ma dame qui au bout de
la table seoit le regardoit de foys a autres/
moult souuent ꞇ puis pensoit que vrayement
il conuenoit quil eut ses trops cheuaulx/ qui
luy estoient ordonnez ꞇ ses deux varletz/lors
print lespingle de sa poictrine en facon de cu/
rer ses dens fist son signal/ ꞇ tant de fois que
iehan de saintre lapperceut/et au plus honne
stement ꝗl peut de son signal respondit·

¶Comment le petit saintre
fut parler a ma dame en son
preau lequel elle baisa cordia/
lement et luy bailla cẽt cinquã/
te escuz pour auoir vng cheual
et autres choses necessaires·
Chapitre·   p̃ꝰ·

¶Lacteur·

T quant le soir fut venu il ouurit
le preau et la attendit ma dame qui
ne tarda pas longuement· Et lors
la chiere fut entre eulx telle ꝗl nest

celuy ne celle qui penser le peust·Se amours
ne leur eust fait scauoir· Puys luy dist/ mon
seul amy et ma tres doulce pensee/ car cy lon/
guement ne pouez estre baisez moy par vraye
es amours·Et tenez cy en ceste boursette/cẽt
et soixante escuz que ie vous donne pour a/
chapter vng gẽt frisque et fringant cheual/ꝗ
soit bien vif et saillant quoy quil vous couste
iusques a quatre vingts escuz/ꞇ vng autre de
bõne taille pour vostre cheuaucher a tous les
iours du pris de vingt escuz/et vng autre che
ual double po² porter vostre malle/et vng var
let du pris de trente escuz/et sont·Cent ꞇ trẽ
te escuz qui resteront·Tous semblables voꝰ
en ferez de beaulx harnois de draps ꞇ vestirez
voz gens et seruiteurs de vostre liuree quãt
cheuaucherez et du demourant vous seruirez
tant quilz dureront·Et quãt ilz fauldront fai
ctes mon signal sans plus ꞇ a ces parolles dit
a dieu mon espoir et tout mon bien et a dieu
a dieu mon tresor a dieu ꞇ a dieu ma dame cel
le qui me peut plus commander et que ie doy
ꞇ vueil plus obeir ꞇ a ces parolles ilz sen vont

¶Lacteur·

Ehan de saintre pour ceste
nuyt senva coucher en la chã
bre de lescuyer qui luy dist·
Mon filz saintre iay grãt re/
gret que nous laissez/ mais
ie suis tresioyeulx de vostre
bien /et puis dist aux autres paiges du roy
qui entour saintre estoient·Or aduisez mes
enfans nesse pas belle chose que de bien fai
re et destre doulx humble ꞇ paisible et a chas
cun gracieulx vez cy vostre compaignon qui
pour estre tel/ ꝗ acquis la grace du roy/ et de
la royne ꞇ de tous·Et vous qui estes noyseux
ioueux de cartes et de dez/et suyuez deshon/
nestes gens/tauernes et cabaretz ne pour ba
tre quon vous face ne vous en puis chastier/
dont par ainsi cõ bien que de bõ lieu voꝰ estes
tãt plus croissez si ne voꝰ amãdez ꞇ plꝰ cheftifz

et meschans serez/et en disant ces parolles/
tous furent despouillez (sen vont coucher·

Lacteur·

Le petit saintre qui nosoit descou
urir lembusche de ses cent soixan
te escuz e ses pruffetes ceste nuyt
les fist dormir de paour ql ne luy
fusset robez/dieu scet si celle nuyt luy fut lon/
gue pour les cheuaulx achapter/mais quant
le iour fut venu et il fut prest et habille apres
quil eut ouy messe incontinent sen va a ceste
bo?goise marie de lisle et luy dist/Marie ma
bonne mere nouuelles vous dy· Quoy mon
filz· Le roy de sa grace ma oste de paige (me
fist hyer trancher deuat luy et ma mis en lor
donnace de trois cheuaulx et deux varletz·
Et puis tout secretement par vng de sa cha/
bre ma fait doner cent·ly·escuz pour moy mo
ter et habiller moy et mes varletz· Et que ie
me trouue bien en point moy deffendant que
nul ne le saiche po? lenuie quon en pourroit a/
uor·Si vous prie ma tresbonne mere q nul/
le personne du monde nenpuist rien scauoir/
Ha mon beau filz dist marie/que loue en soit
dieu·Di ne le dictes a personne/car iamais
par moy nen sera parle·Et comment le ferez
vous/il fault que ayez homme qui se cognoif
se bien en cheuaualx (q vous adresse a auoir
bons seruiteurs· Mamye et ma mere ie me
suis appense de lescripre a monseigneur quil
men enuoye vng ou deux· Et au regard des
cheuaulx nostre maistre lescuyer my aydera
tresuoulentiers et des autres assez quant ie
les vouldray prier/mais ie ne menvueil pas
trop haster pour la suspeccon des gens· Que
vous dirois ie/ains quil fust vng moys il eut
varletz et fut bien monte· Et luy et ses var
letz bien habillez·Que encores layma plus le
roy et tint chier/si fist la royne tant quil leua
brupt Et quant ma dame apperceut la bone
chiere que le roy luy faisoit/print son espigle
et en fist le signal par tat de foys que saintre
lapperceut et lors luy respondit·Et quant ilz
furet ou preau le soir ensemble· La dame luy
dist/mon amy et mon cueur iapperceu de pie
ca que monseignr et ma dame la mercy dieu
vous ont bien en grace· Il nous fault penser
que vous y puissez bien entretenir/la quelle
chose est en court tresforte par le faulx parler
des enuieulx si nest pour acquerir amys/les
plus prouchains de entour eulx les vngs par
dons/les autres par promesses/quo ne peut
fournir a tous lesquelz en temps et en lieu se
doybuent acomplir a lug le cheual a lautre la
hacquenee ou robe/car les dons et les promes
ses quant on les peut acomplir/les honneurs
les bonnes chieres selon les gens quilz sont
esiouyssent lient et emprisonnent leurs cue?s
tellement que tous sont siens·Et aux offici
ers les robes de liuree affin q pour vous tous
soiet a ma dame la royne aucunesfois la bel
le hacquenee aulcunesfois le beau cheual
pour sa litiere ou po? son chariot Aux autres
dames selon ce qlles sont/aux vnes les haulx
atours/aux autres les saintures dargent bie
dorees/ aux vnes fins tyssus seullement/et
aux autres les belles ferrures/aux vnes les
gracieux dyamens/et aux autres lesverges
dor gentement esmaillees / et les basses da
moyselles grans bourses/laccetz (espingles
selon ce quelles sont/ et par ainsi au regard
de vostre largesse/honneur/grace(amour de
chascun seront auecqnes vous/et se vous me
demandez dont vous doibuent venir tant de
choses/ie vous respons tat que vous me ser
uirez loyaulment ie vous fourniray du tout
Et quant vous serez aucunement du corps
plus puissant· Alors vueil que vous entrepre
nez aucunes gracieusesarmes/dont porterez
lemprise que ie vous donray· Et quant par
uiendrez encores plus hault en lamour et gr
ce de monseignr et de ma dame aussi de tou
et pour comencer a ces choses vez cy en cest
bourse quatre cetz escuz dot les cet seront po

ne bonne hacquenee ou pour vng bõ cheual
que premier donnerez a ma dame ⁊ la remer
ciez de lhonneur que mõ seigneur vous a fait
a sa requeste· Et les aultres cent escuz pour
faire liurees de robes a leurs varletz de chã/
bre tous dung drap et dune couleur / et a voz
deuises Et pour plus de familiarite vous en
porterez vne a ceste feste de toussains· Et
quant serez a la feste de noel vous aurez fait
a chascun des autres officiers a chascun sa to
be de vostre mesme deuise et dautre couleur
de drap· Et les autres cent escuz seront pour
achapter aux autres dames damoiselles et
autres tout ce que vous ay dit pour les estre/
ner a ce premier iour de lan· Aussi des robes
que donrez aux roys darmes et heraulx trõ/
pettes et menestriers· Et sur ce car plus ne
pouons estre ensemble mon cueur mon bin et
mõ tresloyal seruãt baisez moy ⁊ a dieu soyez

¶ Lacteur·

Ehã de saintre q̃ voit et cõgnoist
les grans biens ⁊ honneurs que ma
dame luy fait ⁊ pourchasse ainsi ieu
ne quil est· A genoulx treshumble/
ment la remercia disant A ma tres
redoubtee dame / la plus parfaicte
en tous biẽs et en tous honneurs qui au mõ
de soit· Las cõment vous pourray ie iamais
seruir a la milesiesme partie de ce que a vo⁹
suis tenu/mais ma tresuraye dame iẽ feray
ce que ie pourray/ et dieu qui scet mon vray
penser et mon desir me acquitera du surplus
Alors ma dame se fist leuer puis le baisa en
luy disant a dieu soyez·

¶ Comment le petit saintre
sacoustra de cheuaulx comme
ma dame luy auoit dit· Puis
la vint remercier /lequel elle
admonnesta de rechief et ap/
print a gouuerner en court/et
en guerre et en toutes autres
sortes

Chapitre·   xvi·

¶ Lacteur·

T quant lend. main fut venu
apres la messe ouye ie hã de sai
tre ne cessa q̃l eust les palefre/
niers ⁊ les mareschaulx du roy
⁊ de la royne· Si les fist en sa
chãbre bien desieuner· Puis leur dist ie voul/
droye bien employer quatre vingts ou cẽt es/
cuz pour vne belle et bonne hacquenee qui la
pourroit trouuer· Alors enuoyerent q̃rir des
plus souffisans et feables corratiers de che/
uaulx ⁊ se informerent des plus belles hacq̃/
nees qui fussent a paris quilz alleret veoir
et en achapteret vne dont luy mesme fist son
present a la royne/⁊ tout a part luy dist/ Ma
souueraine dame tant ⁊ si humblement que ie
scay et puis vous remercye des biens ⁊ hon/
neurs q̃ le roy a vostre requeste et vous aussi
mauez tant faitz· Et en souuenãce de ces cho
ses sil vous plaist vng peuuenir a la fenestre
Ma dame vous verrez vne petite hacquenee
q̃ ie vous presente en vous suppliant q̃ la pre
nez en gre/ Car a petit mercier petit panier·
La royne tres doulcement sexcusa/mais a la
parfin elle vint veoir la hacquenee aux fene
stres qui moult belle ⁊ bonne estoit/ couuerte
dung parement de soye aux couleurs et deui
ses de la royne / dont elle fut tres comptante·
Et quant il se fut desparty / lors cõmenca la
royne a dire tous les biens de luy dont ma da
me qui assez froidement en parloit combien
que son cueur pour les biens q̃lles en disoient
toutes sen resiouyssoiẽt Et quant la feste de
noel fut venue tous les varletz de chãbre / et
puis les officiers/roys darmes trompestes ⁊
menestriers comme dit est/furẽt tous vestuz
et que les dames eurent leurs estrennes· Et
ma dame choysit la sienne qui fut le moidre
de tous les rubis· Lors par toute la court ⁊ le
royaulme sa noblesse florissoit· Combiẽ que
ce ne fut pas sans grans enuies / ainsi q̃ par
toutes cours de coustume est Touteffois les
bons se louerent tant que le roy /et la royne

lenrent plus en grace que encores nauoit este
Et en ceste facon se gouuerna tãt de iour en
iour le roy laymoit plus. Si obtĩt du roy mai
tes graces/⁊ acquist mains bons amys. Ne
pour semblant que le roy fist/ ne pour grace
quil obtint oncques dorgueil ne fut surmõte/
Ains sefforcoit de cõplaire a ceulx q̃ estoient
ses ennemys couuers. Et ainsi demoura en
ceste ordonnãce lespace de trois ou quatre ãs
Ma dame qui veoit et scauoit toutes ses cho
ses ne tarda guieres quelle voult parler a luy
Lors fist son signal de lespingle / au q̃l il res/
pondit. Et quant ilz furent au preau ensem/
ble. Elle luy dist. Mon seul amy la dieu mer/
cy/il nest roy/royne/duc ne seigneur/dame/
ne damoyselle iusqs aux plus petis que chas
cun ne sefforce a dire bien de vous/a cause q̃
auez este/et que estes humble ⁊ gracieulx/ ⁊
ores par vostre largesse vostre renommee flo
rist. Si vous prie et recorde q̃ sans nulle folle
ne prodigue despense qui redõde trop plus a
honte que a honneur a dommaige que a prof/
fit. Largesse bien employee vous soit recom/
mandee/car elle porte en soy telles vertuz Et
premier elle couronne lame de gloire pardu/
rable. Elle se garde en lamour de chascun ⁊ si
acquiert nouueaulx amys. Elle florist en bõ
ne renõmee elle estaint de cuerus les yres Et
le porte toute seurete/ Car elle fait ennemys
amys. Et pource mon amy ie la vous recom/
mande. Et se par le plaisir de dieu fortune ve
noit en vostre ayder. Employez vostre temps
soit en conquestes darmes soit en seruices de
seigneurs ou en estre seruy que vostre desir/
soit de acquerir lamour de dieu et de plusieurs
amys. Et ne vous fiez pas tant en lamour de
fortune selle vous a ia de ses biens departiz
que ne ayez regard au dit de alanus in arti/
cladiano ou il dist.

¶ Tempore felici multi inueniũtur amici.

¶ Cum fortuna perit/ nullus amicus erit.

Cest a dire mon amy/que au temps que for
tune est amie de quelque homme et quelle la
mis en aucun estat. Alors il trouuera des a/

mps sans nombre/mais quant elle luy tour/
ne le dos/il nen trouuera vng seulz Et pour
ce est pire que fol qui a elle se fye.

¶ La dame.

¶ Cõment la dame conseilla au
petit Saintre de lyre liures et to/
mãs affin de cognoistre les gestes
des nobles du temps passe.
Chapitre. xbii.

Ncores vueil ⁊ vous prie que vo/stre plaisir soit a souuent lyre bel les hystoires. Especiallemẽt les aucteticques ⁊ merueilleux faiz que les rommains firent sur tous ceulx de la monarchie du monde. Lisez titus linius ou orose/ se voulez scauoir des douzes cesariens ou cesaires/lisez suetomus. Et se voulez scauoir des faitz de catheline/ ⁊ de la conspiracion ou coniuracion lisez salustius. Se voulez scauoir de la tresfiere guerre ⁊ de pompee/ Aussi de la souueraine bataille qui fut de leur pouoir en bataille ledit põpee fut desconfit lisez lucan/et se voulez scauoir des roys degypte/lisez mathastrius/ et se voulez scauoir des troians/lisez daires phisirius/et se voulez scauoir de la diuersite des langues lisez arnobius/et se voulez scauoir des iuifz ⁊ de la destructiõ de hierusalẽ/lisez iosephus Et se voulez scauoir des hystoires dauffrica lisez victor/Mais ponpeius trogus selon ce ⁊ valerius escript. Cest celuy q̃ a plus escript de son temps en sus/car il parle ainsi que du commencement de toutes les regions ⁊ de la situaciõ des terres.

¶ La dame.

Tcy vous donray fin des ancien nes histoires ausquelles vous prie commande que vueillez prẽdre plai sir a escouter et a lyre q̃ pourra sub tillier vostre esperit en toutes nobles et illu stres oeuures ne pourrez mieulx vostre tẽps emploȳer ainſi que le verſifieur dit·

Vt ver dat floꝛem flos fructu fruct⁹odoꝛẽ·

Sicut ſtudiũ moꝛes moꝛ ſeſu ſeſ⁹honoꝛẽ·

Ceſt a dire mon amȳ cõme le printemps don
ne la fleur/comme la fleur donne le fruit / et
cõme le fruit donne lodeur·Ainſi leſtude don
ne les meurs et les meurs donnẽt le ſens·/ et
le ſens donne les honneurs /doncques par
ainſi leſcouter et retenir les nobles hiſtoires
eȳemples et enſeignemens pourrez acquerir
la pardurable ioȳe de paradis/honneur en ar
mes honneur en ſens/ honneur en richeſſes
et vivre liement honnoꝛablement·Et quãt
voſtre ſeigneur ou aucuns autres feablemẽt
vous requerront de conſeil·Enſuȳuez le dit
claudien le poethe quant il enhoꝛta honnoꝛer
ſepere² en ſondeuȳieſme liure quãt illuȳ dit·

Te patrẽ ciuem q̃ geras tu cõſule cũctis·

Nõ tibi nec tua remoueãt ſz publica nota·

Ceſt a dire comme pere et amitie poꝛtes des
bons conſeilz tu les confoꝛtes a toȳ ſeuūe
ment ne tapplicque/aȳme dieu et le bien pu
blicque/car ainſi furent les bons romains et
par ce dominerent en toute la monarchie du
monde et donnerent loiȳ deſquelles encoꝛes
nous vſons·Et ſur ce ſainct auguſtin au qua
trieſme liure de la cite de dieu et ou douziiſ
me chapitre vne de auctoꝛitez de ſaluſte recoꝛ
dant les paroꝛles de cathõ qui dit·Les cho
ſes que firent noz romains ſi treſpuiſſans ſẽs
induſtrie et vraȳ conſeil en noz cueurs et aſ
ſemblees de conſeilz·Et pour ce mon amȳ ie
les vous recommande affin que le conſeil de
voſtre ſeigneur et de tous autres/ qui ſe fie
ront en vous ſoit loȳaulment garde et tenuſe
cret/Car a ce pend largement de voſtre hon
neur et de ceulȳ qui autrement le font·

OR mon amȳ ie vous aȳ aſſez dit poꝛceſte
fois ſi prie a dieu que tout ou la pl⁹ grãt
partie vous doint bien acomplir·

Coment le petit ſaintre ſe miſt
a genoulȳ deuant ma dame et la re
mercȳa/puis cõment le roȳ la roȳ

ne luȳ donneroit argẽt pour ſoȳ aū
uencer/et puis comment en fin ma
dame luȳ dit quelle vouloit q̃l euſt
vng bracellet eſmaille a ſa deuiſe le
premier iour de maȳ / et le poꝛtaſt
vng an entier pour ſeſpꝛouuer encõ
tre quelque cheualier au faict desar
mes·

Chapitre· ₚviii·

Lacteur·

Et quãt ma dame eut ſes pa
rolles finees iehan de ſaintre
ſe miſt a genoulȳ· Et loꝛs hũ
blemẽt la remercia et dit ma
treſdoulce dame celle qui me
peut plus cõmander q̃ tout le
ſurplus du monde· Si treſhũblement que ie
ſcaȳ puis voꝛremercie·Aloꝛs elle pour lheu
re tarde le baiſa·/et puis luȳ dit·Allez vous
en/ie ne ſcaȳ que voulez dire Et laiſſez le ſur
plus faire a moȳ·

Lacteur·

Endemain auſſi toſt q̃ le iour
apparut ſaintre ſe leua· Et a
pres la meſſe dicte au plustoſt
quil peut ſenva le premier a la
chambꝛe de parement· Et ne
tarda guieres que les autres cheualiers eſ
cuȳers ȳ vindrent·Loꝛs le roȳ va a la meſſeȳ
vit ſaintre ſi bien et ſi gentement habille vit
le ſire diuȳ et luȳ dit/ie ſeraȳ bien tꝛõpe ſe
ſaintre neſt vne fois bon homme·Mais dont
luȳ viẽt ce quil eſt ſi bien habille· Sire dit le
ſire diuȳ / iaȳ entẽdu que ma dame ſa mere
le pouruoit ainſi et croȳ bien que ceſt dubou
loir ſon pere qui luȳ en donne lhonneur·

Lacteur·

E roȳ ſe teuſt a ceſte fois/ et
pẽſa que il luȳ vouloit aȳder
Et quant il fut reuenu en ſa
chambꝛe manda querir ſõtreſ
ſoꝛier/ et oꝛdonna que ſaintre

euſt cinq cēs eſcuz·Et quāt la royne le ſceuſt
luy en fiſt donner trois cens / et vne piece de
damas·Et fuſt saintré tellement en la grace
du roy z de la royne / quil ny auoit nul eſcuyer
qui y fuſt tant et tout ce par le bon conseil de
ma dame q̃ par leſpace de ſept ans lauoit ay/
me. Et quant il ſut en laage de ving a vingt
et vng an·Auquel temps le roy luy fiſt beau
coup de biens des autres faiz que ma dame
voult parler a luy ie mē paſſe / car trop ſeroit
long le reciter.

C Lacteur encores·

T quant saintré fut en laage
que iay dit·Ma dame en qui
tous ſes eſperitz tendoient de
le faire homme de bien /et re/
nomme ſe appenſa que vraye
ment il auoit cueur z corps aſ/
ſez pour faire parler de luy·Et quant ilz fu/
rent aſſemblez apres leurs amoureuſes deui
ſes a chiere treſlie ma dame luy diſt·Mōvray
amy mon cueur et ma treſioyeuſe pēſee puis
que a dieu plaiſt que eſtes tāt en grace de mō
ſeigneur le roy / z de ma dame la royne et auſ
ſi de tout le ſurplus / ie me ſuis penſee q̃ voz
eſtes deſormais aſſez homme pour faire en
armes quelque bien / affin quil ſoit en ce roy/
aulme et dehors quelques nouuelles de vous
Et pour ce faire a ce prochain et premier io'
de may / ie vueil que pour lamour de moy voꝰ
portez vng bracelet dor eſmaille a voz deuiſes
borde de ſix bons dyamens de ſix bons rubis
z de ſix bonnes et groſſes parles de quatre a
cinq caractz qui ſont cy dedans enueloppees
en vne beurſette qui eſt en ce ſaichetr Auquel
ſont encores deux mil eſcuz pour vous met/
tre en point·Et du ſurplus de voſtre deſpēſe
daller demourerz retourner ne vous eſmayez
Car ie vous trouueray aſſez façon que mon/
ſeigneur ma dame et meſſieurs mes beaulx
oncles daniou de berry z de bourgongne z auſ
tres ſeigneurs de voſtre ſang chaſcun vous

aydera·Et ſe ores ne le faiſoiēt / mon ſeul dē
my ne vous ſouciez tant que dix mille eſcuz
pourront durer·

C Lacteur·

T quant saintré entend les
grans biens / les honneurs et
le grant amour que ma dame
luy porte / comme rauy de ioye
a perdu le parler·Toutesfois
a genoulx ſe miſt et tout le mieulx quil peut
la remercia·Ma dame qui congneut la façon
de ſon parler luy diſt·Mon amy ie qui vous
ay ſur toutes autres pour moy ſeruir choyſi
voꝰ prie encores q̃ ne voꝰ ſouciez fers que de
ſtre ioyeux et par tout faire bonne chiere dor
et dargent et de bagues pour vous mettre biē
en point·A ce voſtre commencement ie vous
fourniray aſſez·Et quant voſtre bracelet ſe
ra parfait la nuyt de ce premier iour de may
qui ſera briefuement vous ventrez icy a moy
z ie le mettray en voſtre bras la premiere fois
et le iour enſuiuant vous le porteres par leſ
pace dung an·Se en cellup tēps vous nauez
trouue aucun cheualier au eſcuyer de nom et
darmes ſans reprouche qui pour acomplir vo
ſtre empriſe a cheual ou a pied le vous ayt oſ
ſte par couuenaut de ne le vous rendre iuſqs
a ce que par les armes a pied, quil ſera a voꝰ
ſil a du meilleur il ait gaingne / leſquelles ar
mes ſeront Et premier de courſe de cheual /
lung cōtre lautre en harnois et ſelles de guer
re / tant que lung ayt premier bien rompu lā
ces / Ceſtaſſauoir demy pied au deſſoubz de
la douffe de fer / et vng pied au deuant de la
rondelle / et celup qui premier les aura biē rō
pues·Son compaignon tout a cgeual preſent
le iuge / luy donra vng dyamant lye encores
du pris de trois cens eſcuz vu au deſſoubz poz
donner a ſa treſbelle dame / et le iour enſui/
uant et dieu ayt garde voſtre corps de deſloy/
al eyorne / ou autremen. le huitieſme iour a
lheure ordonnee par le iuge / tous deux com/
battrez a pied lung contre lautre de deux ha/

ches darmes tant seullement/lesquelles bo9
deliurerez tant que lung ou lautre soit porte
par terre ou des deux mais perdu son baston
Et ce au despartir de cestes armes vostre co
paignon est le meilleur ie vueil et ordonne q
la present luy donnez vostre dit bracelet·Et se
dieu bo9 donne le meilleur il sera quicte pour
vous rendre sa hache la present·Et puis pour
tout le iour son harnois quat il sera desarme·

¶ Ladame·

Ar mon amy vous estes ieune daa/
ge:q si nestes pas des plus grans ne
puissans de corps / mais pour ce ne
deuez nulz doubter / car souuent est
aduenu que le pl9 foible a desconfit
le plus fort / et en bataille le moins de nom/
bre assez tost desconfit le plus grant quant ilz
sont bien auecques dieu /car a ce mestier les
gens combatent·Et dieu donne la victoire a
q luy plaist·Et po9ce bo9 de tout vostre cueur
requerez le conseil/la force /layde de dieu si
ne po9rez mal finer·Et ce fortune bo9 estoit
contraire ce que ie espoire en dieu que non/
ne vous souciez/car ia pour ce mon bon vou/
loir:pource ne changera vers vous/ains bo9
en aymeray trop mieulx / car selon les droiz
dhonneur q darmes vous en serez plus a pri/
set/et pource ne pouez que bie faire quelque
chose que vous faciez /mais que dieu garde
vostre corps depoine comme il fera se de bo
cueur a luy vous recomandez q auroye plus/
chier que eussiez a faire a homme renomme
que a vng ieune comme vous:Et pour ceste
cause/ains quilz vousboient ie loue q vueil
que auant vostre partement vng moyevous
enuoyez vng roy darmes ou herault a la co9t
premier du roy darragon :puis a celle du roy
de nauarre qui sont des espaignes les pre/
miers:puis a celle du roy de castille/et puis
du roy de portingal qui sont quatre roys cre/
stiens presenter les lettres de boz armes se
brayement il nest trouue a lune des premie/

tes cours aucun cheuallier ou escuyer tel que
dit est qui ait emprins de vous deliurer:du
quel sur vostre chemin il vous rapportera sa
lettre et son seel/Et se dieu comme iespe
re est du tout en partie pour vous·Mon amy
et mon cueur vous serez lescuyer renomme
Et dieu scet comment monseigneur et ma
dame la royne et chascun vous aymera q pri
sera/et ceste seulle pésee est souffisant de des
confire vng geant·Et pource mon amy pen
sez destre vaillant q a dieu requerir vostre co
seil et ayde si ne pourrez faillir·Et a ces pa
rolles il nous en fault departir plus ne vous
en dis maintenant·

¶ Comment le petit saintre
remercya ma dame :Puis fist
faire le bracelet comme elle luy
auoit commande·Et puis vint
a elle q luy monstra Dont elle
fut bien ioyeuse·

¶ Chapitre xix·

¶ Lacteur·

Ors saintre a genoulx se met
et dist/ma tresredoubtee da
me/ma deesse et mon seul bie
si treshumblemét que ie scay
et puis:du tout bo9 remercye
Et quant aux armes que me
ordonnez:dieu auant/nostre dame q monsei/
gneur sainct michel lange/oncques de chose
apres vostre grace q amour ie ne fus si com/
ptant/car vous oirez au plaisir de dieu nou/
uelles telles que vous q messeigneurs tous
serez comptans·Lors print conge delle q par
vng amoureux baiser dix quinze ou vingt
renduz q a dieu soyez·

¶ Lacteur·

Aintre sur ce nouuel pensemét fut
toute ceste nuyct /Et quant le iour
fut venu q ql eust messe ouye·Lors
fist a soy venir gibert lorin orfeure
du roy qui renommee de preudhomme auoit
et a part luy dist Gilbert mon amy ie voul/

dzope bng bracelet doz efmaille de mes cou/
leurs τ a ma deuise/et bozde aup deup lez de
sip dyamans/sip rubis τ six perles que veez
cy/loze les mostra a gilbert q moult lup pleu/
rent/τ pour abzeger en deup iouzs le bracelet
fut faict. Et quant saintre fut en la presence
de ma dame il frota son deptre oeil pour le si
gne qui estoit entre eulp/Auql ma dame de
son espingle respodit. Et quant ilz furent ce
soir au pzeau pour deuiser/saintre lup mon/
stra le bracelet a la clarte de la lune/mais bie
veoir ne se pouoit. Ma dame lup dist:ie le ver
ray a la tozche τ aussi demain: Puis le vous
tendzap demain au soir quant reuiedzons icy
ensemble τ a noz plaisirs deuiserons.

¶Comment la dame conseilla
au petit saitre quil failloit quil
fist publier son entreprise p bng
herault darmes contenant com/
ment le mieulp dansant fust es/
cuper ou dame auroit pris con/
uenable τ lup mist le bracelet au
bras/puis comment saintre fist
bng baquet a tous seigneurs et
dames. Et puis la nupct retour
na au pzeau parler a la dame q
lup dist quil failloit publier ses
lettres darmes a la court de qua
tre roys. Chap.   pp.

¶Lacteur.

Et quant ma dame eust ledemain
veu le tresbeau τriche brasselet fut
tresiopeuse. Lore a saintre fist son
signal/auquel saintre promptement
respondit. Et quant ilz furent en/
semble(ma da dame lup dist)mon amp veez
cy voftre bracelet /lequel me semble tant bel
que a paine le pourroit estre pl9. Si me suis
appensee a lasseoir des tables q demain q se
ra la veille du premier iout de map vous do
tez bng tresbel souper a plusieurs cheualiers
dames et damopselles de la court:et autres/
auquel ie ne vueil point estre:combien q vo9

my conuitez. Et lors que pour publier voftre
emprise plus honnozablement par le roy dar/
mes ou herault vous ferez crier que la dame
ou damoyselle/cheualier ou escuper qui aup
dances seront/le mieulp chantans a icelle fe
ste/la dame ou damoyselle aura de vous bng
bel dyamant /et le cheualier ou escuper aura
bng bel ruby /et semblablement donres a la
dame ou damoyselle / cheualier ou escuper
mieulp dansant τ chansons dictes vous au
rez tout prest le bel τgracieup banquet qui se
ra dentremetz τ dautres viandes assez/auql
vous ferez porter le paon/et lors les seigntes
les dames et damoyselles/les cheualiers et
escupers feront leurs veuz/et quat ilz les au
ront tous faictz. Alors vous vouerez aup da
mes τ au paon/avoftre dame faicte ou a fai
re q ce premier iout de map qui sera demain
vous mettrez bng bracelet doz tel qui sera en
voftre bras senestre par lespace dunan.Si de
dans icelup vous ne trouuez cheualier ou es
cuper de nom τ dautres darmes sans repou
che τ le surplus comine dit est retenu sur tou
tes choses le vouloir τ plaisir du roy/et quat
vous aurez tout faict τ acompaigne les da
mes portez auecques lup le bracelet ou sain/
affin que ce soir ie le vous mecte pour la pre
miere fois/ma dame dist saitre le vray dieu
qui rend tous les biens faiz le vous vueille
tendze τ me doint grace de le vo9 desseruir af
si q mon cueur et la pensee nont autre desit.
Et ma dame a lusance acoustumee lup don
na conge.   ¶Lacteur.

Le iout ensupuat q fut le derrain
iour dauril aussi tost quil fust io9
Saintre dauoir queup et vian
des de diuerses facons fist dili
gence/Et pour abzeger fist le souper et le
bancquet comme ma dame auoit dit:puis co
uia seigntes/dames/damopselles/cheualier
escupers/bourgeops/bourgeoises de Paris
et autres a plate. Et quat le souper/le banqt
les dauces τ les veuz furet to9 faictz/τ saitre
auecqs les autres eust conuoyees les dames

de la court/et que le roy q la royne eurêt prins
le vin de congie :et que tous furent departiz
saintre comme ma dame auoit ordonne sen
alla au preau/si ne tarda gueres que ma da
me y vint. Et lors elle pour la premiere fois
le bracelet en son bras senestre luy mist en le
baisant/et pource que lheure estoit tarde ny
furent gueres quil ne les conuint despartir/
mais en luy mectant luy dist/mon amy q mõ
vray desir Je prie a dieu q a nostre dame que
en telle heure q en tel point le vous puissez
ie mettre q a tout hõneur en puissez reuenir
et se ainsi est ie leur voue que tous les ven
dredis ie ne porteray linge sur ma chair nue
par autant de vendredis ou de samedis que
serez dehors. Hama dama dist il et que vous
ay ie merite/q vne telle dame face telz veup
pour moy(ouy mon amy dit elle) Car vous
estes tel que ie vueil. Il mest aduis que le
plus tost q vous pourrez ayât le bon vouloir
et conge de monseigneur q vous enuoyez voz
lettres darmes a quatre cours des dictz qua
tre roys par quelq herault ou poursuyuât q
vous apporte sur le chemin la respõce. Et a
ces parolles ma dame luy donna congie. Et
par ainsi les cueurs souspirãs les yeulx lũg
de lautre lermoyans sen despartit.

Cõment le petit saintre fut
deuers le roy et la royne presen
ter sa lettre darmes et deman
der conge de le obtenir/Ce que
le roy fit quasi cõme contrainct.
Chapitre   ppi.

Lacteur encores.

E iour ensuyuât qui fut le pre
mier iour de may Saintre fut
tout de neuf q ses gês bien ha
billez/q mect son bracelet:puis
sen alla la messe ouyr quil fist
dire du sainct esperit/q la assembla tous ses
amys que ma dame luy auoit dit. Lors tous

de bon cueur lacompaignerent deuers le roy
Et furent plusieurs qui a le seruir ou voya
ge se offrirêt/et au saillir que le roy fist de sa
chambre ou ce iour estoient messieurs ses fre
res q aultres plusieurs de son sang Saintre
et tous ses amys a genoulx se misrent. Lors
il commenca ioyeusement parler q dist/No
stre souuerain seigneur il est de coustume a
tous nobles hommes de acroistre leurs hon
neurs p le tresnoble mestier darmes q en plu
sieurs facons:dont ie desirant comme lunde
ceulx esperant le conge q licêce de vostre gra
ce q non autrement Doue arsoir en mon pe
tit bãcquet presêt mes tresredoubtez seignrs
et dames q damoyselles/cheualiers/escuyers
telz quelz q plusieurs autres q cest matin ie
porteroye en mon bras senestre vng bracelet
dor tel quil estoit:lequel veez cy q le surplus
pour la facon q se vostre bon plaisir est pour
rez veoir cy en escript. Lors le roy prinst les
lettres darmes q publicquement les fist lire
deuant luy:puis a la responce fut longuemêt
pensant aux armes fortes q a laage de sain
tre pour la grant amour que a luy auoit/Et
quant il vit la longue responce du roy doubta
moult de reffus. Lors luy dist He sire pour la
premiere requeste darmes q oncques ie vous
fis pour dieu vueillez la moy accorder. Alors
messieurs ses freres q tous ceulx q la estoiêt
voyans sa tresgrande q bonne voulente prie
rent au roy pour luy/et tant que tous luy sup
plierent quil enfust comptant. Lors le roy sen
alla a la messe/q saintre apres ce q leust mer
cie a la royne qui venoit pres luy se auanca q
toute sa compaignie apres. Lors a genoulx
sest mis:puis luy dist. Nostre souueraine da
me il a pleu au roy moy donner conge de acõ
plir mon emprinse darmes:dõt veez cy le bra
celet a layde de dieu/de nostre dame q de mõ
seigneur sainct michel lange ainsi comme en
lettre darmes est contenu. Si vous supplie
ma souueraine dame que ainsi soit vostre bõ
plaisir. Et mon amy dist la royne/et voulez
vous ia faire armes qui le vous a conseille.

Ma dame dist il)dieu et honneur se mont con
seille/et puis quilz se sous ont conseille Je
leur prie et supplie quilz sous en facent iop/
eulr·(Ma dame firet plusieurs faictes lire les
lettres pour en seoir la facon / Nous ferons
tant que de samesse reuiendrons· A cesspa/
rolles se auanca ma dame q de tresbon oeil se
regardoit/q aussi toutes les autres po² oupr
ce quil disoit·Alors la ropne lup dist/saintre
de ce que moseigneur est comptant ie le dois
bien estre·Si prie a dieu/a nostre dame q a
monseigneur sainct iehan:puis que ainsi est
qui sous en doint toute iope/q telle que desi/
rez·Lors la ropne sensa a la messe·Au reue/
nir quelle eut fait elle demanda la lettre dar
mes/q la soulut oupr:puis dist/helas q ce ieu
ne homme qui nest encores que sng enfant
comment a il eu cueur dentreprédre telles ar
mes Il fault dire quil lup part de tresgrant
et bon souloir/q se dieu le ramene en bo poit
il me semble quil ne souldra faire autre cho/
se:puis que si ieune si sa boute r /et a ses pa
rolles la ropne sensa a table pour disner·

C Coment le petit saintre en
tra en iouste triumphant q bien
acoustre·Et se porta saillamet
si quil fut prise q honore de chas/
cun·Chapitre.   ppii·

C Lacteur·

T quat les tables furet ostees
le rop/la ropne/ses dames et
tous sot aup hours po² seoir
les ioustes qui se soouloient co
mencer·Lors sint saintre sur
son destrier housse dug damas
blac tout brode a fle²s de lps de ne moubliez
mpe·Et lors commenca la iouste de ceulp de
dehors a ceulp de dedans:desquelz pour abre
ger le temps se passe /et ainsi de ceulp qui a
celle iouste furent:fors dessaintre qui rompit
des lances:bouta sng par terre ius de la sel/

le de son destrier/q deup auecques leurs de/
striers/et tant dura en son heaulme ql fut de
to⁹ les iousteurs le premier q derrain sur les
rencz· Se ma dame estoit aise ilne se fault
pas demander·Et enserite aussi estoient le
rop/la ropne qto⁹ les autres de sa court:eulp
donnans merueilles de son eureup iouster/
et pour la premiere fois eust de ceulp de de/
hors sng tresbel dpamat ql doua a ma dame·

C Lacteur·

E iour ensupuat encores sint
il sur les ioustes housse lup et
son destrier dung autre nou/
uel paremet tout de satin sert
a fleurs de pensees·Que so²
dirois ie encores fist il si bien que chascun se
esmerueilloit·/mais po² lemprise quil auoit
fait Le rop doubtant aucun inconuenient le
fist retraire /et par ainsi durant ces ioustes
ne iousta plus·

C Comet saintre fut au preau
parler a ma dame · Et lup de/
claira de point en point coment
il estoit acoustre/quelz gens et
officiers il auoit pour parfaire
son entreprise·Et coment la da
me soulut scauoir de ses cou/
leurs q de ses armes:puis prin/
dret conge lung de lautre a tres
grans pleurs et regretz·
Chapitre   ppiii·

C Lacteur encores·

T quant les premieres festes
furent passees saintre ne cessa
de quetir puissans destriers q
aussi requerir cheualiers /es/
cuyers ses pares q ampe/rops
darmes/heraulp/trompettes q menestriez q
deup tabourins /et de faire robbes/orsaue²

ries/harnoys/paremens/plumes ↄ aultres
choses a luy necessaires pour briefuemēt fai
re son Boyage ↄ accōplir ses armes. Et quāt
il fut du tout bien en point il fist a ma dame
son seignal. Et quant il fut le seoir aupreau
il compta ↄ deuisa tout ce quil auoit faict/et
comment il auoit trois cheualiers/tel tel et
tel·a·viiii·cheuaulx·ix·escuyers a·xxiii·che
uaulx/Bng chappellain a deux cheuaulx·Le
roy darmes daniou a deux cheuaulx·/Thou
raine et lesignen Les heraulx a quatre che
uaulx:quatre trōpettes a six cheuaulx:deux
thabourins a deux cheuaulx/et quatre tres/
beaulx ↄ puissās destriefz que quatre beaulx
petis paiges cheuaucheront tout le pas con/
duictz par deux Barletz a cheual qui les pen/
serōt/deux queux a trois cheuaulx Bng four
tier/Bng mareschal ↄBng armurier a quatre
cheuaulx/huyt sommiers/quatre pour moy
et quatre pour ma compaignie et·vii·autres
gens a cheual pour ma chambre seruir/et tel
a troy cheuaulx pour maistre dhostel/Som
me toute·iiii·xx·ix·cheuaulx qui tous serōt
Bestuz de Boz couleurs ↄ de Bostre deuise·Le
quel nombre de gēs et de cheuaulx il dit tout
coyement Ainsi comme si luy semblast trop
grant nombre pour en ordonner a son plaisir·

⸿Lacteur·

ET quant ma dame q̄ de loyr estoit
tresioyeuse luy sembla quil eust dit
craictiuemēt doubtant de trouuer
la despence et finence a ce necessai
re·Lors elle luy dist monamp il me
semble que auez faict si bien quon ne pour/
toit mieulx·Et quant au regard de la despē
ce ie ne Bueil que Bous en souciez/car iespe/
te q̄ mōseigneur/ma dame ↄ messieurs mes
beaulx oncles especiallemēt Bous y aydeiont
et silz ne le faisoiēt pour Bostre despence dun
an/Brayement monamp Bostre honneur ne
demourra pas /et mon amp dequoy sont Boz
paremens·Ma dame ien ay trois qui sont as

sez riches/dont lung est de damas cramoisy
tresrichement broche de drap dargent qui est
borde de martres sebelines/et en ay Bng aus
tre de satin bleu/le senge dorfauerie a noz let
tres branlans qui sera borde de letisses·Et
si en ay Bng autre de damas noir/dont lous
urage est tout pourfille de fil dargent/et le
chāpt tout emply de houlpes couchees de plu
mes dautrusse Berdes / Biolettes et grises a
Boz couleurs/borde de houpetes blāches dau
trusse mouchettes de houpes noires aisi q̄ her
mines/ↄ sur cestuy ientens faire mes armes
a cheual:retenu Bostre bon plaisir/et dit chas
cun quilz sont riches ↄ les faict Beau Beoir/ↄ
si en ay Bng autre /et ma cocte darmes tout
semblable /sur lequel ie Biendray sur les li/
ces pour faire mes armes a pie qui est de sa/
tin cramoisy tout seme de branlās dor esmail
le de rouge clet a Bne grant bande de satin
blanc toute semee de branlās dargent a trois
lambeaulx de satin iaulme tout seme de brā
lans de fin or luysant qui seront mes armes
Et mon amp ie Bous prie que Bous les blas
sonnez autremēt·Ma dame mes armes sont
de gueulles a Bne bande dargent a quatre lā
beaulx dor· He dieux dist ma dame/et q̄ cest
belle chose en Berite Ie les Berroye Boulen/
tiers/si ne fust la doubte du parler des gens
mais ien trouueray bien honnestement la fa
con/Car ie le diray par bonne maniere a ma
dame qui Bous en priera·Or bien dist saintre
ma dame ie suis tout prest doresnauant quāt
seroit Bostre bon plaisir/Car il me semble q̄
le plus brief est le meilleur Ie pense que ore
lesignen le herault soit la/et se par aduantu/
re pour moy deliurer ie deburoye rencontrer
sur mon chemin·Lors prindrēt le iour de par/
tement au·xB·iour du prochain moys de iuil
let ensuyuant:a ces parolles lung de lautre a
tresgrans souspirs et tresamoureux baisers
se despartirent·

⸿Lacteur·

¶ Commēt la dame aduertit la royne que saintre estoit mer/ueilleusement bien acoustre de coursiers ⁊ aultres choses/par quoy ladicte royne dist a saintre quil fist admener ses cheuaulx en la gallerie pour les veoir/ce quil fist. Et comment le roy et la royne les virent qui moult le priserent.

Chapitre   xxiiii.

Lendemain au mati a latourner de la royne /ma dame neust pas mis enoubly laveue d ses beaulx paremens/si dist a la royne tout bellement/Ma dame iay ouy di/te que ce ieune filz saintre a fait faire tresbeaulx paremēs a mer/ueilles/Vrayement ie ne le puis croyre/tou/tesfois ma dame si cest voostre bonplaisir que vous le voyez/et entre nous femmes sans plus/car ientens quil les tient bien serre/et quant vous len prierez il le fera tres voulen/tiers. Dictes vous belle cousine qui sont si beaulx. Ma dame assez plus beaulx selon ce que on dit q ie ne vo9 scauroye dire. Alors dist la royne se nous ne sommes esconduites nous les verrons ma dame pource quil les tient si cellees:dictes luy quil face venir ses quatre destriers cy bas en la petite court /et face porter les paremēs couuers/lesquelz se/ront la mis dessus/et vous ferez la porte clo/re et bien garder. Ha par ma foy dist la royne vous dictes tresbien faictes men souuenir quant le verrez/et ces parolles finees la roy ne va a la messe ⁊ en la chambre de paremēt vit saintre qui la estoit. Lors ma dame saua ca et dist bellement a la royne/ma dame vez la saintre. Lors la royne appella guillaume de lins son huyssier darmes /et fist appeller saintre. Saintre si dieu vous doint ioye dist la royne/de la chose q plus desiez nousvous

prions que puissions veoir voz paremēs dar mes sur voz destriers quon dit q̄ sōt si beaulx Et ma dame dist il sauue lhonneur des di/seurs/ce ne sont paremens ma dame que a simples compaignons/ce seroit a moy honte que veissiez si poure chose. Et beau sire telz quilz sont nousvous prions que les veons en ceste basse court apres disner/et nous ferons clorre ⁊ bien garder les portes/et pour le fai re plus celeemēt se vous voulez faictes por/ter voz paremens couuers par voz gens / et puis faictes venir tous voz destriers/⁊ quāt seront couuers faictes nous secrettement ap peller. Ma dame:puis q ainsi ivous plaist dist saitre voz prieres me sōt ētiers cōmādemēs.

¶ Lacteur.

Apres que le roy ⁊ la royne eu rēt disne ⁊ que les tables fu/rent leuees Saintre manda querir ses paremens et puis les destriers. Les portes fu/rent ainsi closes que ordonne estoit/⁊ puis les paremens mis sur les de striers. Alors saintre sen va a la royne ainsi quelle auoit dit. Lors la royne hastee de ma dame ⁊ du desir quelle enauoit ne se peut te nir q au roy ne le dist la venue des destriers couuers. Et commēt dist le roy sōt ilz si beaulx Monseigneur vous les verrez si vous plaist Ouy vrayment dist le roy Laissons venir de congie. A monseigneur dist la royne que gue res de gens ny soient. Apres le vin de congie le Roy et la royne se partent/⁊ de dessus les galleries virent les destriers couuers q leur semblerent tresriches et tresbeaulx. Lors toutes dames et damoyselles commencerent alouer Saintre ⁊ a faire veuz et prieres que dieu luy donnast grace de a grant honneur re tourner. Et quant le roy se voulut retraire appella saintre/Et en deuisant de plusieurs choses il fut entre en sa chambre:puis sen va en sa garderobbe/Et ne tarda guietes que par Jehan de seuffle son varlet de chambre luy enuoya en trois saichetz trois mille escuz

pour emploier aux affaires de ses armes Et
quant la royne entend que le roy luy a donne
trois mille elle en fut tresioyeuse. Lors appel
la ma dame et luy dist. Belle cousine ie suis
resioyeuse de ce que monseigneur a donne
a saintre trois mille escuz pour emploier a so
voyage / brayement dist elle moins de mille
ne luy en puis ie donner. Et ie vous prie que
luy en donnez deux ou trois cens. A ma da
me/ dist ma dame a la royne./vous taillez lar
ges courtoyes dautruy cuyr. Et a ce faire se
fist moult prier. Et quant messeigneurs dan
iou/de berry et de bourgoigne sceuret ce que
le roy luy auoit donne. Chascun deulx luy en
donna mille Ainsi furent sept mille quil eust
sans les autres dons q plusieurs autres sei
gneurs luy firent. Et enuerite il nen enquist
ne fist enquerir onques desnier dont il fut as
sez plus prise/et disoit on / Ne deuons nous
bien ayder avng tel ieune escuyer qui nest en
cores que vng enfant. Et de la bonte de son
cueur entreprent tant de vaillance en verite
il se doit bien aymer.

Comment saintre apres ql
fut prest pour partir vint dema
der congie au roy pour faire son
entreprise la quelle chose le roy
luy conceda nonobstant quil fust
marry de son depart.
 Chapitre. xxv.

Lacteur.

Et quant le terme de son par
tir approucha huit ou dix iours
auant saintre a tout ses trois
cheualiers ses neuf escuyers
roys darmes/heraulx et tout
le surplus de ses gens luy et
eulx tous vestus de robes a sa deuise acom
paigne de plusieurs autres seigneurs cheua
liers et escuyers ses amys vindrent tous a ge
noulx deuant le roy present messieurs daiou
de berry et de bourgoigne ses freres. Et lors

saintre treshumblement luy dist nostre souue
rain seigneur il a pleu a vostre grace estre co
tent que ie portasse lemprise de ce bracelet pour
acomplir armes a cheual et a pied que vous
vistes par escript Si vous viens treshumble
ment supplier que vostre plaisir soit moy do
ner congie tel que le quinziesme iour du moys
de iuillet messieurs mes freres a mes amys
qui cy sont qui de leurs courtoysies me veul
lent acompaigner puissions alayde de dieu
de nostre dame et de monseigneur sainct mi
chel partir et commencer mon voyage.

Lacteur.

Le roy comme dit est qui ia a
uoit donne le congie dist et co
ment saintre estes vo⁹ ia prest
Sire dist il ouy/Lors luy dist.
saintre vous estes noble home
En vostre hostel a eu de vaillans gens/dieu
vous doint grace de les ressembler come ies
pere que si ferez/Car vous en comencez bie
ieune. Et ne vous souciez quelque chose qui
vous aduiengne/Car vous nestes duytidar
mes ne ne scauez plus que vng escollier/ Si
ay espoir en dieu que dieu par temps vous en
serez maistre mais dune chose vous recorde.
En quelque facon darmes que vous soyez.
Que vous gaingnez a perdez honnestement
et ioyeusemet. Et lors le roy fut trescomptat
de son partement dot saintre treshumblemet
len mercya et lors le roy se part et saintre aus
si treshumblemet remercya mesditz segnrs.
des dons qui luy auoient faictz.

Comment saintre fut au preau
prendre congie de la dame qui lad
uertit de rechief de tous ses affai
res. Et comment en la fin prindret
congie non pas sans gecter grosses
larmes dune part et dautre.
 Chapitre. xxvi.

Lacteur encores.

Et quant les dir les douze et les quatorze iours du mops fu
rent venuz/ ma dame pour les
tresgras et angoisseur regretz
quelle auoit en luy to9 les io9s
faisoit son signal de lespingle auquel il respõ
doit· Et quat ilz estoient au preau ensemble
dont pour le tresbrief partemet estoiet maitz
durs soupirez maintes larmes gectees· Lors
ma dame luy dist/ Mon seul bien et tout tant
que ie puis dire/ monseigneur le roy vous a
il done trois mille escuz/ ma dame mille mes
sieurs mes beaulr oncles chascun mille,/ qui
sont sept mille sans le surplus des autres sei
gneurs· Et pource quon ne scet des aduantu
res le vous en donray trois mille q du moins
seront dir mille desquelz sans trop grans er
ces de prodigues despences en pourrez logue
ment bonne despence maintenir/ dune chose
vous prie que a la fin de vostre messe chascu
iour vous estant a genoulr vostre prestre a
pres ce quil aura do nnee la generalle beneyr
son que nostre seigneur dist a moyse de sa pro
pre bouche sicomme est contenu en la bible ai
si que deuant vous ay dit que pour la vous ra
menteuoir encores dis· C Benedicat tibi do
minus et custodiat te/ ostendat faciem suam
tibi et misereatur tui· C Conuertat domin9
vultum suum ad te z det tibi pace· La quelle
beneyssõ encores vous prie que sur le poit de
desmarcher pour faire voz armes soit a pied
soit a cheual vous mesmes de bõ cueur en fai
sant le signe de la croir faictes en disant.
C Benedicat michi dñs et custodiat me·
C Ostendat michi faciem suam dominus z
misereatur mei· C Conuertat dominus vul
tum suum ad me et det michi pacem.
Et lors partez seurement z faictes vertueu/
semet ce que deuez faire/ car par alsi ne pour
rez faire chose gaigne ou perte q tout ne soit
a honneur· Et en aduiengne ce quil pourra/
Car iamais ne vous fauldray· Et a ces pa/
rolles la sourse des lermes de son cueur sail
lirent de ses yeulr tellement que la lãgue ces

sa pour leur donner pair.
C Lacteur

Et quant saintre q ia par les grã
biens z honneurs que ma dame lu
auoit tant fait/ A la quelle il se te
noit sur tous les autres amans d
monde le plus eureur· Et tãt plu
quant les iours de bien en mieulr renouue
loient les biens/ les hõneurs et les tresnoble
et cheualeureur recordre quelles luy faisoie
a tresgrãs destresse de son cueur luy dist/ He
ma treshaulte et souueraine deesse sans pe
vous qui me deuriez reconforter du tresdes
plaisãt q dueil mon cue2 a/ a cause du despar
tir de vous qui estes mon seul desir/ mõ seu
plaisir et mon bien souuerain/ et ie9 voy ore
que vostre dueil aixie du mien ont tant assai
ly et combatu mon cueur quilz ont vaincu et
naure a mort/ z par ainsi ie men vois aixe9
mourir· Et ma dame a dieu soyez/ z a ces pa
rolles il tourna ses espaulles pour soy partir.

C Lacteur·

Ma dame qui le ruissel de ses
larmes estoit presque vuide
oyant les parolles de saintre
par vng tresmerueilleur sou
pir mesle de sa parolle/ luy
dist· Hee mon amy reuenez
si vous voulez/ vous scauez que nous fêmes
auons les cueurs tendres et piteur aur cho
ses qui sont par nous armees si ne vous soit
desplaisir/ Car ie suis toute reconfortee es
perãt que dieu vous ramenra a tresgrãt ioye
Or mon tresloyal amy/ Or mõ bien/ Or ma
pensee/ Or tresor de ma vie et de ma mort/
faictes bonne chiere allezioyeusemet/ car sur
ma foy po2 lamo2 de vo9 ie me tiendray ioyeuse
z lie Et de voz nouuelles gardez biê q ne me
escriuez sur tãt q auez ma vie chiere mais bñ
a plai a ma dãe en escripuez z de la fãs nul dã
gier ie scauray tout a plain z sur ce mon amy

nous fault baiser. Et la furent donnez baisi/
ers et baisiers renduz sans compte et sãs me
sure tous acõpaignez de piteux soupirs. Et
tãt furent en ce doloreux plaisir τ en celle des
confortee ioye que la mynuyt sonna/dont fu
rent tous esbahys. Et alors conuint q̃ le tres/
doloreux departir se fist. Et au prendre con/
gie ma dame le baisant/ en lung de ses doiz
bng tresbel et riche dyamant luy mist. Et a
dieu soyez.

¶ Comment saintre print con/
gie du roy/de la royne et des da
mes/ ausquelles il donna a chas
cune vne verge dor/et comment
la royne en demãda vne la quel/
le il luy bailla en sexcusant disãt
quil ne cuydoit pas quel eust dai
gne prendre si petit present.
Chapitre.   ppbii.

¶ Lacteur.

E matin ensuiuant quinzies/
me iour de iuillet que le terme
estoit du partir apres la messe
ouye: et q̃ le prestre eust a sain/
tre donnee la beneysson Sain/
tre a toute sa compaignie vestuz de sa liuree
vindrent prendre congie du roy qui luy dist/
Saintre dieu vous doint bien aller/bien bes
songner et a vostre grant honneur retourner/
dune chose vous ay prie et prie quil vous sou
uiengne de gaigner ou de perdre honnorable
ment τ honnestement. Sire dist il/au plaisir
de dieu vous nen orrez ia autrement parler.
Lors le bon roy luy toucha la main τ puis sen
va a la royne qui luy dist. He saintre puis q̃
fault que vous en allez nous toutes prions a
dieu quil vous doint pris darmes/ et ioye de
voz amours/Ma dame dist il/ il en soit a vo
stre bon plaisir du pris darmes/mais mes a
mours sont a seruir le roy et vous aussi. Et a
ces parolles il print congie delle/puis de ma
dame assez briefment fors que en souspirant

elle luy dist/ Jay ia prins congie de vo9/puis
va aux autres dames et damoiselles a chas/
cune desquelles il dõna vne vergecte dor tou
tes esmaillees a fleurs de souueignez vous
de moy/dont ny auoit celle qui tenir se peust
de plorer tant lauoient ayme et aymoiẽt. Et
quant la royne ouyt le brupt de ces vergectes
donner. Elle eppella saintre / et en riant luy
dist. Et beau sire saintre/ne sommes nous
pas belle cousine et moy dames comme les
autres. Que ne nous faictes vous de vostre
liuree. A ma dame dist saintre/pour dieu q̃l
me soit pardonne/car ie nauoye hardiement
ne cuydoye que telles dames daignassent prẽ
dre de moy si petit don. Si ferons dist la roy/
ne Ce que ne ferions pas d toue. Alors leur
donna le choiz de toutes celles quil auoit/cõ
bien que toutes fussent pareilles puis luy di
rent/Saintre grãt mercy. Et a ces parolles
saintre reprent congie. Et a son departemẽt
ma dame ne se peut tenir de letmoyer. Alors
elle pour son excuse dist a la royne/ Jamais
pour dueil ne pour regret que ieusse ie vous/
droye que ne peusse letme gecter/sinon quãt
ie voy les autres plorer. Et en verite ma da/
me dirent les autres/qui est le cueur de fem
me qui se pourroit tenir de plorer a veoir cest
enfant qui va en si grãt peril/et qui est nour
ri auecques nous et que tant de plaisir nous
a fait tous les iours.

¶ Comment apres que sain/
tre eut prins congie des barõs
et seigneurs de la court du roy
sen alla disner auecques ses cõ
paignons/ ausquelz comme il
disnoit la royne luy ẽuoya vng
tresfin drap dargent/et plusi/
eurs seigneurs autres dons et
largesses et comment a sa des/
partie se fist conduyre par les
heraulx/trõpectes et ioueurs
dinstrumẽsτ leur dõna a soup
per ou bourgc la royne ou il lo
gea. Chapitre.   ppbiii.

¶ Lacteur sur le partement de saintre.

ET quant saintre eut prins congie des dames a lhoftel / il va prendre congie de mes ditz seigneurs / qui de tresbonnes parolles chascun luy dist. Et lors sen va a toute sa compaignie en son hoftel disner. Et en dementiers quilz disnoient la royne luy enuoya vne piece dug tresfin drap dargent / Monseignr daniou luy enuoya vng tresbel courcier tresbien en point. Et monseignr de berry vng mantel / et cinq cés doz de fines marttes sebelines. Et monseigneur de bourgoigne / cinquante mars de vaisselle. Et ny eut cestuy de ceulx qui firent les presens a q il ne donnast cent escuz pour lhonneur et amor de la royne et desditz seigneurs. Et quant ilz eurent tous disnez et les cheuaulx bridez et troussez la furent cheualiers et escuyers de la court du roy de la royne et de mesditz seignrs et plusieurs autres ou nombre denuiron mille cheuaulx tous venuz por le conuoyer. Lors il fait partir tous les premiers ses deux fourtiers / ses queux et son chappellain / quatre trompettes portans les banieres de ses armes / et puis ses trois heraulx Et apres ses trois cheualiers et neuf escuyers deux a deux / et tous leurs gens apres vestuz de sa liuree. Ses cinq sômiers couuers de tappits a ses armes menez par deux varletz a pied / et puis ses tabourins / et apres ses quatre destriers couuers de paremés de fin taffetas de florêce gris / vert / et violet a grans lectres dargent a deuise / et sur leurs testes chascun vng tresbel chaufftrin dacier biê garny de tresbelles plumes dostruse faictes de broderies et bien emplies de brâlans dargêt et deffus les destriers quatre tres gentz paiges vestus de sa deuise / toutes les marches chargees de branlans dargent / et sur leurs chiefz chascü vng tresbel chappel de plumes a ses couleurs. Et apres les destriers venoiêt les deux pallefreniers / et puis le mares

chal. Apres venoient les tabourins / et apres les menestriers qui le venoiêt conuoyer. Et apres les menestriers venoient les poursuiuans / apres les heraulx des seigneurz puis du roy / et puis les roys darmes royaulx. Et apres venoient toutes les trôpectes et les clarons / premiers ceulx des seigneurs / et puis ceulx du roy Et apres ses trompecte venoit il vestu de sa deuise cô me ses paiges les mâches toutes dorfaueries branlans / et sur son chief vng semblable chappel de plumes / sur le tresbel courcier que monsieur daniou a son partement luy auoit enuoyé. Et venoit au meilleu de quatre seigneurs / deux deuant et deux apres / et puis tous les autres seigneurs cheualiers escuyers comme ilz pouoient. Et en ce tresgrant honneur a son partement de la court en la ville de paris vne bonne lieue. Et au despartir fist auec luy venir tous les roys darmes / heraulx / poursuiuans / trompectes / menestriers / tabourins et autres côpaignons de sbatement soupper auecques luy au bourg la royne / ou par cestuy iour il se logea / lesquelz il tint bien aises. Et au matin leur dôna cinquante escuz Et a tant me tairay cy de son departement et parleray de son chemin et de la venue de lesignen le poursuiuant.

¶ Comment saintre estant en auignon / le roy darmes daniou luy apporta le seelle de la response de sa lectre darmes / et luy côpta tout comment il auoit parle a enguerrant et monstre sa lectre darmes q en fut moult ioyeulx. Chapitre. xxix.

¶ Lacteur.

ET quât saintre fut en auignô pour la grât nouuelle de sa venue. Le roy darmes daniou q le seelle de sa respôce portoit au saillir de la messe a saintre ledit seelle psenta. Et quât saintre eut bien leu et aduise ledit seelle. Le dit saintre deuant chascun publicquement re

tourna incontinent a leglise remercit dieu de
uotement/ puis audit roy demāda deuāt to9
toute la facon de son deliurement ꝗ qui estoit
cestuy qui emprins auoit a le deliurer· Lors
dist le signen iay premier arriue a barselonne
le troisiesme iour de iuing assez tard/et celle
nuyt me repose Le matin apres la messe ouye
ie reuins en mon logis/ et Vesty Vostre cocte
darmes ainsi que mon droit estoit et mis la
boiste ou Vostre lectre darmes estoit en mon
seing/puis par le Varlet de lhostel me fis con
duyre au palays du roy· Et dieu auant quant
ie fuz alentree ie rencontray Vng cheualier/
tresbel de corps et bien acompaigne/nomme
messire enguerrāt de seruillon/lequel en paf
sant ie salue hūblemēt et quant il me Veit Vo
stre cocte darmes Vestue subitement il me ap
pella disant/herault que Vous estes ou sem
blant de la cocte darmes Vestue que Vous por
tez· Comment est Vostre nom monseigneur
dis ie mon nom doffice est roy darmes dāiou
de thouraine ꝗ du maine· Alors il me dist roy
darmes Vous soyez le bien Venu/ il me sem
ble que Venez en ceste court du roy pour quel
que fait darmes/et se ainsi est ie Vous prie
que le me declairez/monseigneur dis ie il est
Vray que ie suis enuoye de par Vng noble ꝗ re
nomme escuyer du royaulme de france nōme
Gehan de saintre/ lequel au premier iour de
ce derrain moys de may par Veuz faiz presēs
plusieurs haultes et nobles dames et damoi
selles seigūrs/cheualiers ꝗ escuyers a grant
nombre print emprinse de porter en son bras
senestre Vng tresriche bracelet dor pare ð pier
res precieuses· Et ce par lespace dung an Et
iusques a tāt quil trouue aucun cheualier ou
escuyer de nom et darmes sans reprouche qui
le Vueille deliurer des armes a cheual ꝗ a pie
comme ceste lectre contient· Si luy porteray
le seelle de celuy ꝗ le deura deliurer· Et pour
ce faire il Vient en ce royaulme tout premier
en la court de ce tresnoble roy/ ou il sera Vng
moys entier actendant sa deliurance par Vng
cheualier ou escuyer tel que iay dit Et ou cas

quil ne se trouua cy il yra semblablement a la
court du roy de nauarre/puis du roy de castil
le/ꝗ puis de portigal a chascune court demou
rer Vng moys sil ne treuue son eppedicion cō
me iay dit·Dies roy darmes ie Vous prie que
ses lectres ie puisse Veoir/ Vous promectant
sur la foy de noble cheualier ꝗ celles sont ar
mes honnorables que au bon plaisir de dieu/
de monseigneur sainct george et de mon sou
uerain seigneur le roy ꝗ ie seray celuy ꝗ a mō
pouoir luy acompliray ses armes· Et ie les
oys de haulte facon parler beau de corps; tres
bien acompaignie aussi sa foy quil me ꝑmist
me sembla ce ꝗ ie queroye auoir trouue Lors
de mō seing ie prins Voz lectres; les luy bail
le lequel a son plaisir leues me dist le roy dar
mes Venez Vous en auecques moy· Lors il re
tourna et parla a plusieurs cheualiers et gēs
de la court ausquelz monstra Voz lectres puis
me redist roy Venez a moy· Lors me print par
la main et mena deuers le roy/qui de sa mes
se sailloit· Alors luy ꝗ moy tends par la main
nous agenouillasmes et tous les autres auf
si/Puis en son langaige dist·Seigneur moy
saillant de Vostre palais par bonne aduantu
trouue le roy darmes daniou qui est cy presēt
et a la cocte darmes quil porte Vestue ie con
gnois que sanscause de quelque fait darmes
ne la portoit especiallement en la court dung
si treshault prince comme Vous estes·Si lap
pelle et demāde dont il Veno t et la cause ꝑ
quoy il portoit cocte darmes/Vestue en ceste
Vostre court actendu que Vous estes en paiy
auec tous les princes crestiens·Si me respō
dit ainsi ꝗ sil Vous plaist ouyr ie Vous diray·

¶ Comment le roy darmes dan
iou recita a saittre que le roy darra
gon auoit donne congie a enguer
tant pour le deliurer de son entre
prise et luy auoit faicte bonne chie
re parquoy saintre et ses compai
gnons furent moult ioyeulx
Chapitre·   rrr

¶ Le roy darmes.

N disãt ces parolles le roy qui tresfort me regardoit me dist/ en moy touchant la main/ que ie feusse le tresbien venu puis me dist que ie disse ce que ia/ uoye dit a messire enguerrant de seruillon. Alors ie dis,de mot a mot tout ce que luy a/ uoye dit pour abreger. Et ou sont les lectres dist le roy Seigneurs dist messire enguerrãt vez les cy/lors le roy les fist lyre. Et quant el les furent leues/messire enguerrant luy dist Seigneur/car les tresnobles preuileges que honneur mondain reqert aux nobles cueurs que par le tresnoble mestier darmes chascũ d bien en mieulx a son pouoir se emploie dac/ querir la tresnoble grace dhonneur soit en ar mes demprises/ou soit en guerres guerroya bles/et en toutes autres honnestes facons. Et pource que la grace de ceste aduãture est premier addressee a moy ia soit ce que plusi/ eurs autres sont icy et en vostre court/ assez meilleurs plus puissans et plus souffisans q ie ne suis. Touteffois seigneur pour leur de mon aduanture qui suis le premier si treshũ blement que ie scay que ie doy q que ie puis vous requiers et supplie que se vous accor/ dez ces armes parfaire a nully d vostre court que ce soit a moy.

¶ Le roy darmes.

T quant le roy entend sa re/ queste comme saige prince a/ uant quil fist responce se tyra a part et appella plusieurs sei gneurs et autres cheualiers q escupers anciens de conseil q la estoiét. A laquelle ne demoura guieres ql lappella publicquement et luy dist/ messire enguerrant nous auo ns ouy vostre humble q et honnorable requeste la qlle pour lhonneur et amour de vous/aussi du nobleescupet qui porte lemprise/nous le vous accordons q dõ/

nons iour a voz armes le quinzeiesme iour apres sa venue si vrayement que dieu vous ait tous deux en sa bonne garde. Et par ain si donrez plaisir aux dames/de la quelle tres gracieuse responce du roy messire enguerrãt et tous ses amps treshumblement le temer/ cierét et aussi fis ie de par vous. Alors le roy se part et va disner/et messire enguerrãt me mena en son hostel et enuoya querir mes che uaulx et amener auecques les siens/puis a/ uecques luy tresbien disner et oster vostre co te darmes et despouiller en pourpoint/ puis me donna vne tresbelle et riche robe/ de ve loux bleu figure et tresrichement broche dor/ q fourree de martres sebelines/la quelle iay en ma mallette icy/et puis me fist tout ce io² et lendemain seiourner q plus assez se ieusse voulu. Et en dementiers quil vous faisoit sa responce les heraulx du roy me vindrent fe stoier et mener par la ville. Et quãt mes lec/ tres furent faictes il me mena prendre cõgie du roy qui me fist tresbonne chiere/q pour la mout de nostresire le roy aussi de vo² me fist dõner vng tabart de veloux figure noir four/ re de martres sebelines elcent florins darra gon. Et au prendre congie tresdoulcement me dist que de sa part vous saluasse/desquel les voz armes cõme il ma par plusieurs fois este dit/la royne et les dames et damoiselles aussi cheualiers et escupers/ toute la cite et le pays en ont telle ioye que tout en brupt/et au prendre congie de messire enguerrant / il me dist/roy vous me recommanderez bien a mon frere iehan de saintre/et luy dictes que au plaisir de dieu ie seray tout en point a la iournee que le rey nous a donnee et aussi me recommãdez a toute sa compaignie et a dieu soyez. Et quant ie fuz pour monter a cheual/ il menuoya quarante florins darragon.

¶ Lacteur.

T quant saintre τ toute sa cõ
paignie ouprent le rapport τbõ
nes nouuelles τ sa tresbriefue
desiurance la iope fut merueil
leuse entreulp/et fut ceste nou
uelle p tout publiee τ portee au rop τ a la rop
ne:dõt ma dame le sceut τ aussi toute la cort
et par le ropaulme espandue·Alors commen
cerent dames et damopselles a ieusner/a fai
te veuz/pellerinages τ prieres pour lamour
de lup/mais de ces bonnes nouuelles/sain
tre comme bon crestien τ quil tenoit de dieu
ses honneurs et ses apdes Retourna arriere
au moustier/et la a genoulp chief descouuert
et a mains ioinctes A dieu et a nostre dame
faict deuottement ses prieres et oblacions/τ
puis sen vont disner·

C Comment saintre estant lo
ge a parpignẽ les nouuelles en
vindrent au rop darragon qui or
dõna son logis a barselonne·Et
puis comment enguerrant fut
au deuant de lup hors la ville les
pace dune lieue/et le receut hon
norablement /et des deuises et
parolles de lung a lautre·
　　Chapitre　　　　　　ppvi·

C Lacteur de lettre de barselonne·

T en dementiers que ces cho
ses estoient/et que messire en
guerrant se mectoit en point/
ne tarda gueres que saintre ar
riua en la ville de parpignen·
Alors au rop fut faict assauoir sa venue/son
grãt estat τ la belle compaignie quil menoit
Lors le rop τ tous les seigneurs se apperceu
rent que vrapement il deuoit estre homme de
bien·Et incontinẽt ordõna a barselonne tres
honorablemẽt son logis:lequel fut a ses four
riers liure deup iours auant sa venue·Et a
entree quil fist en la cyte Messire enguerrãt

qui ia fut vne lieue,au deuant de lup/et plus
tresbien acompaigne τ plusieurs auttres sei
gneurs/cheualiers τ escupers qui furẽt tres
esmerueillez de deup choses/lune du tresieu
ne aage de saintre/lautre de la tres belle or
donnance ou lup et ses gens estoient en save
nue tout ainsi que au pattir de Paris·Et
quant messire enguerrant vit le ieune aage
de saintre fut esbahp dauoir telles armes a
faire a vng qui pourroit estre son filz· Si le
regarda tresgrandement plusieurs fois :sop
merueillant de la haulte entreprinse dung hõ
si ieune quil estoit·Et quant ilz furẽt au lo
gis Messire enguerrant honteup des armes
que auecques lup deuoit faire:a part lup dist
Jehan de saintre mon frere Vous estes vng
ieune gencil homme escuper / et ie suis vng
vieil gentil homme cheualier:se vostre vou
loit estoit me quicter du seele de ma promes
se/ie pour acomplir voz armes a compaignõ
mon propre nepueu qui est de vostre aage/et
cheualier comme ie suis/et de ce vous voul
droye bien prier/saintre comme saige τ cour
tops de sop mesmes fist responce τ dist/mon
sieur messire enguerrant il a pleu adieu τ a
ma bonne fortune q mon emprise est premie
rement venue en voz mains:dont tant com
me ie puis et scap humblement vous en mer
cye/τ de vostre grace cõme cheualereup che
ualier mauez voulu/et par vostre seele pro
mis de desliurer/τ iacoit ce que mos ieur vo
stre nepueu soit souffisant et digne de deli
urerle meilleur cheualier du Ropaulme de
france / touteffois:puis que mon aduantu
re ma enuers vous adresse ie me tiens a vo9
et vous prie que le me pardonnez·Et se par
aulcune occasion que ie ne scap ne puis pen
ser de vostre promesse me deffaillez ie me tiẽ
droye de mon veu pour treshonnestement et
honnorablement quicte et desliure·

C Lacteur·

ET quant messire enguerrant ouyt dung si treseune homme si tresbel parler:fut esmerueille ꝗ comprinst en son cueur quil vouloit dire quil nosoit:parquoy il tiendroit quicte de sonveu/lors se delibera de lacomplir ꝗ luy dist Saintre mon frere iay ouy vostre tresillustre parler/ce ꝗ ie vous ay promis par mon seelle au plaisir de dieu/de nostre dame ꝗ de monsieur sainct george ie vous accompliray au iour et heure que le seigneur Roy nous a donne/et pour plus tost donner fin a ces choses et plus honnorablemēt me semble que au saillir des vespres du roy ie vousventray que tir vous serez tout prest ꝗviendrez faire la reuerence au roy et a la royne qui vous verrōt tresvoulentiers ꝗ la presēt le roy vous deslieray devostre bracelet:puis demain le vous rēdray ainsi que en voz armes est contenu/car iay espoir en monsieur sainct george que ma dame y aura bonne part:et sur ce prēs congie dont pour prieres nulles ne voult demourer au disner/mais pour veoir sa contenance et maintiē Messire enguerrāt le fist demourer·

℟ Comment messire enguer‍rant presenta saintre au roy et a la royne qui luy firent tresbel re‍cueil ꝗ festoyerēt soûennellemēt Chapitre　　　　xxxii·

℟ Lacteur encores·

Lors messire enguerrāt va au roy luy compter sa merueilleu‍se bonte ꝗ gracieux parler:dōt le roy qui ia attcunement .ena‍uoit ouy cōpter len pressa tres‍grandemēt/et eut grant desir de le veoir:aussi la royne ꝗ toutes les dames de la court :le‍quel aps vespres le fist venir messire enguer‍tant tresbien acompaigne le tenant par des‍soubz le bras tout a genoillons le presenta au roy ou la royne estoit· Et quant le roy le com‍menca a veoir:deux ou trois pas au deuant sauanca:puis dist. Bien viegne ce beau filz

et commencement descuper/lors le fist leuer· Et quant ilz furētleuez messire enguerrant le mena a la royne presenter qui luy dist· Je‍han vous soyez le tresbien venu/lors le prent ꝗ le faict leuer/messire enguerrant le maine deuers les dames/et iacoit ce quil ne fust de coustume il les luy faict toutes baiser/car ai si estoit il ordonne · Lors ilz vindrent deuers le roy:et tous deux a genoulx se mirent/mes‍sire enguerrāt dist au roy · Seigneur vo⁹ a‍uez veu la lettre de mon frere de saintre sur le cōtenu de ses armes/et devostre grace ma‍uez dōne licēce/iour ꝗ place pour le desliurer dōcques a vostre bon cōgie voulez que ie par face· Ce que en sonveu contiēt/cest premier dꝛ deslier le bracelet que en son bras senestre il tiēt· Alors le roy cōme saige prince voulāt de bouche a bouche scauoit a saintre sille con fessoit/ꝗ illecꝗs publicquemēt fist lire sa let tre ꝗ scauoir sil laduouoit:puis luy dist Jehā de saintre portez vous ce bracelet demprise ꝗ la fa facon ꝗ̃vostre lettre cōtiēt·Sire ouy dist saintre· Or doncques dist le roy ie vous don‍ne cōge de le delier·Alors messire enguerrāt le bracelet osta/et puis tout ce io² envng tres‍bel cordon de soye et dor a son col le porta/et puis le matin luy rendit/et ce faict vōt vers la royne ꝗ les autres dames ꝗ tresgrāt hōne² et bōne chere luy firēt·Puis vōt en la chābꝛe de paremēt :ꝗ illec iouerēt a maintz ie uy tāt ꝗ lheure fut de soupper· Alors saintre prinst conge ꝗ messire enguerrāt auec plusieurs che ualiers et escuyers retint au souper :dōt tout ce soir ꝗ plusieurs iours apres ne cessa de de uiser de la beaulte ꝗ gracieusete de saintre ꝗ de tous les siens· Et au·iiii·iour le royvoult que la royne le fist conuoyer et semōdꝛe ꝗ les gentilz hommes de sa cōpaignie to⁹a disner et apres les dances ꝗ chansons ou saintre qui tresbien chantoit ꝗ aucuns de sa compaignie plaisoient tresgrandement au roy/a la roy‍ne/et a tous/et ainsi par chascun iour en cel le court estoiēt festoyez· Et du surplus pour abreger lhystoire pour venir au fait·

¶ Lacteur sur la venue de sain
tre sur les lices.

¶ Comment saintre entra pom
peusemēt dedans les lices auec
ques mainte belle compaignie
de princes, et cheualiers qui le
conduysoient/et de lordre qui y
fut. Chapitre   xxxiii.

Et quāt le .vb. iour apres sa venue
fut venu/le iour ordonne de cōmen
cer leurs armes:auquel iour tous
furent habillez et appareillez. A ce
dit iour sur lheure de dix heures au
matin le roy comme saige et tresonnorable
prince pour honnorer les estrangiers enuoya
a saintre pour lacompaigner/le conte de car
bonne / don fedrich de lune messire arnault
de parreilles/et messire francoys de monca
de quatre moult nobles seigneurs et cheua
liers de sa court tresbien acompaignez pour
lhonnorer et aller sur les rencz/et ce ordonne
le roy se part ᵗ sen va sur son hourt qui a lung
des coustez des lices estoit tresrichement ta
pisse de tous coustez/ᵗ auecques luy les prin
ces seigneurs ᵗ plusieurs autres cheualiers
ᵗ escuyers de son cōseil. Et a sa senestre mai
la royne en son hourt acōpaigne de plusieurs
princesses /dames ᵗ damoyselles de sa court
du Royaulme illec venues pour ces armes
veoir. Et quant le roy ᵗ la royne furent tous
en leurs hourtz reposez. Lors par lordonnan
ce du roy les roys darmes et heraulx porte
tent aux deux parties le commandemēt de
faire leurs deuoirs. Alors saintre ᵗ ia estoit
empoint comme le commenceur ᵗ entrepre
neur de lēprise monta a cheual auec toute sa
compaignie ᵗ partit par la maniere ᵗ sēsuyt.
Et apres ce. Premier de son logis partirent
ses tabourins a cheual auec tous les autres ᵗ
estoiēt venuz le conuoyer ᵗ acōpaigner .ij.a.ij.
Apres les tabourins venoient ses trois som
miers ᵗ portoient les coffres de son harnoys
tous couuers de tapis a ses armes Faictz de

broderie chascun conduict a main par ses var
letz. Et apres eulx venoient a pie les deux
armuriers. Apres les armuriers venoiēt
tous les poursuyuans cocte darmes vestues
de couste deux a deux.
Et apres les pousuyuans venoient les me
nestriers de saintre.
Et apres les menestriers de saintre venoiēt
les menestriers du roy ᵗ les trōpettes darra
gon. Apres les trompettes darragon ve
noient les heraulx darragon.
Apres les heraulx darragon venoient les he
raulx francoys.
Apres les heraulx francoys venoient les
roys darmes darragon ᵗ dāiou :trestous por
tans les coctes darmes vestues de leurs sei
gneurs /et ceulx de france celles de saintre
moult richement brodees.
Apres les roys darmes les quatre trompet
tes et clairons / et apres eulx les cheualiers
et escuyers ᵗ sur leurs cuysses portoient .xii.
grosses lances:dont les aulcunes estoient du
tout armees et vestues de drap dargent a ses
couleurs fourrees de martres ᵗ les aultres
six tresrichement paintes en semblable faco
Apres les douze lances venoit sur vng tres
bel courtier ledit don bernard de cardōne qui
sur sa cuysse portoit vne lance :ou estoit vng
conselon dung tresfin veloup cramoysi en
dosse dhermines/et borde dune tresriche frā
ge dor/ᵗ a chascun des lez du gousollō estoiēt
de tresriches brodures/les quatre blasōs des
quatre principalles lignes de saintre.
Apres le gouffanon venoit don federich de
lune sur vng trespuissant courtier qui tenoit
vng tronson de lance vestu et fourre comme
les six laces armees:sur leql estoit son heau
me:qui au dessus auoit vne grant fleur del
chardon ᵗ quatre grans fueilles dor:qui tou
tes couuroient le chief du royaulme/Et au
pie de la fleur pēdoit vne lōgue touaillette de
plaisance vollant moult richement frangee
de fil dor ᵗ de grosses perles/et le surplus se
mees de lettres tramblans.

CApres le heaulme venoit saintre sur vng
tresbel et fringuant destrier qui a son chief
portoit vng chauffrain dacier a trope grans
plumes a facon dautrusse et a ses trois coule's
tresrichemet brodees/luy et son destrier hous
sez dung satin cramoysy tout seme a cueurs
dhermines et borde de grans franges dargent
capponnees de soye a ses trois couleurs sur
son chief vng tresbel et frisque chappel de plu
mes/et luy arme de ses auant bras/hatnoys
de iambes et soleretz sans plus/et en sa main
droicte sa bauiere la ou estoient nostre dame
et son enfant: de laquelle de pas a pas il se sei
gnoit. Apres saintre venoient messire fran
coys de mocade et messire arnault de parteil
les chascun son tresbel coursier per a per/et
apres eulx tous les autres cheualiers et es
cupers a grant nombre qui par lordonnance du
roy lacompaignoient/et a tout celle belle or
donnance et tresbelle compaignie vint desce
dre en sa grant loge toute bien tendue que le
roy aux entrees hors des lices pour chascun
auoit faict faire/et illec descendit et auec luy
ses quatre seigneurs conseillers et des siens
ceulx quil auoit ordonnez.

CET si venoient apres ledit saintre et de
uat lesdictz seigneurs ses quatre paiges mon
tez sur quatre coursiers couuers de paremes
quilz auoient/et les paiges habillez ainsi qlz
estoient a lyssue et au departement de paris
comme cy deuant est dit.

CLacteur de la venue de messi
re enguerrant es lices.

CComment messire enguer
rant entra pareillement dedans
les lices en moult triumphant
arroy. Chapitre xxxiiii.

ET quant saintre fut descendu
incontinent les roys darmes/
heraulx poursuyuans trompet
tes et menestriers pour faire
honneur et compaignie furent
a messire enguerrant/lequel aussi trouueret

tout en point prest a monter/et aussi partiret
tout premier les tabours/et apres les mene
striers venoient plusieurs seigneurs/cheua
liers et escupers q venuz estoient pour le con
uoyer. CApres les cheualiers et escupers
venoient ses quatre destriers sellez/et leurs
selles couuertes de mesmes drap dor dont ilz
estoiet housses/dot le premier destrier estoit
housse dung tresriche satin figure bleu et bro
che dor a grans hourletz de fin gris. Le ii
destrier estoit housse dung autre satin figure
bleu et broche dor a grans boutz de martres se
belines. Le iii destrier housse dug autre tres
riche satin figure en couleur de pourpre tout
broche dor q estoiet ses trois coule's et bordez
dermines: et coduitz a mai p iiii varletz a pie
Apres les trois destriers venoient vii che
ualiers sur beaulx coursiers q portoient vii
lances: dot les six estoiet deux a deux de trois
mesmes draps dor/et semblablemet iourlees
comme estoient les paremens.

Apres ces douze lances venoient les trom
pettes du roy/et apres eulx le roy darmes dar
ragon qui vestue auoit sa tresriche cocte dar
mes: et a son col portoit vne moult luysant et
legiere targe dacier ourlees parties de trois
draps dor: et a chascun des quatre au tiers de
la targe auoit vng blason de ses quattre li
gnees dont il estoit yssu/et ou meillieu des
quatre blasons le sien.

Apres le roy darmes venoit le conte dorgel q
sur vng tresbel et puissat coursier portoit sur
vng trocon de lance le demy heaulme de mon
sieur enguerrant: sur lequel estoit vng demy
cerf dor macif portant vng collier dor macif
ou estoit par tiers vng tresbel dyamant/vng
tresbel pallay enclos etre deux belles perles.
Apres le demy heaulme venoit messire en
guerrant arme de toutes ses armes excepte
du chief: auquel il portoit vng tresbel chapel
let de diuerses fleurs et fueilles sur vng tres
bel et puissant destrier housse dug tresriche ve
louxcramoysi figure tout borde dor sur et bor
dez a grans bourtz dermines/et en sa destre

mainsng trôcon de lâce:sur leqͥl son bras se re
posoit·CApres messire enguerrât benoiêt
le côte de prades:le conte de cardonne ses cō
seillers :et puis les autres seigneurs cheua/
liers et escupers sans nombre benuz pour le
conuoper/et ainsi bint descendre en sa loge/
et illec fut arme de son demp heaulme et ser/
up de ce qui lup failloit·

CLacteur sur les armes·

CCommêt le rop fist mesurer
les lances des deup champions
Et côment saintre se contenoit
honnestement quant il passoit p
deuant le rop et la ropne estans
en leurs hours·
Chapitre   xxxb.

[E] T quant tous deup furent be
nuz le rop incontinent fist me/
surer leurs lances qui deuoiêt
estre des la poincte iusques a
larrest de·biii·piedz de lôg /et
quant elles furêt mesurees et a chascune par
tie liureesle rop manda a saintre quil sail/
list le premier/et aussi fist il/mais quant il
fut a cheual sur son destrief il demanda sa ba
uerolle et en fist bng grant signe de la croip
en disât sa benediction q̃ ma dame lup auoit
enseignee comme dit est·Et ainsi en sop sei/
gnant pas a pas entra dedâs les lices en son
tenc ordône/et auec lup ses quatre seigneurs
ses conseillers et ceulp a cheual et a pie| par
semblable nombre côme estoit ordonne il fist
son tour daller et de benir tout le long de la
toille qui tendue estoit de fin drap bermeil et
tant de laller que du benir·Quât il estoit de
uant les hours ou le rop et la ropne estoiêt tât
bas quil pouoit se enclinoit enleur faisant re
uerêce:par laquelle chose le rop dist a ses gês
Et brapement cest escuper entous ses faictz
et en tous ses ditz monstre bien quil est gen/
til et quil est nourrp en la court et enlescolle de

tout honneur·La ropne et toutes les aultres
dames nen disoiêt pas moins/car il np auoit
celle qui ne le louast bien:et la plus grant p̄ r̄
tie prioient pour lup· Lors pas a pas sen ba
mettre au bout de son renc/et la print sa lan/
ce sur sa cupsse et tresfrisquement daller et de
benir la courut de bout a autre · Le rop faict
messire enguerrant benir:qui pour abreger
tout ainsi q̃ saintre bint faire fist·Et quant
ilz furent en leurs boutz des rencz le rop ordô
na quilz feissent ce que faire deuoient·

CLacteur sur la premiere iou̔nee·

CComment saintre fist le si/
gne de la croip par troisfois de/
uant que esbranler sa lance:puis
coururent les deup champions
baillantement·Et comment a
la p̄miere iournee le rop fist̔sail
lir enguerrant le premier des li/
ces disant q̃ saintre auoit gai
gne pour ce iour la bictoire·
Chapitre   xxxbi.

[L] ors saitre qui sa bauerolle te
noit recommenca a faire le si/
gne de la croip p̄ trois fois sa
beneissô dire·Alors chascū gar
np de sa lâce sur sa cupsse enson
arrest la coucha/et tant que destriers peurent
courre lūg a la deusiesme course Messire en/
guerrant sa pointe clinssa contre la benue de
saintre /et saintre attoucha au bas du grant
gardebras/et en brisant sa lâce bng peu ploɩa
Et a ce rompre de lance trompettes a desrop
commencerêt a sonner·A la troisiesme cour/
ce Messire enguerrant baissa trop salance qͥl
lup rompit a larcon/et saintre lup emporta le
cerf de dessus son heaulme·Lors trompettes
commencerêt a sonner/mais pour cause que
la lance nestoit pas bien rompue le rop com/
manda cesser· CA la quatriesme course les
dict messire enguerrant print ou meilleu de

la piece ꝗ rompit tresbien sa lance/et saintre
le fiert au bas du demy heaulme et sa lance
clinssa entre sa piece et la rondelle/si entra le
fer entre la main et le gantelet:lequel luy em
porta sans prendre a la chair:dont la main fut
endormie/tellement ꝗ iusques au quattries/
me iour apres ne peurent leurs armes parfai/
te/Et au trespasser quil fist sa lance rompit
aupres de la douelle ꝗ ne fust point comptee.
Alors le roy fist lire les lettres qui portoient
lúg attendre lautre iusques a lespace de huyt
iours.Et par ce ordonna que chascun seuoul
sist par sa porte descendre en son hostel/et ain
si chascun sen retourna tout arme:fors que de
leurs chiefz/mais tant voult le roy honnorer
saintre quil feist messire enguerrant yssir le
premier/disant que la place estoit demouree
a Saintre.

Comment le roy en/
uoya querir les deux chã
pions pour soupper auec
ques luy. Et puis com/
ment le lendemain re/
tournerent aux lices fai
sãt merueilles lúg a lau/
tre.
Chapitre.　　xxxvii.

Lacteur.

T quant ilz furent tous desar/
mez et aulcunement reposez/
et messire enguerrant appa/
reille de sa mai le roy les mã/
da querir pour soupper auec/
ques luy ꝗ fist saintre seoir a
sa dextre comme estrangier / et messire en/
guerrant a sa senestre comme subgect de lo/
stel:lequel portoit sa main lyee ꝗ en escharpe
Et quant les tables furent ostees le roy fist

venir la royne et les dames.Et lors comme
cerent les dances/et la royne print saintre/les
autres dames et damoyselles prindrent aus/
si cheualiers et escuyers qui estoient venuz
auecques luy.La fut saintre de tous ꝗ de tou
tes moult loue/messire enguerrant de lautre
lez de tout son pouoir honnoroit et festoyoit
saintre qui fut ainsi festoye iusques a ce que
messire enguerrant fust bien guary. Et au
quatriesme iour pour parfaire leurs armes
le roy ordonna quilz fussent sur les rêcz tous
armez/et tout ainsi que lautre fois venuz y
estoient ilz y vindrent:fors que du chief ne/
stoient point armez/eulx et leurs destriers
de nouueaulx paremens tous houssez. Et
quant ilz furent tous en point es lices/le roy
commanda quilz feissent bien leurs deuoirs
Alors lung contre lautre leurs lances en ar/
rest:brocherent leurs destriers. A ceste cin/
quiesme course messire enguerrant print ici
gnant la broche au double du grant garde/
bras/et saintre au pie du demy heaulme / et
tous deux rompirent leurs lances/et telle/
ment que les esclas vollerent en lair :dont
les destriers furent en grant branle de cheoir
Et alors trompettes de sonner et les criz du
peuple:tellemêt que a paine se pouoient rap
paiser /et par ainsi chascun eust bien rompu
sa lance.A la sixiesme course messire en/
guerrant print encores ou meilleu du grant
gardebras/et saintre au bas de la baniere/et
tous deux rompirêt leurs lances. Et par ain
si chascun eust bien rompu ses trops lances.
A la vii course au ioindre des lances le des
strier de messire enguerrant se voisstra:ꝗ par
ainsi ne firent riens. A la huytiesme cour
se quant ce destrier vit que saintre veult ap
procher tout a coup se tourna/Et si saintre
neust a coup leue sa lance, Il feroit par derrie
re messire enguerrant:dont le roy et la royne
et tout le peuple sen louerent moult. Et lors
messire Enguerrant se partit et sen va en
sa loge pour changer daultre destrier. Et
quant il fut reuenu/lors coucherent leurs

lances ⁊ brocherenc leurs destriers tellement
que lung ne lautre ne toucha. A la neufiesme
course messire enguerrant pour la fureur de
son destier fraiz haulsa vng peu trop sa lance
et saintre lactaint au bas de la rondelle ⁊ clinf
sa sur la piece/puis sur larrest que du tout se
descloua et au desclouer messire enguerrant
tresfort branla. Et par ainsi saintre eust bien
ses quatre lances rompues⁊ messire enguer-
rant conuint soy retrayre pour sa piece chan-
ger. Et quant il fut sur les rencz retourne et
que chascun eust sa lance sur sa cuisse/ Lors
brocherent tant quilz peurent les destriers et
ne rencontrerent point. A ceste neufiesme co²-
se fortune voult que tous deux croisserent le²s
lances. Et de la grant aleure des destriers lū
hurta a lautre si quil ny eut haye qui de drap
vermeil estoit pendant alarde tellement que
le destrier de messire enguerrant tomba et ce
luy de saintre fut espaule. Alors saintre desce
dit a terre et monta sur vng autre destrier tou
en/et en son logis sen ala pour changer mais
oncques pour conseil dhomme ne se voult des
heaulmer. Et quant messire enguerrant fut
releue et retourne a son couste de la lice il ac-
tendit saintre qui briefuement vint. A la vn-
ziesme course messire enguerrant baissa vng
peu sa lance et arresta au bas des lames ⁊ sai-
tre a la rondelle qui faulsa bien auant. Alors
messire enguerrant a cause du ferir bas ploya
et tous deux rompirent bien leurs lances dot
messire enguerrant nen rompit que quatre ⁊
saintre les siennes cinq dont les esclatz volle
tent en plusieurs pars du champ. Alors trõ-
pectes de sonner/et voix du peuple de crier/
tellement que grant temps fut passe auant q
cesser. Et a ce coup que les cinq lances de sai-
tre furent rompues ainsi que lemprise estoit
declare messire enguerrant qui ia bien voit
scet que les cinq lances de saintre sont rom-
pues et quil en a lhonneur requiert a saintre
la lance aux dames./ dont il fut content. Et
quant le roy entend quilz veullent courir la
lace aux dames lors enuoya deffendre la iouy

et pour le peril des armes a pied. Et lors com
manda que tous deux ainsi quilz estoient ve-
sissent deuant luy. Et quant tous deux y fu-
rent comanda les desarmer/puis par son roy
darmes quil auoit fait sur son hourt monter/
fist lyre les parolles qui sensuyuent.

¶ Comment le herault darmes
prononcea le dit on de la victoire
que gaingna saintre des prys et
offertes faictes de lung a lautre
et de lyssue des lices.

Chapitre. pppbiii·

¶ Le iugement de ces armes.

Es deux seigneurs qui estes
cy present sans les nommer/le
seigneur roy a veu voz cheua-
leureuses armes si tres bien fai
ctes et acomplies par chascun
que nulz ou monde pourroient mieulx/ainsi
quelles sensuyuent cy apres. Alors tous pre-
sens de course en course/et de point en point
toutes escriptes les leut et puis dist. Et car
a vostre derreniere course par le tresnoble es-
cuyer Jehan de saintre/vous estans de lan-
ces bien rompues per/a per/par la cinquies-
me que vous/noble Jehan de saintre auez
tresbien rompue / et fin de voz armes a che-
ual/le seigneur roy vous en adiuge le prys.
Alors messire enguerrant sapprocha de sain-
tre/pour soy acquiter du ruby/ Mais quant
saintre le vit a luy venir/lors broche son des-
trier tant comme il peut saduanca a luy.
Lors en soy fort enclinant luy toucha la main
Et au mieulx quil peut laccolla puis luy dist
monseigneur et mon frere/ tant et de si bon
cueur come ie puis vous remercie du grant
honneur que vous mauez fait. Alors messire

enguerrant côme saige τ gracieux cheualier
luy dist. Et que dictes vous mon frete / cest
vous que ie doy mercier de ce que mauez tres
bien batu. Si prie a dieu et a mõseignr sainct
george qui vo9 doint faire de bien en mieulx
Et aussi a vostre tresbelle dame quelle le vo9
vueille meritir a la quelle hũblement ie me
recommande. Qui en tesmoig de toutes ces
parolles vers elle ie macquite de ce ruby quel
le vous a fait loyaulment gaigner luy priant
quelle le vueille prendre en gre. Alors saintre
soy inclinant le tresbel ruby print / et humble
ment len remercia τ puis luy dist. Or monsei
gneur mon frete cest par vous que ie lay gai
gne qui vous estes sainct / mais aff.n que vo
stre tresdesiree dame ne perde son droit vous
prie en me recommandant ja elle ce petit dya
mant vo9 plaise luy porter et dõner. Et quãt
messire enguerrant vit ce tresbel τ gros dya
mant τ sa franche liberalle et haulte courtoy
sie / se tourna aux autres seigneurs prochais
Et en son lãgaige catellan leur dist. Et vray
ment cestuy est bien la fleur de tous les ieu
nes gentilz hommes. Puis dist a saintre / cer
tes sire ie vo9 en remercie de par ma seigneu
rie et de par moy. Et autant gre vous en sca
uons que si ie le prenoye ou elle lauoit receu.
Mais vous me pardonnerez a ceste fois / car
ie ne le prendray point / ains le donnez a celle
qui la bien desseruy et gaigne / saintre moult
len prie / et messire enguerrant sen deffent en
le refusant tant que le roy demanda q cestoit
Et quant ille sceut τ la royne aussi il ne fault
pas a demander si saintre fut du roy et de la
royne des seigneurs et des dames / des cheua
liers / et des damoyselles des escuyers et de
tout le commun tresgrandement loue. Tou
tesfois le roy voyant les grãs prieres de sain
tre manda a messire enguerrant quil le print
Puis que de sa courtoysie illen requeroit tãt
Alors messire enguerrant le print. Et ce fait
trompectes et menestriers commencerent a
sonner. Et le roy ordonna quilz sen allassent
desarmer. Messire enguerrant et saintre par

leurs grandes courtoysies vouldrent lun lau
tre conuoyer / illecques furent moult de prie
res / Mais en la fin messire enguerrant gain
gna et pour plus amplement monstrer sa co
urtoysie / le print par la main destre per a per Et
quant ilz furent au logis de saintre / saintre
fist tout son pouoir et deuoir de le conuoyer et
leust bien fait si les seigneurs de la cout tant
dung coste que dautre neussent saintre oultre
sõ gre retenu. Saintre pria moult les seignrs
ses conseillers et autres de souppet auecques
luy / mais pour priere nul ny voult demourer
Ains le laisserent tous celle nuyt reposer Et
ainsi fut de messire enguerrant pensant len
demain aux armes a pied besongner / mais
le roy comme doulx saige gracieux seigueur
et prince / celle nuyt considera la peine que ce
luy iour ilz auoient prinse / fist leurs armes
pour ce iour delayer pour chascun bien a son
ayse reposer.

¶ Comment saintre apres
quil eut ouye la messe enuoya
p deux heraulx darmes deux
haches a messire enguerrant
selon le contenu de son entre
prise puis comment le roy en
uoya son herault signifier a
saintre lheure pour aller aux
lices.
¶ Chapitre.   xxxix.

¶ Lacteur.

V deuxiesme iour apres to
des armes assigne Saintre
auant q nulle chose fist ouyt
sa messe du sainct esperit / et
se fist donner sa beneysson
Puis p deux heraulx τ vng
varlet fut a messire enguerrant porte / ces
deux haches couuertes po1 en prendre le chois

ainsi que en son emprise estoit contenu. Et
lesquelles haches lune choisie et lautre redue
les heraulx trouuerent le roy darmes darra/
gon qui asaintre tout premier benoit donner
de par le roy lheure a deux heures apres mi/
dy pour benir aux lices pour faire ses armes
a pied Auquel roy darmes saintre remercia
le roy treshumblement puis luy donna ung tres
bel mantel de damas cramoysi broche darget
et fourre de fines marttes sebelines pour la
tresbonne et ioyeuse nouuelle qui luy appor/
toit lequel puis fist son rapport au roy·

☙ Lacteur·

T quant une heure apres mydy fut
sonnee le roy et la royne ainsi q dit
est furent montez en leurs hours/
Lors il enuoya dire aux parties qlz
bensissent. Alors saintre comme commence
et entrepreneur non mye appellant fut a che
ual le premier sapsi de sa bauerolle et faisant
le bray signe de la croix en disant sa beneysso
et le surplus par la facon qui sensuyt·

☙ Comment les deux champios entrerent la tierce fois dedans les lices sollennellement.

Chapitre·   pl.

☙ Lacteur encores·

T premier les tabours et a/
pres les sommiers ses deux
armuriers a pie et apres eulx
les quatre menestriers deux
a deux· Apres venoient les
poursuiuas/ et puis les heraulx
des seigneurs du pays· Tous heraulx et po
suiuans portans les coctes darmes en la fa/
con quilz les deuoient porter· Et apres les he
raulx les cheualiers et escuyers fracoys de sa
copaignie tous bestuz pareilz et apres eulx be
noient les roys darmes et heraulx du roy per
a per a ceulx de frace et a leur basse main· Et
apres ses heraulx venoiet ses tropectes et cla
rons· Et puis ceulx du roy· Et apres les tro

pectes du roy benoit le cote de prades qui fut
ung trespuissat courcier portoit sa hache de/
uat· Et aux deux costez du cote alloiet dam
bernard a cardonne et dam federich de lune/
Et apres eulx benoit saintre tout desarme e/
cepte de ses auans braz de son harnois/ de ia
bes et de ses soleretz sur son tresbel a puissat
destrier qui sur son chief partoit ung tresbel
chappel ou estoient trois belles plumes en fa
con daustrusse faictes de tresriche broderie/
bernees de petis dyamas/rubis ballais a au
tres pierres naissans dung tresbel et riche af
fiquet ou estoit ung tresriche dyamant enui/
rone de trois gros ballais a de trois tresgros
ses perles luy et son destier housses dun satin
cramoysi tous couuers de bianlas dargent e
maillez de blanc a trois lambeaulx de fin or
q estoient ses armes et en sa destre main por
toit sa bauerolle ou nostre dame et son enfat
estoiet de laq ite de pas a pas il se seignoit et
apres luy benoient ses paiges montez sur be
aulx destriers couuers de paremes· Et apres
per a perbenoiet les messire arnault d pareil
les a messire francois de moncade· Et apres
tous les cheualiers et escuyers que le roy y a/
uoit enuoyez pour le couoyer· Et en cest estat
ilbint en sa tente descendre q assez pres des
portes des lices estoit bers son couste· Et il
lec fut arme de toutes ses armes ecepte du
chief· Et quant messire enguerrant fut sem
blablemet benu en sa tente· Lors le roy com
manda a son roy darmes faire appel/ Alors
saintre acompaigne de ses seigrs et auttes
ses coseillers bint a la porte des lices tout a
pied· Et illec estoit le senechal du roy q luy de
manda qui il estoit/et quil benoit la faire·
Auquel humblement en soubzriant il respo
dit monseigr le marescal ie suis iehan de sai
tre/ benu au iour et heure que tresexcellent
prince le roy cy present comme bray iuge cop
tant de monseigr mo frere messire enguer
rat de seruitton a de moy ainsi ql no9 a ordone
pour a pied parfaire les armes de mon em/
prise· Ainsi que mes lecttes le contiennent·

Alors luy ouyes ces parolles le mareschal va
au roy luy faire son rapport. Lors le roy com-
manda luy faire ouurir la porte des lices po[ur]
soy retaire en son pauillon. Et quant les por-
tes furent ouuertes saintre se dermarcha po[ur]
entrer dedãs. Et de sa bannerolle quil tenoit
fist vng tresgrãt signe de la croix puis la bais-
sat puis en son pauillon entra et messire en-
guerrant qui pour abreger en ceste propre fa-
con entra. Mais quant tous deux furent en
leurs paueillons ne tarda gueres que le ma-
reschal acompaigne de quatre gardesl[u]ng a-
pres lautre vint. Et premier a saintre com-
menca et arme de toutes ses armes et apres
luy ses ordonnez conseillers le mena et prese[n]-
ta au roy q[ui] en so[n] hourt estoit d[i]t en allant pas-
sa deuant le hourt ou la royne [et] les auttres da-
mes estoient/ Lors faisant sa reuerence sain-
tre sur son genoil senclina. Lors veissiez da-
mes prier a iointes mais dieu qui le gardast
de meschief. Et deuant le roy sen va auquel
semblablement fist sa reuerence a genouilx.
Et illec tant fut que incontinent vint messi-
re enguerrant. Lors saintre enuers luy fort se
clina [et] ce qui nestoit point de coustume/ puis
luy dist monseigneur mon frere/ sans preiu-
dice de nulluy/ ie prie a dieu quil vous doint
ioye et honneur. Et a vous aussi mon frere/
dist messire enguerrant. Lors tous deux de-
uant le roy se misent agenoulx. Lors le roy co[m]-
manda a son senechal en prendre les sermens
pour abreger que appartiennent au cas. Lors
le mareschalles fist iurer sur sainctes euan-
gilles que sur la foy quilz tenoient d[e] dieu sur
leurs vies ne sur leurs honneurs/ ilz ne por-
toient ne scauoient chose sur eulx ne entendre
porter ne porteroient. Comme briefues pa-
rolles/ charmes/ herbes/ coniuracions ne au-
tres dyabilicques operacions de mal engin/
Pourquoy lung contre lautre ne pensoient of-
fendre ne deffe[n]dre/ et sans nulle hayne ne en-
uie ou mal talant/ fors seullement pour acq[ue]-
rir honneur et bonne renommee. Et les tres
desirees graces de leurs dames lesquelz ser-

mens faiz chascun se leua/ puis va en son pa-
uillon/ Mais au leuer que saintre fist sur son
desmarcher il se tourna/ et au roy de rechief
fist sa reuerence et semblablement a la royne
et aux dames comme il auoit ia fait. Et lors
se retrahit a son pauillon et aussi messire en-
guerrant pour leurs bassinetz faire crãpõner.

¶ Comment ilz yssirent de leurs
paueillons pour faire leurs armes.
Chapitre. pli.

Quant ilz furent tous deux en point
et pour abreger tous les criz et def-
fences faictes que en tel cas appar-
tient le roy commanda les faire
yssir hors de leurs paueillõs/ mais
a yssir que saitre fist sa visiere leuee/ il bais-
sa sa bannerolle en disant sa beneysson q[ue] ma-
dame luy auoit monstree en faisant vng tres
grant signe de la croix puis la rabaissa et la
bailla a vng de ses conseillers. Et ce fait bais-
sa sa visiere/ et commenca en son harnois a
haulcer ses bras[et] ses espaulles/ puis sur vng
genoil puis sur lautre aussi proprement q[ue] sil
fust en pourpoint sans armes/ tenant sa ha-
che en ses mains. Et quant tous deux furent
hors de leurs paueillons et leurs paueillons
mis hors des lices/ lors par le commandeme[n]t
du roy le mareschal au meilleu des lices com-
menca a crier a haulte voix laissez les aller.

¶ Comment ilz se desmarche-
rent lung contre lautre et se com-
batirent tres vaillamment.
Chapitre. plii.

ET quant le mareschal eut fait
son cry lung contre lautre des-
marcherent si quilz sembloie[n]t
deux lyons deschaynez/ Mais
au desmarchier que fist sain-
tre il sescria a haulte voix ha
ma tres doulce dame a qui ie suis/ [et] lors com-
mencerent lung sur lautre a ferir messire en-
guerrant q[ui] tres vaillant cheualier estoit fort[e]

puissant et plus grant de personne que sain/
tre nestoit haulsa sa hache/ et le ferit tel coup
au dessus de la charniere/ que tout le fist
chanceler/ et saintre lataint de lestoc de sa ha
che ou pertuis de sa visiere q̃ luy fist desmar/
cher vng grant pas en arriere. Lors messire
enguerrãt rehaulsa sa hache pour ferir/ mais
saintre au desmarcher quil fist/ descharge et
lataint du tranchant de sa hache sur les doiz
de sa main droicte si que riens ny vault sa rõ
delle que tous les doiz ne luy froissast et en/
dormit/ Messire enguerrant estant chault nõ
sentant le meschief quil avoit/ cuyda haulser
sa hache/ mais alors quil sentit la douleur ne
peut sa hache soustenir et comme fort cheva/
lier et preux tenoit fort sa hache a sa main se
nestre ouvrant ses bras pour soy lyer avecqs
saintre/ mais quant saintre apperceut sa vou
lente combien quil ne scavoit pas le meschief
pour paour destoc de sa hache/ ferit souvent
et ne laissoit approucher de luy. Et quant il
sen fut apperceu tout acoup luy dõna tel coup
sur la main dont il tenoit sa hache quil luy fist
voller de la main a terre. Et quant messire
enguerrant se vit sans hache cõme desespere
tout acoup saduanca et vint saintre p̃ le corps
lyer/ et puis saintre luy dun bras/ car de lau/
tre tenoit sa hache. Et quant le roy vit la ha/
che de messire enguerrant a terre/ et les deux
corps lyez/ comme prince et iuge droicturier
prestement gecta sa verge et dist/ ho/ ho/ A/
lors par les gardes furent les champions des
partiz. Et a ces parolles le roy par le mares/
chal fist devant luy venir les deux champions
et puis leur fist dire/ vous messire enguerrãt
et vous iehan de saintre/ le roy vous mande
que tous deux avez si haultement et si vail
lamment fait voz armes/ voz devoirs/ q̃ voz
honneurs/ que on ne pourroit mieulx/ Mais
selon le contenu de la lectre/ Iehan de saitre
seigneur roy qui cy est/ dit quelles concluent
combatre de voz haches/ tant que lung soit
porte par terre ou sa cache perdue de ses deux
mains/ dont le comprins dicelles/ Iehan de

saintre le seigneur roy vous adiuge le pris.
Alors tous deux q̃ a genoulx estoiẽt le roy cõ
manda a lever et le² faire leurs bassinetz des
armez. Et quãt saintre entend le iugement
et sentece du roy tãt hũblemẽt q̃l peut le remer
cia disãt Ha tresexcellẽt et puissãt prince de lõ
neur q̃ il vous a pleu moy faire de la sentence
de noz armes q̃ pour moy vo⁹ adiuger si tres/
hũblemẽt q̃ scay et puis vo⁹ remercye/ mais au
regard du pris q̃ madiuger si tres hũblemẽt q̃
puis vo⁹ prie q̃ sur ce vo⁹ plaise trop mieulx
pẽsez et biẽ adviser cõmẽt mõseigñr mon frere
q̃ cy est/ ma de sa hache biẽ festoye. Et ce q̃ ie
ay fait si te ce na este q̃ daduẽture dõt y devez
biẽ penser/ les q̃les parolles dictes p̃ saintre/
furent to⁹ les cu²s des escoutãs esmerueillez
dõt par ce les lãgues furẽt a to⁹ et a toutes des
liees po² le louer. Et q̃lque amour quilz eus/
sent a messire enguerrãt tenir ne se pavoient
q̃lz ne dissent de saintre q̃ vrayement il estoit
biẽ la mõtioye et laddresse de tout honneur et
de hũilite. Le roy et son hourt et tous ceulx q̃
avecqs luy estoient en furẽt to⁹ esmerueillez
La royne/ Ma dame alienor de cardonne fẽ
me dud. messire eguerrãt et toutes les autres
pricesses/ cõtesses/ baronnesses/ dames et da/
moiselles q̃ ou hourt de la royne estoiẽt se pri
drẽt toutes a le tres grãdemẽt louer. Et messi
re enguerrant aux autres q̃ entour luy estoiẽt
Et ne se peurẽt tenir de dire/ Or escoutez le
tresnoble parler de cestuy/ Ou est celuy ne ou
fut oncqs q̃ dung tel honneur se voulsist desar
mer ne despartir en aucune maniere po² le dõ
ner a sa partie Le roy q̃ tant pnoit plpisir aux
louenges quon disoit de saintre q̃l ne prenoit
garde a luy et encores estoit a genoulx subite
ment luy commãba a lever. Et puis luy dist/
Iehan de saintre A ce q̃ me requerez/ ie me
aduise/ ie vous re spõs que ien suis tout ad/
uise. Et a ce q̃ chascun congnoisse que la gras
ce et lhõneur que dieu vo⁹ a faiz. Au io²dhuy
ie la vo⁹ vueil garder. Alors le roy ordonna q̃
messire enguerrant luy rendist sa hache et du
surplus fist son devoir quant seroit desarme

Et lors messire enguerrant se fist bailler sa
hache et de sa main blecee au mieulx ql peut
a layde de sa seneftre sa hache cour toisement
luy rendit disant·Mon frere ie bous rendz bo
ftre hache·Et du surplus ie macquiteray ai/
si que en boz lectres darmes est contenu pri/
ant a dieu et a monseigneur sainct george q
de bien en mieulx bous accroiffent boz hon/
neurs·Et quant saintre entent lordonnance
du roy q le gracieux parler de messire enguer
rant se fistbailler son bracellet que bng de ses
gens tenoit·Lors ayat receue sa hache a mef
sire enguerrant senclina q dist/monseigneur
mon frere puis que le bon plaisir du roy eft tel
ie youeil obeyr/maisbous comme cestuy qui
lauez bien desseruy/ie macquite et bous don
ne mon bracelet en bous priant de tresbō cueʳ
que le prenez en gre messire enguerrant q to⁹
les autres furent plus esmerueillez que onc/
ques nauoient efte/messire enguerrant luy
dist/Ha mon frere iehan de sai ntre/boz hon/
neurs cesseront ilz iamais de boftre bracelet
et de lhonneur que bous me faictes ie bo⁹en
remercie tant comme ie puis/Mais a boftre
tresbelle dame bous le retournerez en berite·
Et a ces parolles le roy demanda quelz prie/
tes ilz faisoient· Le mareschal luy dist·Sire
cest iehan de saintre/qui a toute force beult
donner a messire enguerrant son bracelet ain
si que sil lauoit gaigne ou eust le pris· Le bra
celet dist le roy/lors se tourna bers les prices
et les autres seigneurs qui auecques luy es/
stoient·Et leur dist/Et que dictes bous de
lhonneur et baillance dung si ieune escuyer·
Oncques tel ne biz·Et brayement dirēt les
autres nous fismes nous·Et a laberite bien
semble quil est de noble lieu party q quil a biē
beux apris en la tresnoble court ou il est nour
ty·Et aussi le font tous ceulx de sa cōpaignie
Et ses parolles fine es incontinant le roy or/
donna que son bracelet boulsist garder· Et
quant saintre entēd le roy a genoulx luy dist
Au moins sire soyez comptant que en autre
ieu ie lemploye·Et autre part dist le roy no⁹

laccordons/le bracelet eft boftre employez le
ou il bous plaira/mais nous ne bouldrions
que on dist que ce fust par nous ne par noftre
iugement que leussiez donne·Sire dist sain
tre boftre bonne mercy· Lors appella le roy
darmes darragon touraine et le signen les he
raulx qui eftoient auecques luy benuz/t au
roy darmes bailla le bracelet/Puis to⁹ trois
les enuoya a ma dame de cardōne femme de
messire enguerrant/qui ou hourt de la royne
eftoit/et leur dist qui luy diffent quil se reco
mandoit treshumblement a elle et comme
celle qui par raison ie doy penser et croyre eft
celle qui mieulx a desseruy le bracellet·La ql
le ie quiers et prie que de ma tresredoubtee
dame qui le me donna luy plaise le prēdre en
gre que pour lhonneur et amour dcelle il neft
pas si riche ne tel comme a elle appartient·
La royne/ma dame alienor et les autres pri/
cesses et dames qui auecques elles eftoient/
Aussi le roy qui en son hourt a dextre eftoit/
et tous les seigneurs de sa compaignie/neft
point a descripre si tous furent esmerueillez
Lors ma dame alienor au roy darmes et he
raulx respondit/roy darmes et bous autres
q raulx mes amys· Ce tre sgracieux et bail
lant escuyer de saintre ie mercye/maisfauue
sa grace/ie ne suis pas celle qui ayt ce brace/
let gaigne ne desseruy enuers luy comme il
dit/Mais est bien a celle par qui il a ce iour
tant de grace et honneur acquis q pour ce luy
reportez et luy direz quil me soit pardonne/
La royne comme tressaige et aduisee dame/
quant elle entend celle responce luy dist/Et
brayement belle cousine bous ne debuez pas
cest honneur refuser/et dung si tresacomply
gentilhomme comme cestuy eft/Si bo⁹ prie
q le prenez·Lors ma dame alienor fist le bou/
loir de la royne/et en son bras seneftre la roy
ne boult eftre celle qui le mist· Et quāt ledit
bracelet fut ou bras de ma dame alienor print
lors elle du pendant de son collier bng tresbel
et riche afficquet/et print bne tressine et
grosse parle de quatre a cinq caratz/ auiron/

nee de troys gros dyamans et de troys tres/
beaulx rubis que au Roy darmes elle bailla
puis luy dist/Vous et vous heraulx qui estes
si dorez vous ceste petite bague a ce tresgra/
cieux escuyer iehan de saictre pres enterez de y
moy/en me recommandant a luy de tresbon
cueur/q luy dites que ia soit ce que son brace/
let appartenoit trop mieulx a sa tresbelle da/
me qua moy. Toutesfois a sa requeste ie lay
prins. Et quil me semble que sa tresbelle da
me aucunemet se doit sentir de lhonneur que
ce iour a acquis. Et si vous prie que de par
moy ce petit afficqt vous luy bailles luy priat
que en moy bien recommandant a elle le luy
vueille presenter. Lesquelles parolles dictes
et bagues prinses et donnees quant le roy le
sceut il enfut trescomptant. Lors commanda
que tous deux fussét desarmez. Lors chascun
de son coste sen retourna pour moter a cheual
Et quant saictre fut a cheual monte inconti
nent se trahit vers messire enguerrant q po2
la douleur de sa mai se faisoit vng peu habil/
ler/et quant il apperceut saictre luy dist/hau
hau frere frere vostre dame vous a elle com/
mande que telz picaudes faciez aisi a ceulx
qui se iouét auecques vous. Et quant ilz fu/
rent a cheual montez/lors furét les grâs prie
tes entreulx q pour lhonneur lung de lautre
sauldroit le dernier. Le roy qui entédoit que
lhonneur fust a saictre/incontinent manda
que tous deux saillissent per a per/mais po2
ce que saictre auoit le pris voult quil allast a
la deptre main/et puis chascun comme il e/
stoit venu allast en son logis /mais au depar
tir firent de grans prieres/car chascun veult
accompaigner son compaignon. Et quant le
roy vit leurs prieres de rechief leur enuoya
dire que ces grans honneurs cessassent/et q
chascun prinst son chemin. Lors prindrent cô
ge lung de lautre q sen allerent chascun en so
logis desarmer q reposer tout le iour iusqs a
lheure du souupper q la royne les enuoya que
rir/dont pour abreger la furent de bons vins
de viandes/de metz q dentremetz moult lar

gement seruiz/puis de chansons:de dances
et de morisques de plusieurs facons moult
ioyeusement festoyez. Et a tant laisseray ce
a parler des grans honneurs des disners et
des souppers que le roy/la royne/les aultres
seigneurs et dames donnerent a saictre/et
saictre a eulx/et diray du congie quil print q
des dons q des vngz aux aultres furét faictz.

¶ Comment saictre print con
gie du roy/de la royne q de tous
ceulx de la court/q des dons qlz
se firent.
Chapitre   pliiii.

Pres que saictre eust ses ar
mes faictes par la facon que
auez ouy il demoura deux
iours a barselonne festiant
et faisant bône chere. Et au
quatriesme iour prinst soncô
ge du roy/de la royne/des seigneurs/des da
mes q des damoyselles de la court/aussi des
aultres princes/princesses dames du pays la
venues pour ces armes veoir:dont lentenoit
assez plus de compte que len ne faict au iour
dhuy/et vouldrient le roy et la royne que a ce
congie la coustume du pays fust rompue/en
tant que touchoit les personnes de saictre et
de ses cheualiers et escuyers de sa compai/
gnie/cestassauoir que tous fussét des dames
baisez. Et premier la royne voult commen/
cer qui baisa saictre premier/q puis les che/
ualiers et escuyers de sa compaignie /et auf
si firent toutes les dames/ce que par la cou/
stume du pays oncques nauoient faict:ne de
puis ne firent/sinon en grant especialite de
grant affinite damys/auquel conge prendre
hellas amours qui ia auoient dung coste et
dautre aucunes de ces tresdoulces ardans e/
stincelles leurs piteux cueurs alumez q a ce
tresdur departir tenir ne se peurét que leurs

tref Solleno cueurs ne lermopaffent:Si que
leaue couroit aualles peulp quelque feSlant
fainctifz de ris que ilz feiffent· Et apres fon
congie prins et fon Sagaige party fift au rop
prefenter le plus Sel et le plus puiffant de fes
quatre deftriers couuert du plus riche pare/
ment quil euft/et Sng trefSel et gent paige
fon nepueu moult gentement habille deffus.
Et daultre part a la ropne fift prefenter cent
aulnes de la plus fine toille datour z aultres
cent aulnes de la pl⁹ fine toille de reins quil
auoit peu finer a Paris/et Snes tref Seltes
heures garnies de fine pierrie· Et fembla/
Slement a toutes les dames et damopfelles
de la court fift prefeter aultres deup cens aul
nes defoictes toilles q̃ a la ropne auoit faict
prefenter/a la chambre du rop et de la ropne/
et auffi aup officiers cent efcuz / Aup rops
darmes et heraulp darragon et eftrangiers
autres cent efcuz/aup trompettes z tous me
neftriers cinquãte efcuz/a ma dame alienor
Sne tref Selte et Slanche hacquenee feltee et
couuerte dung trefriche drap de Seloup Se/
loute cramoify Sroche a grans ouuraiges de
fin or tous frangez dor et componnez de fope
a fes couleurs/a meffire enguerrant enuopa
Sng autre de fes meilteurs deftriefz felte et
couuert de lung de fes plus autres riches pa/
remens auecques Sne tref Selte efpee de fin
or/et a chafcun des autres fes feigneurs z cõ
feilters enuopa Sng Sel courfier· Le rop lup
enuopa Sng tref Sel et puiffant courfier puif/
lois/z deup trefSeaulp genetz a lande loifie
Sne tref Selte couppe et Sne aiguere dor tren
te mars de taffes bien dorees /et cinquante
marcz de Saiffelle de cuprfine bien belte·Et
a fes trois cheualiers a chafcun Sne piece de
Seloup cramoify/et aup neuf efcupers trois
pieces de damas cramoify/A fes heraulp/
trompettes et meneftriers deup cens florins
darragon/et au furplus cent florins·La rop/
ne lup enuopa Sng trefriche drap de Seloup
en pourpre cramoppe et Sroche dargent com/
me efcuper/deup pieces de fin damas /lung

cramoify et lautre noir /et aup trops cheua/
liers de fa compaignie chafcun fa piece de fa
tin plaip et Sleu/Ma dame Alienor lup en/
uopa Sne tref Selte chapnne de quattre marc
dor/meffire enguerrant lup enuopa Sng tref
Sel courfier defpaigne z Sng trefSel genet de
lande loifie/Et fur chafcun Sng paige more
trefSien habiltez a la morifque/et Sne piece
de damas cramoify Sroche dargent· Le con/
te de cardonne lup enuopa cinquante mars
deSaiffelle dargent/don federich de lune lup
enuopa douze trefSelles et groffes arbale/
ftres dacier et douze Srigandines Dont les
quatre eftoiẽt couuertes de Seloup plaip Sro
chees dor et garnies dor/les aultres de Se/
loup Sleu z les aultres de diuerfes couleurs
de damas garnies dargent dore/Et meffire
Arnault de pareilles lup enuopa Sng more
noir trefrichement habilte fur Sng trefSel ge
net arme et habilte tout a la morifque· Et
meffire francops de mõcade deup trefSeaulp
harnops tous completz/lung darmes et lau/
tre de iouftes trefrichement garnis/et Sne
trefSelte efpee garnie dor toute efmailtee de
Slanc/et encores Sng turc fa femme et fes en
fans trefgrans ouuriers de fil dor et de fope
Saintre les donna a la ropne qui trefgrant
iope en fift/des autres dames z damopfelles
de la court ny eut celte qui ne lup donnaft che
mifes Srodees dor et de fope arcandoltees z
gantz Srodez tout a la facon du pays mift op/
feltetz de chippre et tant dautres odorifiques
odeurs que treflongue chofe feroit a Souloir
tout reciter/tant eftoit le regard delles a lup
et aup fiens qua paine pourroit on plus·
Que diroie ie ce fut le gentil homme et auf
fi fes compaignons que par auant ne apres
ie ape feu ne Seu ne oup dire que a fi grant
iope et grace et louange de tous en font ia/
mais partiz·

¶Comment saintre acompai
gne de to⁹ les seigneurs se part
de barselonne pour retourner en
france·Chap·   pliiii·

ET quãt saintre fut prest pour
monter a cheual print conge de
son hoste ⁊ de plusieurs autres
La furent les contes de prade/
de cardonne/dorgel et les aul⁄
tres seigneurs que iay dit ⁊ moult daultres
cheualiers et escupers iusques au nombre de
mil a·pii·cens cheuaulx pour le conuoier·
Et en oultre ce le roy le fist tout deffreyer en
tant que son royaulme dura par vng maistre
dhostel ⁊ clerc de chambre aux deniers· Et a
tant laisseray cy a parler des honneurs faictz
a saintre:et des offres ⁊ des congez prins/et
parleray de sa venue deuers le roy/des veuz
et des voyages pour luy que ma dame fist.

¶Commet saintre et ses com/
paignons viennent/⁊ de la bon
ne chiere que le roy et la royne ⁊
ma dame et autres luy firent.
Chapitre   plv·

Quant saitre fut en son logis
le soir quil fut party de barse
lone pour plus honnestemet
faire scauoir a ma dame le
contenu de ces lettres et de
ses armes/son retour et son
faict·Si se pensa quil enuoyeroit au roy au⁄
cuns de ses heraulx qui se pourroit penser q
ce seroit ensoy glorifiant de sa bonne nouuel
le:dont aux cueurs des gens enpourroit estre
reprins/et pource se pésa quille diroit a mes
sire guillaume de pruilly/auql moult se fioit
lequel luy dist que vrayement plus honneste
seroit par vng aultre il fist laffaire :nompas

par vng de ses heraulx/iacoit ce que ce feust
leur office Et encores que a roy ne a royne
ne a quelques aultres il ne rescripuist/mais
si vous voulez que ienuoye guillaume mon
cousin ou nom de moy ce sera le meilleur/et
escripray au roy/a la royne ⁊ aux dames lhõ
neur quauez eu/Et aussi guillaume qui est
assez entendant comptera bien tout/⁊ ie len
informeray bien a la verite:⁊ ainsi fut faict.
Et quant le roy/la royne/especiallemet ma
dame ⁊ les autres dames le sceurent/la ioye
fut par tout que il fut plusieurs iours qua
paine parloit on daultre chose:tresdesiras de
son retour/ma dame qui depuis son departe
ment a peine cessoit elle que nuyct que iour
ne fust en prieres ⁊ oraisons:faisant tous les
vendredis et samedis son promis veu de nõ
porter sur la chair nue aucun linge iusques a
sa venue côme dit est/mais quant elle sceut
puis la nouuelle q a la court du roy darragon
il seroit deliure par vng cheualier qui auoit
locktoy du roy/accreut son veu q tous les me⁄
credis feroit dire messes et aulmosnes iusqz
a la despense de dix escus· Et oultre plus de
faire pelerinages secrettement par la ville.
A ce elle se penoit moult souuent/et en espe⁄
cial au terme quelle scauoit des armes dont
en dementiers quelle estoit en prieres Guil
laume de pruilly enuoye par son oncle arriua
qui apporta la nouuelle telle que iay dit·Et
quant ma dame sceut si tredesiree nouuelle
que ysabel tout en courant luy apporta·Lors
ma dame de ce bien acertainee incontinent
en son cueur leuant ses yeulx au ciel nostre
seigneur remercya :puis sen reua en sa cham
bre/et la a nudz genoulx ⁊ a mains ioinctes
nostre seigneur remercya·Que vous dirois
ie tant tenoit sa contenance et sa grant ioye
dung coste que a paine se pouoit tenir envng
lieu/et de lautre coste le desir de le veoir si
grant:que iour ne nuyct reposer ne pouoit/et
tel que a peu neffacoit le plaisir q de son bien
y auoit· Et a tãt laisseray a parler de la grãt
ioye quelle auoit conuertie en tresdures dou

leurs par lardãt desir de le veoir/et diray de
sa venue devers le roy et du grant honneur (
bonnes cheres qui luy furent faictes.

¶ Cõmêt saintre par ses iour/
nees est venu devers le roy/lhõ
neur et les bõnes cheres qui luy
furent faictes/ le cueur de ma
dame guery.
Chapitre   plvi.

ET quant saintre et sa compai
gnie eurêt tant chevauche par
leurs iournees quilz furent a
deux lieues de paris ilz trou/
verêt maintz bons chevaliers
escuyers/bourgeoys et aultres de la court et
de la ville de paris tous venus a lencontre
pour lhonnourer et aconvoyer tant estoit ay/
me de tous. Lors fut la ioye des vngz/aux au
tres telle que cestoit plaisir de les veoir. Et
quant il eut au roy et a la royne faictes les re
verences qui tresgrant ioye luy firent. Lors
va a ma dame qui de ioye avoit tant quelle
ne scavoit comment se maintenir/combien
que comme saige dame quelle estoit sa tres
entiere ioye elle celloit. Puis va aux autres
qui tresgrant ioye luy firent/lesquelles tou/
baisees/lors pour sa venue la royne com/
manda a dancer. Et en dementiers que les
dames dancoient ma dame qui avecques la
royne luy dist Hee ma dame/saintre a assez
ouy en arragon dancer:aussi est il las/pour
dieu faictes le appeller et le faictes seoir cy
en bas avecques nous; et luy demandez des
estatz et des facons des dames darragon. Et
enverite dist la royne ma belle cousine vous
dictes bien. Lors la royne fist saitre appeller
et encores trois autres dames/lors dist a sai/
tre/saintre mon amy nous voulõs q vous re
posez:puis dist aux autres trois dames/seez
vous toutes/ la plus courtoyse le servita de

sa langue/ma dame pour le veoir plus clere/
mêt vis a vis ne voult pas estre la plus cour
toyse/ains en fist le sourt. Lors la royne pre/
mier arraisõna saintre de savenue a la court
darragon de la chiere que le roy/la royne et
les seigneurs:et especialemêt les dames luy
firent:puis de ses armes tant a cheval com/
me a pie/des beaultez/des maintiens et des
habillemês des dames:desquelles choses pre
mier saintre touchant ses armes sen passa
bien legieremêt comme il devoit. Et ce quil
en dist ce fut plus a lhonneur de messire en
guerrant que du sien/mais du surplus loua
les dames en toutes facons grandement/et
aussi fist il le roy et tous les seigneurs dont
trop louer ne sen povoit. Et a t ant laisseray
cy a parler des louanges et honneurs dont il
fut interrogue par la royne et les dames/et
diray de la tresparfaicte ioye et bonne chiere
que ma dame luy fist /et commêt elle repais/
soit ses yeulx de fois a autre quãt elle osoit

¶ Lacteur.

MA dame en dementiers que
ainsi devisoiêt cõme si rien
ny pensast regardoit a dex/
tre et a senestre puis sa puis
la/et puis tout acoup sõ tres
doulx regard flechissoit sur
luy/ en ce faisãt elle prit de sõ atõ vne espin
gle:puis commenca a furger ses dens ainsi
que son seignal estoit. Et quant saintre ap/
percoit de ma dame son seignal incontinent
luy respondit pour frotter vng peu son oeil
droit/et ainsi a tresioyeuse destresse de leurs
cueurs passerent ce tresloing envieux iour
et iusques a la nuyct et heure entreulx ordõ
nee quilz se trouverent au iardin/et lors cõ
mencerent lung a laultre a festoyer ou furent
mains baisers donnez et maintz renduz. La
furent leurs ioyes. La furent leurs desirs cõ

ioinctes en leurs cueᵃs et maulx gueriz/aus
quelz delitz ilz furet depuis vnze heures ius/
ques a deux heures apres minupt:que force
leur fut lung de lautre departir· Et a tant
laisseray cp a parler de leᵃs parfaictes ioyes
et diray de lauancement de saintre/et de la
cõpaignie du premier dit bouciquault·

Cy parle comment Saintre
fut chambellam du roy et des a/
liences de lup et de myngre dit
Bouciquault·
Chapitre   plvii·

Le roy qui ia tant aymoit sain
tre ainsi que auez oup lhon/
neut de lup peu a peu creut tãt
enpeu de temps quil lordonna
a dormir en sa chãbre /et puis
son premier chambellam saintre qui bien a/
uoit retenu les doctrines de ma dame quant
elle enson enfance ladrecoit a estre vertueux
et bien morigine Recordant le dit de alber/
tus qui disoit·

Non tua claudatur ad vocem pauperibus
autie·Et encores du tresbel vers que aristo
te dit aussi·

Vir bone qz cutas res vile:res parituras
Nil profituras dampno quãdoqz futuras·
Nemo diu mansit in crimen:sed cito tran
sit· Est breuis atqz leuis in modo glo/
ria qzbis·Et plusieure autres enseignemẽs
touchant ceulx q sont esleuez es haulx estatz
Et pource poʳ estat quil eust du roy oncques
son cueur ne senorgueiltit/ne ses maintiens
nen furentl plus grans / ains a vng chascun
plus doulx et aymable a vng chascun se mon
stroit tous les iours· Et en celuy tẽps estoit
enla coʳt vng tresieune escuper tresgracieux
de la duchie de touraine qui par esbatement
fut nomme boussiquault grãt pere des bouf/
fiquaulx qui sont au iourdhuy tressaige:sus

tilz et aduenant escuper/z qui assez auãt en
la grace du roy estoit· Celuy boussiquault
voyant saintre qui si auant enla grace du roy
estoit/et plus que les aultres sen accointa·
Saintre qui ieune estoit le voyant si homme
de bien/aussi pour lamour du pays tresvou/
lentiers sen accointa:et tellement sacompai:
gnerent et aymerẽt que deux freres ne peus/
sent mieulx:pour laquelle amour deulx Le
roy qui ia bien aymoit bouciquault fut con/
tent quil couchast auecques saintre en la cou
chette/cestassauoir quant il ne couchoit auec
ques la royne·Que vous ditois ie ces deux
escupers se aymerent tant que oncques deux
freres ne saymeret plus/et furent lung a
lautre si loyaulx et si certains que oncques
vne faulte ne fut faicte entreulx· Et quant
lung deulx alloit hors pour ses affaires ou
pour ses emprises et voyages darmes com/
me ilz faisoient lung a lautre gardoit la pla/
ce tellement que nul ny peust entrer/et iacoit
ce que bouciquault fust puis tresvaillant che
ualier/oultre plus estoit il subtil et attrempe
plus que saintre nestoit/et aussi au faict dar
mes saintre estoit tenu le plus vaillant· Et
pour ce les heraulx et les roys darmes en fi/
rent vng commun prouerbe en disant·Quãt
vient a vng assault/mieulx vault saintre que
bouciquault/mais quant vient avng traicte
mieulx vault bouciquault que saintre/cestas/
sauoir lung pour les armes/et lautre pour
conseil:dont par ainsi tant quilz vesquirent
ensẽble leur amour et bonte dura· Et a tant
laisseray a parler deulx/et diray des aultres
nouuelles armes que saintre fist a lencontre
du seigneur de loiselench baron de poullaine
qui porte dargẽt a vng beuf rãpant de gueul/
les/cornes et ongles de sable/lesquelles ar
mes furent a Paris deuant le roy/la royne/
ma dame et de aultres seigneurs et dames
sans nombre·

Lacteur·

C Comment ma dame ordon/
na a saintre de oster lemprise q
le seigneur de loiselench portoit
Chapitre   lviii.

EN apres q les armes de sain/
tre contre messire enguerrant
furent accomplies. Le seigneur
de loiselench baron de poulai/
ne grant fort et puissant cheua
lier: qui pour acquerir honneur et la tresdesi
tee grace de sa dame tresbien accompaigne
de quatre barons aussi de poulaine / cestassa/
uoir le sire danbach q porte de gueulles abng
faulcon perse de sinople / le seigneur de nulz
qui porte dor a bne teste de beuf de sable. Le
seigneur de morge qui porte dargent a trois
testes de sable. Et le seigneur de terg qui
porte dor abne croix de gueulles buidee / que
tous quatre faictes ces armes aloiet de com/
paignie a sainct iacques / lequel seigneur de
loiselench portoit bne emprise darmes a che/
ual a pie deux cercles dor / lung au dessus du
coulde du bras senestre / et lautre au dess9 du
coul du pie tous deux enchapnnez dune assez
longue chapnne dor / et par ce lespace de cinq
ans si entredeux il ne trouuoit cheualier ou
escuyer de nom z darmes sans reprouche qui
le deliurast de ses armes qui sensuyuent. Et
lesquelles plus tost et plus honnorablement
acomplir sappensa benir en la tresbelle court
de france: ou to9 nobles et cheualereux hom
mes estoient treshonoorez et receuz / et aussi
pour auoir acointance deulx. Lors par brun/
suich le herault qui auecques luy estoit fist li
re sa lectre et declairer du langaige plain en
francoys: que pour abreger disoit ainsi. Que
celuy qui le deliurera et luy seront tenuz de
courre a cheual lung contre lautre dix cour/
ses de lances darmes que le prince ordonne/
roit et de mesure. Et en harnoys et selles de
guerre sans autre aduantaige nul Si braue
ment que entre les dictes courses ne fussent

Premier troys lances bien et raisonnable/
ment rompues au dict du prince. Et si a la
fin les dictes dix courses ou trois lances bien
tompues Dieu garde le corps de malle epoi
ne. Le second iour apres ilz combatroient a
pie dix poulz de lance sans reprinse: Puis
seront reprins pour changer baston / cestassa/
uoir haches pareilles / Desquelles ilz com/
battont destoc / de mail: ou de taille ainsi que
mieulx leur plaira sans reprinse et aultres
coups / et semblablement feront des dagues
darmes: Desquelles lances a pie et a cheual
toutes garnies aussi des autres bastons des/
sus dictz / il sera tenu et boult que en la lice il
en donnera le chops. Et sil aduenoit que en
faisant les dictes armes lung deulx fust dau
cune piece de son harnoys desarme il sera te
nu de en tel estat lacoplir ou quitte po2 soy ac
quiter diceluy pris / Et celuy a qui dieu aura
done du meilleur des cinq armes pour les ar
mes a cheual / son compaignon sera tenu luy
doner bng dyamat sur la place du pris de iii.
cens escuz ou au dessoubz / et de esperles bng
balax dudict pris / z de dagues bng saphir du
dict pris. Et sil aduenoit que dieu deffende
que en faisant les dictes armes a cheual ou a
pie lung deulx fust tellemet epoine q pour ce
iour parfaire ne le peussent ou qurl fust hors
de ses arsons: ou de ces piedz porte a terre ou
fust de teste desarme de corps ou de bras telle
ment quil ne refusast a tel estat parfaire les/
dictes armes telles et cestes qui seroient fai/
ctes seroient tenues pour parfaictes / et sera
celuy tenu de payer tous les pris des armes
a parfaire comme sil les auoit lung apres lau
tre tous perduz / chascun de nous sera tenu a/
uant le commencer des armes les mectre es
mais du price po2 en ordoner a sonbon plaisir.

C Lacteur.

Esquelles armes ainsi publi/
ees / ma dame sans pl9 y penser
fist a soy benir saintre. Et tat
corcint au plus brief qlle peut
luy dist / mon amy: or est la io2

nee venue que dieu et fortune vous ont pro-
mis/pour vo[us] honnorer [et] mectre sus par lave-
nue de ce chevalier poullain/dont ces armes
sont publiees Si vous prie tant co[m]me ie puis
que vous soyez tout le premier deuant mon-
seigneur le roy faisant la requeste de le deli-
urer. Et de la despense ne vous souciez/ car
dieu et nous payerons tout. Et sont ainsi que
soyez mon seul amy/ trestout mon bien. Et
quant ie puis dire parquoy sur tous les au-
tres le vous deuroye desco[n]seiller. Et qui pl[us]
est dess[ir]dre de plus vous mectre en telz perilz
Mais tant est lho[n]neur bo[n]ne que ie vous por-
te que ie vouldroye que en tous endroitz fus-
siez le plus vaillant[et] le meilleur esperant en
dieu quil vous partira de lhonneur. Et qua[n]t
saintre entend ma dame si haulteme[n]t parler
iacoit ce q[ue] son cueur estoit co[n]clud. Lors a v[n]g
genoil se mect et treshumblement le[n]mercia
[et] dist/Ma trestredoubtee sur lamour et foy q[ue]
ie tiens a vous iestoye ores en ce pensement
et co[m]ment ie[n] pourroye parler a vous/ Allez
tost dist elle auant q[ue] nul soit le premier. Lors
hastiueme[n]t sen va au roy/[et] incontinent a ge-
noilz se mist [et] luy fist sa priere ainsi q[ue]l appar-
tenoit Le roy qui moult laymoit le regarde en
soubzriant assez esmerueille en pe[n]sant que si
ieune ho[m]me [et] de assez menue facon allast con-
tre ce chevalier poullain / et puis luy dist. Et
saintre y auez vous bien pense./sire dist il ouy
des aussi tost que ie le viz ie neuz oncq[ue]s puis
autre desir. Et en dementiers quilz estoient
en ces parolles arriua le viconte de beaumo[n]t
qui au roy fist la semblable requeste En la fai-
sant y vint encores le seigneur de craan. Et
sur ce le seign[eu]r de vergy puis le viconte de q[ue]s-
nes. Le seigneur de sarcourt Le seign[eu]r de hau-
gest ta[n]t dautres faire au roy leurs req[ue]stes Et
qua[n]t le roy enta[n]t la priere de tant de seign[eu]rs
Alors leurs dist messeigneurs[et] amys a telz cho-
ses les premiers vo[n]t deua[n]t vous soyez cy sai-
tre le premier q[ue] encores est a genoulx. Cer-
tes co[m]bien q[ue]l soit ieune nostreseign[eu]r est le dieu
des fors[et] des foibles/des vieulx[et] des ieunes

Et co[m]me dieu est pour les foibles auta[n]t est il
pour les fors et pour les ieunes co[m]me po[ur] les
vieulx. Et pour ce nous sembleroit luy faire-
toit/veu le bon vouloir quil a/Alors chascu[n]
se leua en loua[n]t son bo[n] vouloir[et] plaisir[et] plus
co[n]tes de saintre q[ui]lz nestoient lung de lautre.
Lors saintre ta[n]t h[um]bleme[n]t q[ui]l peut remercia
le roy. Le roy po[ur] le lendemain fist prier le sei-
gn[eu]r de loiselench les autres quatre barons et
les chevaliers[et] escoyers de leur compaignie
Aus q[ue]lz fure[n]t faitz tres grans ho[n]neurs. Et a-
pres disner les da[n]ces auecques les dames la
royne p[n]te qui si tresamiableme[n]t les recueil-
lit puis aucuneme[n]t par ge[n]s de deux langues
leur demanda des dames[et] des estatz de leur
pays/disans estre tres desplaisa[n]s q[ue]lles ne les
entendoie[n]t. Et quant les da[n]ces fure[n]t cessees
auat les espices venues[et] le vi du co[n]gie. Lors
fut mo[n]tioye roy darmes des fra[n]cois q[ue] de par
le roy lisit la lectre darmes la p[n]t la royne sei-
gn[eu]rs[et] dames a plante. Et qua[n]t la lectre fut
leue mo[n]tioye dema[n]da aud. chevalier sil estoit
celuy de ses armes[et] sil auoit tout ce q[ue] estoit
en la lectre. Et qua[n]tce fut do[n]ne a ente[n]dre aud
chevalier/il dist q[ue] son seel[et] sa lectre il adue-
noit. Alors saintre a genoulx se mist deua[n]t le
roy[et] fist renouueller son co[n]gie. Lors se leua[et]
dist au chevalier mo[n]seign[eu]r vous soyez le tres
bien venu. A layde de dieu de nostre dame et
de mo[n]seign[eu]r saict michel ie vo[us] despriso[n]neray
de vostre veu[et] des cercles[et] chaynes do[n]t vous
estes e[n]priso[n]ne. Et lors sadue[n]ca po[ur] les cercles
oster. Qua[n]t le chevalier vit saitre si ieune[et] si
menu co[m]me d hote se reula[et] en so[n] poullai dist
a ses ge[n]s est ce celuy q[ue] me doit deliuret nya il
en ceste court si hardi q[ue] luy. Lors luy fut dit q[ue]
il estoit[et] co[m]me[n]t le roy le aymoit[et] q[ue] ia auoit il
fait armes en arrago[n] deua[n]t a cheual[et] a pie[et]
q[ue] de to[us]deux en auoit eu lho[n]ne[ur] Lors le regar-
da moult fort puis dist ie ne le puis do[n]cq[ue]s re-
fuser face do[n]cq[ue]s son bon plaisir. Bie[n] dis q[ue] telz
ge[n]s so[n]t plus a doubter aucunessois q[ue] les plus
puissa[n]s. Alors fut dit a saitre q[ui]l le req[u]ist pl[us]
auant. Saintre faictes ce que auez co[m]mande

car il Bous en remercye de tresbon cueur. A/
lors saintre ofta les cercles z ce fait le roy dõna
de celup iour a trente iours le iour des armes
a cheual / puis en sa chambre se retrahit. Et
lors saintre portant les deup cercles dor pen/
dant lung deuant lautre derriere et la chapne
enuironnee entour son coul fut acompaigner
et plusieurs autres ledit cheualier en son ho/
ftel. Et cp laisseray a parler des grans hon/
neurs et bonnes chieres que ta nt quilz furêt
la lup furent faictes. Et diray des grãs dou/
leurs que ma dame eut en son cueur z des bel
les parolles quelle lup dist.

¶ Comment ma dame se com
plaint a saintre et les doulces
doulces parolles quelle lup dist.

Chapitre. plip.

Ma dame qui encores nauoit
Beu le cheualier q au leuer/
les cercles quant elle le Bit si
hault et corpulant fut moult
esbahpe et se repentit des pa
rolles quelle auoit dictes a
saintre q oncques puis ne fut ioyeuse / mais
puis que la chose estoit si auant autre conseil
ne se pouoit prendre / dont iour et nupt / ne se
faisoit q plaindre et soupirer. Et en ses plais
disoit / Helas moy dolante et que as tu fait /
ne que pensoys tu quant tu conseillas z mis
en Boye de telz perilz / celup qui en ce monde
plus aymoye / et que sur tous et toutes len de
uoye desmouuoir / Helasil aura a faire aBng
si grant homme / si fort et si puissant quil nest
nul qui doubter ne le doye / dont saulchun mes
chief du corps ou de son honneur lup en adue/
noit ce que dieu ne Bueille lasse dolante mal
eureuse iamais mon cueur ne auroit ioye.
Et qui pis est lup par aduanture iamais ne
te aymeroit. Et Brayement il aroit droit Cõ

bien que a ce ie laye conforte seulle mêt pou
estre entre les bons et preup des renommez
Et de ce mon Brap dieu ie ten appelle en te
moing / et aussi ta benoiste mere a laquelle i
le Boue de cire arme de son harnois de son de
strier / et housse de ses armes tout pesât troi
mille liures / a geneulp et a mains ioinctes
Bierge toy suppliant q en honneur z en cõpl
le me Bueilles rendre. Et quât ma dame eu
finees ses parolles / elle Bit ou la royne estoi
Si ne tarda guieres quelle apperceut sain
tre Lors lup fift son signal. Et saintre qui d
lautre part auoit grant faim de parler a elle
incontinent lup respondit. Et quant la nupt
fut Benue / et lheure aussi et quilz furent en
semble / Ma dame qui le Bit tresioyeulp Lors
son cueur changea propos / et se mist de tres
grant dueil en tresgrant ioye / et lors lup dist /
Di mon amp pensez de bien feire et Bertueu
sement perdez ou gaingnez honneur / Car
que de Bous aduiengne a Bng tel et puissant
homme et ne doubtez Bous la grandeur ne la
force de ce Japant au regard de Bous / Car
dieu est par dessus tous et apdera a ses amis
qui en ont besoing / et en requerant deuotte/
ment. Et la raison est ceste / car les plus fors
mesprisent les plus foibles / et combatent en
orgueil. Et les foibles requierent layde de
dieu qui les conforte et est pour eulp dõt dhõ/
me / a femme / de pouoir / a pouoir / nul que
dieu nen est certain. Et ceulp qui sont de
pouoir ou de nombre equal / et qui tous de bõ
cueur requierent layde de dieu lun contre lau
tre se garde bien qui aura tort / Car dieu est
le Brap iuge / et rendra a chascun son droit / dõc
que mon amp Bous aduiêgne ce q a dieu plai
ta se il en donne aucun peu dhõneur dũ autre
Et sil Bo' surmõte cõme Bng geât au regard
de Bous il ne Bous peut tat fouler q le mõde
ne Bo' en prise trop mieulp q si nauiez a faire
a lup / car iay auy preup des armes ouy com/
pter que le gentilhõme sãs querelle foulle en
armes est plus a priser quil nestoit deuât / car
les gês cõbatent et dieu donne les Bictoires

a ceulp qui lup pleut/dont mon amp ne bous
souciez que de bien faire· Et au regard de
boftre despence et de bous habiller et honno/
rer beez cy en ce saichet sip mille escuz et les
despendez honnarablement et a dieu sopez·

℥ Lacteur·

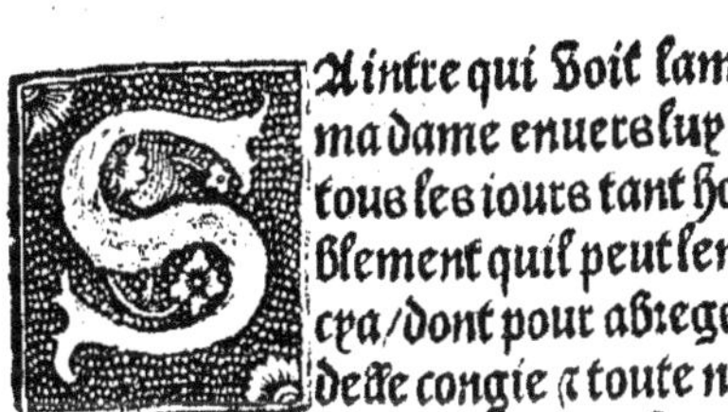

Aintre qui boit lamour de
ma dame enuerslup fleurir
tous les iours tant honnora/
blement quil peut len remer
cya/dont pour abreger pr int
delle congie ꝗ toute nupt eut
tant de iope que de ce nouuel pensement il ne
dormit· Et quat le iour fut benu oupe la mef
se et dictes ses heures de besongner il ne cef
sa et tant que a lapde de dieu/du rop de ma da
me il fut darmes de deftriers de trefriches pa
remens/ et autres habillemens tresbien en
point· Que bous diroie ie quil eut/bien euft
suffiz a bng baron ropal· Et a tant laisseray
cp a parler de toutes ces choses/ et du grant
brupt qui par tout eftoit de ces armes ꝗ de la
pierre que chafcun faisoit pour lup qui tat e/
stoit ieune et menu/ homme au regard de ce
cheualier poulain qui sembloit a chafcun que
tous les coups le foulleroit ꝗ diray des armes
faictes au terme et iour ordonne·

**℥ Comment le seigneur de
loiselench et saintre bindrent
es lices faire leurs armes a
cheual present le rop la ropne ꝗ
plusieurs seigneurs ꝗ dames·**

Chapitre·　　　l.

Dant le trentiesme iour fut benu
apres ce que saintre euft ofte lem/

prise au seignr de lopselech ꝗ iour ordone de co
mecer leurs armes· Le seignr de loiselech fift
ce mati soubz le hourt du rop porter bingt la/
ces grosses toutes armees fors de fers / sans
auautaige ainsi que en tel cas appartie nt/ꝗ
quant le rop la ropne et tous les autres sei/
gneurs et dames furent sur les hours et par
les fenestres de la grant rue sainct anthoine
a paris· Le seigneur de loiselench par bnghe
rault enuopa querir bng coffret de cuir tout
plain de trefbeaulp fers de lance/dont ilz de/
uoient iouplet et donner la mesure telle qui
lup plairoit· Et en dementiers que les laces
se faisoient· A trefbelle et grande compai/
gnie de seigneurs cheualiers et escupers fra/
cois que le rop auoit ordonnez/ arriua le sei/
gneur de loiselenh/aussi les cheualiers et ef/
cupers de sa compaignie qui eftoient plus de
cinquante cheuaulp / tous beftuz de robbes
neufues/et deuant lup cinq trefbeaulp deftri
ers/dont les quatre eftoient houssez de pare/
mens de belourp de diuerses couleurs/ et di/
uerses facons dorfauerie/ Et le cinquiesme
eftoit de belourp figure au blason de ses ar/
mes/ cherge dorfauerie/ Ceftassauoir dar/
gent a bng beuf rampant de gueulles cornes
et ongles de sable· Et sur chafcun bng tref/
bel et gent paige/trefrichement habille· Et
apres ce deftrier benoit le conte deftampes ꝗ
sur bng coppon de lance portoit son heaulme
sur lequel eftoit bng demp beuf de gueulles/
entre deup penarsdargent/naissans dun car
corps de mefmes etde gueulles· Et apres lup
ledit seigneur de loiselench sur bng trefpuis/
sant deftrier arme de toutes ses armes/fors
du chief/lequel il portoit bng trefbel chappel
de diuerses biolectes lup et son deftrier hous/
se dung trefriche belourp cramoisi/belouste
et broche dor/tout fourre de fines martres se
belines·Et quant il fut arriue a lentree des
lices le rop le fist entrer sans nulles sermon/
nees/ et aller soubz lombre dung bien grant
ciel de tappicerie/Couuert dune bien gran/
de couuerture dung bout a autre a annneletz

couranᵗ ou estoit le lieu et dressouer pour lar
riuer/Vin cuyt et espices a plante/pour tout
reffreschir·Et en dementiers quil estoit en
lombre du ciel arriua saintre semblablement
arme de toutes ses armes excepte du chief/
qui couuert estoit dung tresbel chappel de bie
ure enuironne dune tresbelle touaille de plai
sance/vollant toute brodee et frangee de fin
or/et au front estoit vng tresriche affiquet du
tresgros dyamant enuironne de trois gros bal
lais et de trois grosses parles o quatre caratz
que ma dame luy auoit donne/luy et son de
strier tout housse de tresfines armines four
ree o martres sebelines quil faisoit tresbeau
veoir/de ses six autres destriers ᵗ de ses pai
ges tresbien habillez qui deuant alloient/Je
men passe/car chascun le doit penser·Apres
ses six destriers venoit le conte dalancon qui
tant laymoit que sur vng troncon de lance son
harnois de sa teste voult porter·Et apres luy
venoit saictre et a sa dextre le duc daniou ᵗ de
touraine qui tant le le vouldrent honnorer·
Et apres eulx sans nombre cheualiers et es
cuyers qui le vouldrent acompaigner·Ce quat
il fut a lentree des lices il fist comme vng bo
crestien de sa bauetotte la croix/en disant la
beneysson que ma dame luy auoit apprinse·
Et quant ma dame le vit si luy sembla trop
plus bel que oncques nauoit fait/dont tant
par la grant amour quelle auoit a luy comme
pour le peril quilluy sembloit/ou elle lauoit
mis/dont tant se repentoit que peu a peuen
celle grant douleur estant ou hourt auecques
la royne le cueur luy faillit·Et quant la roy
ne et ses autres dames la veirent pasmee co
me morte/qui pas ne scauoient son mal pour
non troubler le roy et sa compaignie sans fai
re bruit arrouserent son viz et ses mains/de
vin aigre/et luy firent tous les remedes qlz
peurent trouuer·Et tant bien fut friotee ᵗ se
courue/que peu a peu elle reuint a soy·Lors
se print a ouurir les yeulx/et regarder puis
sa puis la/puis luy puis lautre/puis se print
a parler et dist/Ha tresbenoiste dame vueil

lez moy reconforter·Lors fut reconfortee au
mieulx que len peut/Mais pour priere que
la royne luy fist/oncques pour lors aueoir ses
armes ne se voult tourner·

Lacteur.

Aintre entrante s lices/et
soubzriant regarda les hours
du roy et puis des dames/en
passant/ᵗ osta son chappellet
tant humblement et si bas quil
peut senclina/mais de ce ql
ne vit ma dame en fut aucunement espris·
Toutesfois il se doubta bie que cestoit doub
tant que ma dame neust cueur souffisant po
veoir ses armes/ainsi que ia elle luy auait
dit·Lors tout a cheual entra en son grant ciel
ainsi courtine pare ᵗ garny come laute estoit
et auecque luy les duc daniou et conte dalen
con/et ceulx qui ordonnez y estoient pour le
seruir sans plus.

Lacteur.

T quat ilz furent tous deux
venue et par la maniere que
iay dit·Le roy qui ia auoit or
donne la mesure des lances/
et fait toutes ferrez ordonna
quilz fussent du tout armez·
Et que le seigneur de loiselench saillist le pre
mier comme entrepreneur et ainsi fut fait·
Et apres ordonna que saintre venist et que
sur son harnois dn teste portast son chappellet
de bieure et ainsi garny comme sur son chief
il le portoit·Et quant tous deux furent ve
nuz le roy manda au seigneur de loiselench ᵗ
luy enuoya dix lances esgalles par dix cheua
liers/et quil en choisist les cinq/le seigneur
de loiselench comme saige et gracieux cheua
lier remercia le roy tresgrandement/et puis

les enuoya a faintre qui choifift ainfi que fon
emprife eftoit contenuSaintre pour abreger
en remercia et dift que les cinq plus groffes
en retint. Lors ledit feigneur duc daniou qui
le Boult feruir en print lune que fur fa cuiffe
mift iufques au partir. Et quant les dix lan
ces furent baillees le roy ordonna a partir.
Lors a ces paroles chafcu brocha fon deftrier
lung contre lautre / fi quil fébloit que iamais
a temps ny peuffent Benir. Et a cefte courfe
le feigneur de loifelench attaint fur la double
du coude feneftre qui clinffa et faintre attait
au faulx dn palaftron. Et le coup fut Bng peu
bas dont en rompant fa lance par mains ef
clatz il ploya. Alors le cry des gens et trompec
tes fut fi grant que longue piece dura. A la
deuxiefme courfe le feigneur de loifelencj a
taint faintre a la buffe tellement que a bien
peu ne lendormit. Et faintre lattaint au frõc
de fon heaulme et perfa fon Beuf dargent tel
lement que au paffer que les cheuaulx firent
le fien fe tourna fen deuant derriere. Et a ce
fte courfe faitre Bng peu fe repofa. A la trois
iefme courfe ainfi que faintre lauoit ataint
il ataint faintre et luy emporta fur la pointe
de fa lance fon chappellet de bieure tout ainfi
garny comme il eftoit garny et faintre latait
ou hault de fon grant gardebras qui luy faulf
fa auecques fon double et rompit les treffes
et les gardebras Bollerent a terre. Et lors cõ
menca le cry et le dit des gens et trompectes
tellemét qua peine les pouoit on faire ceffer.
Et quant le feigneur de loifelench fut ainfi
defarme / le roy Boult reueoir la lectre des ar
mes / pour bien Beoir comment elles conte
noient / fi trouua fur ce trois claufes / dont la
premiere eftoit que fil aduenoit quen faifant
lefdictes armes a cheual ou a pied que lung
deulx fuft tellement eboione que pource iour
parfaite ne les peuft ou quil fuft hors de fes
arfons ou de fes piedz portez a terre ou quilz
fuft tellement defarme quil refufaft a parfai
re lefdictes armes en tel eftat ceftes et cel
les qui feroient a faire feroient tenues pour

faictes / et fera tenu celluy de paper tous les
pris ainfi que fi lũ apres lautre les auoit per
duz Et pol celle caufe le roy fift ceffer la iouf
te. Et au feigneur de loifelench fift remon
ftrer le contenu de fa lectre / par les quatre fei
gneurs dandach de nulz de morg de ter Barõs
poulais / Benuz en fa compaignie aifi que dit
eft qui prefent fut leue leur priant que de fa
part les recordaffent / et quil ne Boulfift pas
mectre fon ame fon honneur / fon corps et par
aduanture fa Bie en peril de mort. Le feignr
de loifelench qui ouyt les chofes deffufditz /
remercia treshumblement le roy. Mais cõme
tres defplaifant de fon mefchief dift que adue
nift de luy ce que a dieu plairoit / il parferoit
fes armes. Les feigneurs frãcois q le roy luy
auoit baillez pol le feruir ne len peurét defto
ner. Lors les feigneurs poulains luy dirent /
tout court qlz ne le feruiroiét plus en tel eftat
Alors le feignr de loifelencj dift / Bous Boyez
mieulx mon honneur z ma ma hõte que moy
ie men remetz a Bous z en Boz mains. Alors
luy dirent q fur eulx ilz le prenoiét pol le tref
grãt dangier ou ilz le Beoient le cõfortãt que
aux armes de pie fe pourroit bien recouurer
Et alors a tref grant peine et douleur de fon
cueur il le confentit la quelle nouuelle fut ra
portee au les fift tous deux retraire z de le's
chiefz defarmer. Et puis tout a cheual Benir
deuant luy garny du pris quil deuoit donner.
Quant la royne et les autres dames Birent q
le feigneur de loifelencj eftoit ainfi defarme
acoururent toutes a ma dame qui fur les car
reaulx de foye gyfoit / faifant a dieu et a no
ftre dame de lience a qui comme dit eft lauoit
Boue prieres et oraifons. La royne luy deift /
He belle coufine leuez Bous fus et Benez Be
oir tant de belles chofes. Et cõmét noftre bõ
filz faintre a le poulain defarme tant q mon
feignr les a fait ceffer Benir deuers luy / ma
dame q de fi tref defiree nouuelle fut ioyeufe
mét recõfortee q fõ cueur ne fcauoit ou il eftoit
faignãt aucunement q poit ne luyen chailloit
Alors la royne luy dift / ha / ha belle coufine bũ

appetceuons que brayement estes peu ioyeu
se de lhonneur que ce tres baillat escuyer a au
iourdhuy conquis dont monseigneur et moy y
partons·Or sus venez vous en appartement
Lors la prēt par la main et les aultres dames
par lautre tant quelle fut leuee et fut a la veue
du hourt·Ma dame qui tant auoit sa ioye re
nouuellee embuschee soubz lombre du parler
que la royne luy auoit dit couurant sa resto
ree maladie a la royne dist/Hee ma dame cō
ment est ce gent cheualier poulain desarme·
Alors la royne luy compta toutes les armes
et comment saintre rompit sa premiere lance
Comment il perca le be uf dargent du chaua
lier·Et le retourna ce deuant derriere·Et cō
ment il lauoit desarme·En disant ces choses
ma dame qui de ioye ses yeulx mouuoit / ne
pouoit de regarder saintre·Et saintre regar
doit puis sa puis la·Et puis son regard tout
a coup flechissoit sur elle·Alors ma dame luy
fist son signal et tresgracieusement luy respō
dit·Et quant ilz furent deuant le roy il leur
fist dire par montioye roy darmes des fran
coys/monseigneur de loiselench et vo iehan
de saintre/ le roy mon souuerain seigneur ce
present ma commande vous dire lun a lautre
que tous deux auez si haultement et honno
rablement faictes voz armes du iourdhuy qlz
ne sont hommes nulz qui mieulx les sceusset
faire/mais pour vostre garde bras monseignr
de loiselench du coup de lance desarme A vo9
iehan de saintre le roy par le contenu de la lec
tre vous adiuge de ses armes le pris et a vous
monseigneur de loiselench que vous acquitez
et vez cy de quoy/lors luy bailla le bel et riche
dyamant que le roy auoit eu en garde·Lesqlz
les parolles dictes par brusouch le herault ve
nu auecques luy furent de mot a mot luy dō
ne a entendre·Alors le seigneur de loiselench
senclina deuant le roy·Et en son poullain le
remercia treshumblement de lhonneur qui luy
auoit fait·Et dist q brayement saintre auoit
loyaulment gaigne le pris·Et a ces parolles
il print le dyamant et vers saintre saduanca

et en son langaige treshumblement le reme
cia et mist en sa main le dyamant·Et lors le
roy ordonua que chascun se voulsist desarmer
et ainsi fut fait/mais au partir lung de lau
tre en toutes facōs per a per saintre a sa dex
tre le conuoya·Alors trompectes/clarons/et
menestriers acouturent/dont la ioye fut tant
grant par la ville quelle ne se pourroit cōpter
Et a tant laisseray a parler deulx deux q sē
vont desarmer/et puis soupper auecques le
roy qui grandement honnora ledit cheualier
et sa compaignie / et de saintre que la royne
voult retenir auecques elle a soupper ie par
leray·

¶ Lacteur·

Quant le souper fut prest/le
roy enuoya querir le seigneⁱ
de loiselench et tous les au
tres quatre barons cheuali
ers et escuyers poulains·A
lors saintre sen va les querir
tresbien acompaigne·Et quant ilz furent de
uers le roy on leur fist tresbonne chiere et grāt
honneur·Alors les tables furent dressees et le
souppet prest·Et le roy fist le seigneur de loi
felēch seoit a sa dextre et a sa senestre/les au
tres quatre barons/et les autres a lautre pre
miere table apres celle du roy/de vins de biā
des de diuerses facons furent tresbien seruiz
et ne les fault ia deuiser/Car chascun peult
penser et scauoit que ce fut haulte chose/sai
tre apres ce quilz furent tous seruiz / sen va
soupper auecques la royne ainsi quelle luy a
uoit dit/des bonnes chieres que ma dame et
les autres dames et damoiselles luy firent/
ne fault point a demander/car il ny auoit cel
le qui sen peust cesser/Ma dame qui sur tou
tes les autres estoit celle qui pl9 legieremēt
sen passoit/toutesfois ne se peut tenir de re
garder ce bel dyamant quil portoit a son coul
a vne chayne dor·Alors la royne aussi le voult
veoir/et plusieurs autres dames et damoisel

les·Lors ma dame lup dist· Certes saintre la dame est bienheureuse qui la gaigne·Lors la ropne qui oupt ces parolles lup dist·Je prie a dieu saintre que tous les autres pris de bien en mieulp puissez gaingner·Lors a genoulp leur dist/ha ha mes dames vostre bonne mer cy/mais ie ne lap pas a dieu desserup·et ce q en est me vient de lup par voz bonnes prie tes· A ces parolles le maistre dhostel vint q fist lauer la ropne·Et quant elle fut assise malgre q saintre en eust le fist seoir a sa dex tre· Que vous ditois ie La iope p fut telle dung coste et dautre quelle ne se pourroit cō ter/Mais quant les tables furent leuees Le roy dung couste/Et les dames de lautre sen vont en la grant salle pour faire dācer·La fu rent les dances/les morisques de diuerses fa cōs/mais par les affaires que le seigneur de loiselench auoit eu ce iour/q aussi saintre de son couste/le roy hasta les espices et le vin de congie:puis se retrahit en sa chambre q chas cun sen alla/saintre et tous les aultres chas cun prent son cheualier et escuper par soubz les bras / et a tresbelle compaignie mene rent loiselench en son hostel· Et icp laisseray a parler des honneurs/vins et viandes que le iour et tous les iours leur enuopoit/et du iout les affaires pour les armes a pie/et di ray de ma dame et de saintre/et de la parfai cte iope que celle nupct ilz firent ou preau.

C L'acteur·

Ette nupct ainsi que ma da me eust a saintre son signal donne ilz se trouuerent ou preau ensemble·Alors furēt les baisers a grant largesse donnez q les baisers renduz Que vous ditois ie/telz qui oncques ne pen serēt estre a si parfaictz plaisirs·Et lors ma dame lup dist/helas mō cueur/helas ma iope helas mon seul et souuerain desir ie vp hup lheure que iamais ne vo9 cupdoie veoir vif· Et quāt ie vous vis ētrer es lices de la grāt paour que de vous ieuz le cueur me amortist

tellemēt q ie cōme morte cheuz/et si ie neus se este bien tost secourue vrayement ie ren doye mon esperit/mais quāt ie oups de vous les vertueuses nouuelles incontinent mon cueur se reuestit·Et ma dame auecques les autres me vindrent sourdre/et a la venue du hourt auecques elle venir·Hellas treshaulte dame q me dictes vo9/q si ieusse sceu queust fait mondoloreup cueur po2 lors trop mieulp meust valu mourir se ie feusse demoure de mes armes a faire a grāt deshonneur/mais loue soit dieu q gracie que ie nen ap riēs sceu Lors quant ientray es lices ie vous vp delez la ropne/mais quāt ie vins tout arme sur les rencz ie vp la ropne et toutes les dames:fors que vous·Si me pensap que nauiez cueur de veoir les batement de la iouste ainsi que ma uiez dit:et ne pēsap envostre mal plus auant Dyes ma trestedoubtee dame loue en soit dieu et nostre dame de lhonneur que iap au iourdhup eu par vous:esperant ma dame de bien en mieulp Si vous suply q faictes bon ne chiere:et du surplus ne vous souciez / car dieu qui a este a noz armes sera aup autres/ et a ces parolles prindrent lung de lautre son tresgracieup congie/et si laisseray cp a par ler de leurs affaires/q ditap des armes a pie et comment elles furent faictes.

C Commēt le seigneur de loi selench et saintre vindrent es li ces po2 faire leurs armes a pie· Chapitre li·

E iour que les armes deuoiēt estre et a lheure qui leur fut ordonne·Le roy et la ropne/les seigneurs et les dames furēt sur les hourts le sire de loiselench par les sire danberg et de morg enuopa au roy deup lices a poulcez pa reilles ferrees et armees chascune de son a tondelle pour couurir la main deuant q pain

ctes en vermeil/et aussi deux haches/deux
espees et deux dagues toutes pareilles sans
nulle difference. Lors le roy print de ses poin
tes quatre quil enuoya a saintre/et les autres
quatre rendit ausdictz seigneurs dandach et
de morg pour les reporter au seigneur de loi
selench/et ce fait le seigneur de loiselench ar
me de toutes ses armes:fors que du chief sen
partit de son logis a tel ordonnance que aux
autres armes auoit fait. Et tant plus que les
contes deneuers et de bouloigne z de cancar/
uille/et de rethel deuant luy portoient les·iiii·
pointes a cheual/et apres eulx le duc de ber/
ry q portoit son harnoys de chief. Et puis luy
arme de toutes ses armes housse z so destrier
d: fin velours aux couleurs de ses propres ar
mes/et apres luy maintz barons z autres no
bles hommes en tel estat vint entrer eslices
et se descendre en son nouuel pauillon q le roy
luy auoit faict dresser/et auecques luy ceulx
qui ordonnez y estoient. Et quant il fut desce
du ne tarda gueres que saintre vint a tresbel
le et noble copaignie. Et deuant luy venoiet
les contes du perche/de clermont/de saict pol
et de la marche:qui portoiet ses quatre poin/
tes deuant. Et apres eulx le duc daniou qui
semblablemet portoit le harnoys de son chief
et celle tresbelle copaignie vint pareillemet
descendre en son autre pauillon que le roy pa
reillement luy auoit faict faire/des roys dar
mes/des heraulx/trompettes poursuyuans
clarons et menestriers de diuers instrumens
deuant eulx alloient q ie delaisse pour abre/
ger. Et quant ilz furent tous deux en point
le roy ordonna les faire yssir. Alors chascun
des deux seigneurs ducz leur baillerent leurs
lances a poulcez/et saintre aprendre sa lance
il baissa sa bauerolle en faisant le signe de la
croix. Lors a tresgrant pas desmarcher tout
le premier z vint trouuer le seigneur de loise
lench assez pres de son partir. Et au premier
coup quil fist a haulte voix sescrya. A nostre
dame et ma tresdoulce dame. A cest assem/
bler quil fist le seigneur de loiselench qui ne

cuydoit pas:sino bien tost le portera terre ou
le fouller/et croy que par sa force trop plus
puissant que celle de saintre il y fust bien ad/
uenu ou trop durement le recueillir. Mais
dieu a la requeste de nostre dame qui sont la
force des mains puissans quat a eulx du bo
du cueur se rendent:iacoit ce que les gens co
batent:ilz donnent leurs victoires ou illeur
plaist. Lors le seigneur de loiselench de toute
sa force attaint saintre sur le hault couste du
faulx du corps:et sas atacher sa lance clinssa
vne toise outre/z saintre de ce coup aussi clin
sa sa lance:z au clinssant quelle fist le vint at
taindre entre la lance de la main droicte et
la main que par le meilleu a tout le gantelet
trois bos doidz la luy faulca. Et quat ilz cuy
decet le deuxiesme pousser:le seigneur de loi
selench sa main droicte ne peut a soy retraire
ne aussi saintre sa lance qui tant prinse estoit
Lors le seigneur de loiselench habandonna sa
lance pour soy ioindre a saintre voyant sa la
ce attachee bouttoit tant quil pouoit auant/
quant le roy apperceut la lance de loiselench
a terre. Lors dist que de ces armes ny auoit
plus/et que dieu estoit pour cest enfant.
Lors les fist prendre tous deux en leurs pa
uillons de leurs chiefz desarmez/et appareil
ler loyselench et puis deuant luy venir/Ne
vous pourroye a demy dire le tresgrat dueil
que le seigneur de loiselench fist tant de sa
malle fortune:comme dung si ieune homme
lauoit ainsi foulle a cheual et a pie:dont tout
ainsi la main persee q ne se pouoit de chauld
ne de courroux le sang estancher:vouloit par
faire ses aultres armes / mais tant estoit le
sang qui en yssoit que force luy fust de sen de
sister. Et quant il fut medicine sa main lyee
et son bras desarme/a lissue de sa tente sain
tre le vint resconforter/et le seigneur de loi
selench doulcement lacolla/z puis en son pou
lain luy dist. Mon frere saintre si vous conti
nuez es armes ainsi quauez comece il ne sera
celuy q resister puisse a vo. Lors saintre estat
informe d ce qil auoit dit:en soubzriant luy dist

et respondit/ha monsieur monfrere tout ce q̃
vous dictes est du bien de vous:t si en aucu/
ne maniere ie my emploie Ce nest q̃ de po2
ter la piece darmes:cest le bastõ/car ma tres/
redoubtee dame faict le surpl9/t a ses parol/
les messie2s les ducz les menerêt deuãt le roy
Et cy laisseray a parler cõmêt les pris furent
donnez/t diray de la grant ioye que la royne
ma dame et les aultres dames et damoysel/
les en font toutes. Et comment ma dame se
mist en contemplacion.

A royne et ma dame auecqs les
autres dames et damoyselles ne
cessoiêt de rire t de faire ioye po2
lamour de saitre q̃ auoit du meil
leur. Et quãt ma dame qui loeil
dessus saintre ne bougeoit sapensa que vray
ment attendu leuidente grace que nostre sei
gneur luy auoit faict a la requeste de nostre
dame quelle les en remerciroit/t lors fist sê/
blant diuoir mal en sa teste:puis dist a la roy
ne Madame il me soit pardonne/car il me
fault vng peu coucher. Belle cousine dist la
royne faictes tout vostre plaisir. Et quãt ma
dame fut couchee enla chambre du hourt elle
en renuoia toutes ses femmes. Lors se leua
et nudz genoulz se mist les mains ioictes:les
yeulx leuez au ciel deuottement rend a dieu
et a nostre dame mercy de la grace que a sain
tre auoient faicte/t a ce faire fut longuemêt
Et quant sa deuocion fut faicte/ainsi q̃ tou/
te guerie a la royne vint ioyeusement. Sain
tre qui de fois a autre et souuent les dames
regardoit et ne veoit point ma dame pensa
q̃ ce fust ainsi que lautre fois/mais quant
ilapperceut ma dame reuenue son cueur en
fut cent mille fois plus ioyeux. Et cy laisse/
ray a parler de ces choses/et diray comment
les pris furent donnez.

Comment le roy ordonna q̃
les pris fussent donnez.
Chapitre   lii.

E roy q̃ garny estoit de huyt
ioyaulx suffisans qui estoiêt
le pris quatre des vngz qua
tre des autres pour les dõner
a celuy quil appartiêdroit Dz
donna audict montioye roy darmes des frã/
cois qui sur le hourt estoit quil portast les pa
rolles toutes telles qui sensuyuent. Lors par
vng herault fut a haulte voix crie silence de
par le roy affin que chascũ le peust ouyr. Lors
dist montioye messieurs de loiselench (vous
iehan de saintre. Le roy nostre souuerain sei/
gneur qui cy est ma commande et ordonne de
vous dire que de ces dernieres armes tous
deux auez bien et vaillamment faict/mais
puis que vous monsieur de loiselench ne vo9
sentez aise de les accomplir selon le contenu
de voz armes:luy comme vostre iuge seul et
competant vous ordonne que vous acquitez
de voz quatre pris:lesquelz de son comman/
dement conge t licêce ie vous rens. Et quãt
le seigneur de loiselench vit montioye qui ot
finees ses parolles demanda quil auoit dit/
lesquelles a luy declairees et bien ouyes la sê
tence du roy:de laquelle il ne se pensoit pas
mains/a genoulx dist que treshumblement
il remercyoit le Roy et bien se doulloit de sa
malle aduanture que tant a pie comme a che
ual nauoit laisse ses armes parfaire y le plai
sir des dames plus longuement durer/mais
puis que fortune le vouloit il estoit prest de
soy acqter ainsi qlordõneroit et q raisõ le vou
loit il estoit prest de soy acquiter. Et ces pol/
les dictes mõtioye descêdit:qpour soy acqui/
ter luy bailla ces quattre ioyaulx. Et quant
illes eut prins a saintre sauãca pour les bail/
ler. Lors soncueur fut tellement destrainct ql
ne peut vng seul mot parler. Les autres qua
tre barons poulains cõgneurêt bien son grãt
dueil. Et a ce chascun qui mieulx le sceut di
dire sefforcerent de lexcuser. Alors saintre q̃
monsieur daniou conduysoit sauanca et soy
inclinãt pour les quatre ioyaulx prêdre :puis
luy dist. Monsieur monfrere de lhõneur quil

Bous a pleu me faire ie Bous remercie tāt cō
me ie puis et scay. Alors trompettes et clai/
rons commencerent a sonner/et par telle fa/
con que a paine les peut on faire cesser. Et
ces choses faictes le roy ordonna en leurs pa
ueillons eulx retraire ꝗ puis a cheual mōter
po² aller enleᵇ logis desarmer. Et quāt sain
tre fut sur son destrier monte :mōdict seigñr
daniou luy dist Nous Boulons saintre ꝗ Bo⁹
soyez honnore. Lors le mena audict seigneur
de loiselench ꝗ ia sur son destrier estoit mon/
te. Lors les assembla tous deux :puis luy et
monseigneur de berry se mirēt deuant /ꝗ auf
si iusques en son logis le conduyrent/des hō/
neurs/des prieres lung de lautre ie men doy
passer/et des choses qui depuis furent iusꝗs
a lheure du soupper/et diray des grans ioyes
de la royne/ma dame ꝗ les aultres dames,et
damoyselles firent/et aussi le roy et toute la
court /et aussi par toute la Bille ce iour et cel
le nuyt quil nestoit celuy ne celle qui faire se
peust de louer saintre.

¶Comment le seigneur de loi
selench souppa auecques le roy.
Chapitre. liiii.

E roy et la royne quant furent
descenduz en leur hostel de saict
pol. Lors le roy ordonna que la
royne fist par ses maistres dho
stelz prier le seigneur de loise/
lench et sa compaignie a Benir soupper/Et
B⁰ult que saintre y fust aussi. Et quant lheu
te de soupper fut Benue/lors saintre bien acō
paigne les alla querir. Et quant ilz furēt Be
nuz a la royne en deuisant auecques les da/
mes/le maistre dostel Bit pour les faire soup
per/la royne print par la main destre le sei/
gneur de loiselench ꝗ le fist seoir/et puis dist
a saintre Saintre puis quil est auiourdhuy
lung des iours de Boz festes ie Bueil estre en

tre Bous deux. Et a tresgrans excuses hon
neurs et reuerences force luy fut dobeyr. Ma
dame qui tant estoit ioyeuse du grāt honeur
de son amy en riant luy dist. Saintre beau si
re dieu Bous accroisse Boz honneurs. Ma da/
me dist il Bous Boyez que cest du monde/et
que cest du commandement de la royne ꝗ nō
point que ie laye desserny. Et si aucune cho/
se y a este par moy faicte cest par celle ꝗ dieu
me doint bien seruyr. Alors la royne deman/
da le seigneur de morg:pource que il parloit
francoys ꝗ le fist seoir Bis a Bis du seigneur
de loiselench:affin de mieulx deuiser a luy.
Les aultres barons/cheualiers et escuyers
poullains fist elle seoir entre les dames et da
moyselles qui tresgrans honneurs et festes
luy firent/de Bins/de Biandes de diuerses
facons ne fault point escripre ne demander.
Et quant les tables pour abreger furent le/
uees les menestriers sonnerent pour dancer
Le roy auecques messieurs ses freres ꝗ aul/
tres du sang royal ne tarda guieres quilz Bin
drent. Adonc apres les dāces et maintes chā
sons dictes pour le trauail et blessure du sei/
gneur de loiselench/le roy manda le Bin ꝗ les
espices. Et apres ce tous prindrent conge.
Lors saintre auecqs tresbelle ꝗ grāde cōpai
gnie fut ledit seigñr de loiseléch cōuoye. Et
au departir quilz firent le pria et toute sa cō/
paignie pour le lendemain disner. Que Bous
diroie ie a ce disner furent seigneurs dames
et damoyselles/cheualiers ꝗ gens destat que
de si long tēps Bng tel disner nauoit este faict
Dont pour abreger les tables ostees les me
nestriers commencerent pour dancer. Lors
firent basses dances/chansons/morisques ꝗ
aultres ioyeusetez tresriches/Car cestoit le
iour quil nestoit mie memoire que si belle ꝗ
ioyeuse feste eust este faicte ne si bien ordon
nee/Mais pour la paine que le seigneur de
loiselench portoit de sa main conuint la feste
plus tost abreger/et lors tous et toutes lung
de lautre prindrent conge.

Lacteur.

Le cinquiesme iour apres le seigneur de loiselench a qui il fut plus amāde:pria a saictre et aucuns seigneurs ꝗ dames pour se le lēdemain disner a la facon de poulaine auecques luy/de vins/de viandes de merueilleuses facons selon nostre coustume furent tresgrandement seruiz:dont au leuet des tables furent les dances et maintes chansons dictes/et puis apres le tresremply bancquet ou fut faicte bonne chiere:et au departir des tables le seigneur de loiselench portant vng grant bassin dargent: ou auoit maintz rubis et dyamans lyez en or tous meslez ensemble que au long des tables ny auoit dame ne damoyselle qui ne print le sien/et ce faict tous prindrent conge les vngz des autres ꝗ a dieu pour celle nupct.

Comment le seigneur de loiselench print conge.

Chapitre   liiii.

Le iour ensuyuāt le seigneur de loiselench ꝗ tous ceulx de sa compaignie furent prendre conge du roy/de la royne et de tous messieurs les fretes du roy et autres du sang royal/et des dames des principalles pour eulx partir le lēdemain pour faire leur voyage a sainct iacques/et ce soir enuoya payer leur hoste de tout ce quilz auoient despendu. Et au seigneur de loiselench le matin le roy enuoya vne piece de veloux veloute cramoysy en pourpre et trestrichement broche dor sur

or vingt marcz de vaisselle dor/ꝗ deux marcz de vaisselle dargēt doree/et vng tresbel coursier puissois. A chascun des autres quatre barons vne piece de veloux cramoysy ꝗ vng autre bel coursier/et a chascun des aulttes cheualiers vne piece de veloux plain cramoysy Et aussi aux escupers vne piece de satin cramoysi. A brunehinc le herault vne de ses tresriches robes ꝗ cent francz a cheual. Et la royne audict seigneur de loiselench donna vne autre piece dung beau veloux veloute dazur broche dor/et vng tresriche afficquet dune table de dyamant enuitonnee dune tresgrosse perle et de troys bons rubis/Et aux aultres quatre barons a chascun vne piece de satin azur figure et broche dor/et aux aultres cheualiers a chascun vne piece de satin azur figure. Et aux escupers a chascun vne piece de satin azur plain. Et ma dame luy enuoya vng tresriche dyamāt de cinq.c.francz. Et ny eut eu celuy des freres du roy que chascun ne leur donnast/les vngz coursiers/les aultres draps de soye brochez dor/les autres vaisselle doree/et de blanche a plante. Et quant ilz virent les grans honneurs du roy/de la royne et de mesdictz seigneurs aussi/de ma dame iacoit ce que ilz en eussent prins conge Si y vouldrent arriere retourner pour les treshūblemens remercier. Et au partement de leur hostel saintre qui par tout les conuoyoit luy presenta vng tresbel coursier selle et arme de chauffrain bien emplume/et dunes trescletes et luy sans bardes de fin argent bien dore auecques frapes de veloux veloute broche et franche dor et de soye a ses couleurs quil faisoit beau veoir. Et dautre par le seigneur de loiselench luy presenta son bel destrier aussi couuert de drap dor ꝗ fourre de martres:sur lequel il auoit faictes ses armes auecques luy qui ta pour luy donner estoit en point. Lors chascun deulx monta sur son destrier/ꝗ celle tresbelle compaignie il les conuoya plꝰ dune lieue. Et a tant laisseray cy a parler de

monsieur de loiselench et de sa compaignie q̃
sen vont a sainct Jacques tresgrandement
louant du roy/de la royne/des seigneurs/de
ma dame et de toute la court de france pour
ses dons ⁊ grans honneurs que on leur a faiz
disans par tout q̃ vrayement la court de fran
ce estoit la fleur de toute largesse/et lestoille
de tout honneur.

⁋ Lacteur.

Pres le departement des sei/
gneurs de poullaine Saintre
fut bienfestoye a loysir/du roy
de la royne/des dames et de
toute la court/des tresdoulces
et amiables chieres aussi que ma dame luy
fist ne fault plus escripre ne demander/Car
chascun le peut bien penser/et ainsi fut lespa
ce denuiton vng an que ma dame sappensa q̃
vraymēt il estoit temps quil renouuellast au
cune chose pour faire encore parler de luy/et
que comme francoys ⁊ si auant au seruice du
roy comme il estoit Seroit bon quil emprinst
de faire contre les angloys, aulcunes armes.
Et quant ilz furent ensēble elle luy dist mon
seul desir et toute ma pensee iour et nuyct ie
ne cesse de penser a lacroissement de vostre
honneur. Si me suis appēsee que a tant dar/
mes que vous auez faictes ne vous estes en
cores point fait q gnoistre aux angloys:po²ce
vo⁹ prie quētēdez q dieu/nostre dame ⁊ bōne
fortune sont auecquesvous. Que apres le cō
ge de monseignr le roy q̃ trois iours de la sep
maine de ce premier iour de may apāt loyal
saufconduit du roy dangleterre vous tenez
vng pas entre grauelines ⁊ calais:ou na que
trois lieues et tout plain chemin pour recep/
uoit a la iouste de guerre vng cheualier ou es
cuyer seullement le premier que a lung des
trois iours de la sepmaine se viendra sur les
rēcz preseter a cheual arme ⁊ en celle de guer
re pour courre contre vous/⁊ vous contre luy

dix courses de lances toutes dune mesure/si
vrayment que lung de vous deux ait bien rō
pue strois lances:ou fust epoine du corps/et
celuy qui aura gagne:ou du meilleur gangne
ra vng dyamant ou ruby de cent nobles ⁊ au
dessoubz/et par ainsi que laduenturier ait le
ctres de son roy:ou de prince royal a seel pen
dant quil est gētil homme de nom et darmes
sans reprouche:et pour auoir iuges compe/
tans/et aussi que plus voulentiers ilz y vien
nent monseigneur le roy ⁊ le roy dangleterre
chascun pour son party y cōmectra vng de ses
roys darmes qui sont publicques personnes
lung francoys et lautre angloys.Et quāt vo
stre pas sera faict si dieu vous gard le corps
de epoine comme ie lenrequiers deuottemēt
et il soit aucun noble comme dit est qui vous
vueille requerir de faire aucunes auttes ar/
mes a cheual ou a pie Mon amy ie vueil que
a layde de dieu/de nostre dame ⁊ de mōsieur
sainct michel A paris deuant monseigneur
le roy:ou la ou il vouldra vous luy acomplis/
sez:affin que vostre bonne renommee floris/
se de bien en mieulx. Et a ces parolles ma
dame cessa.

⁋ Lacteur.

Esquelles si haultes et si nobles
parolles luy pleurent moult:pour
lesquelles incontinent a genoulx
se mist ⁊ humblement lenremer/
cia.Et quant ilz furent lung de lautre partiz
ne nuyct ne iour ne cessa que secrettement il
eust son bon conge du roy/et a grant difficul/
te fut.Lors luy accorda par son iuge francoys
Roy darmes daniou/de Touraine et du
maine/et ce iour ne cessa de querir bons de/
striers/et de soy armer ⁊ housser de douze pa
remēs po² les .xii. iours riches frisčs ⁊ appa
rans.Et en demētiers quainsi se mectoit en
point il māda le herault des normās ⁊ lēuoya
au roy dangleterre luy signifier son pas/luy

Suppliant, quil ne vouldroit reffuser ... treves de deux moys est a scavoir
... bouillans francoys ... anglois ... frontieres de calais affin que chacun
... la fin ...
nouvelle par tout respandue pourquoy y furent plusieurs ...

L'acteur

Et quant les quinze jours davril furent passez ... ...
commissaire Lord Sainte envoya maistre de pavie pour dresser le logis des
planchoirs deux maisons ... pour luy ... pour les seigneurs anglois
ceulx de leur compaignie qui viendroient ... avoient adoz par lesquelles
maisons avoit gallerie sallez chambres garderobbes chaslitz traissours bancs
tables establez ... aultres choses necessaires ... exemplaire des maisons bien tendue
de tapisserie ... trau dare ... de laine tendue ... de fortes haies ... deux
... pour trois aultres chevaulx ... au bout de ... aultre des
avoit faict ung bel eschauffault bien tapissé ... les iuges ou heraulx
... estre ... quant le ... du ... sapprocha ... entree du prince
... du Roy, de la Royne de ma... de tous les seigneurs ... tres belle
compaignie de trois aultres chevaulx arriva a ... ou il logea ...
... les ... que madame luy fist ... aussi des beaux ...
... pour abreger ... quant il vit les deux logis si bien assaisonnez
... Lord la nouvelle fut ... guynes ... calais que Sainte ...
... par toutes les frontieres ... le conte de Bouquingay qui ja estoit
a calais pour commissaire les avoua ... la venue de Sainte ...
... Lord luy envoya le Roy daules ... la courtoisie ...
pour leur party ... marquis luy ... pour la Royne ... offrir a luy
... leur ... de par leur Roy que tous leur donner qui viendroient ...
avoient adoz ... estoient seigneurs du sang ... barons nommez
... de par le Roy pour ... la Royne de ... qui y viendroient
... ausquelz Roy daules ... Sainte fist ... grant chiere
... apres disner les mena voir leur logis ... les priant quilz les prissent
... quant le Roy daules ... dist au ... tous
le bien quil avoit trouvé ... la grant noblesse ... grant estat quil
avoit illec amené ... venir du logis si bien tapissé ... attourné fort
que de linge ... lictz qui avoir ny estoient ... commissaire tout a
... de tout que a ... pouvoir ... et ainsy firent
Jusques au hoisne ... ensuivant qui fut le premier iour du moys
... ouverture du pas

Le commencement du pas

Le Dimanche premier iour du mesme ... ouverture du pas arriva

du petit Saincte

Les Seigneur comte de Bouquincam, le matin apres la messe p hen belle
compagnie & fist sur le haulte pignon de son logis mettre sa baniere quil portoit
dangleterre a une bordure daugpe et voyoit angleterre sainct George

La tierce

De quant lheure fut venue de commencer le pas, lord Jnger Hoyd daveu
de compaignie et Jautre acompaignez de tous leurs hebaulx: furent montez sur le
honor pour mieulx Jugr lord commença la Jouxte qui fut forte fiere p mont
louable pour tous deux, mais pourtant ley conte ala debrichier vousse fut au
peu blesse en sa main pour sa lance mieulx rompre il gaigna les dyaman

Le deuxiesme Jour vint le conte marischal qui aussy fist mettre sa baniere sur le
pignon, et tresgranc estat quil portoit dangleterre a trois lambeaulx daugpe
et voyoit angleterre sainct George qui fist trer honorablement, mais pour
leur lance bien rompre: Sainte gaigna le diamant

Le troisiesme Jour vint le Seigneur de Cobehez en monte bel estat qui portoit de
gueulles au cheurron dor a trois Lyons de sable sur le cheuron, p voyoit sainct
George Cobehez, et fist mettre sa baniere sur le pignon, mais de la septiesme
vousse luy p son destrier furent portez par tibre, dont par ainsy il paya
le Huby

Le premiere Jour de la seconde sepmaine vint le Seigneur Dangoul en trer
bel estat qui fist mettre sa baniere comme les aultres qui estoit dazur miue
au cheuron de quatrelles p dessur trois baisanc dor, p voyoit sainct George
Dangord lequel gaigna les dyamant

Le deuxiesme Jour de la seconde sepmaine vint en trer bel estat le conte de
Varouich qui aussy fist mettre sa baniere qui estoit de gueulles a une faisse
dor a croisettes p voyoit st George, Varouich qui perdit le dyamant

Le troisiesme Jour dicelle sepmaine vint en monte bel estat le Seigneur de
Clifford qui aussy fist mettre sa baniere qui estoit echarque dor p dazur a
une bordure dauminer p voyoit st George, Clifford p perdit le dyamant

Le premier Jour de la troisiesme sepmaine vint le conte Hostindoy en trer bel
estat qui aussi fist mettre sa baniere qui estoit dazur semé de croisettes dor
et croisetta aux longz pieds au chief dor p voioit st George Hostindoy p perdit le
Huby

Le deuxiesme Jour de celle troisiesme sepmaine vint en monte bel estat le conte
Darondel, qui fist aussy mettre sa baniere qui estoit de gueulles au lyon
Langue p aume daugpe et voyoit st George arondel p perdit le Huby

Le troisiesme Jour ensuivant vint en trer bel avroy le Seigneur de beauchamp
qui aussi fist mettre sa baniere qui estoit de gueulles a une faisse dor p voyoit
Sainct George beauchamp p perdit le diamant

Le premier Jour de la derniere sepmaine vint en trer bel p grant estat le
conte de norffou, qui semblablent fist mettre sa baniere qui estoit parté

en pail doz p de Sinopla a Vug L'yoz de Bruxellez a Vne faisse doz sur le tout aumo
daugmes vyou s' George Northforc et gaigna le dyamant

Le dixie' Jour de la derniere sepmaine Vne entrel bel p moult grant estat le seignel
de Bruer qui aussi fist mettre sa banniere qui estoit de gueullez au Lyoz doz aquelle
forchel et croix Saint George a Bruer qui perdit le Ruby

Le troisie' p derniere du jeu Vne en tresgrant estat le conte de Cambruget qui fist
sa tresriche banniere de brebebiele qui estoit d'angleterre a troix lambeaulx eschonez
daugmes de gueullez mettre comme les autrez vyou angleterre Saint George
p gaigna le Ruby

La tenue

En laquelle Jouste entre les Juges y eut grant difficulte, car les lances furent si
biez rompuez quilz ne sçauoient du meillelu Et furent Vne foiz d'Elbeuez qui chun
Se partist sand prix Tontiffoix ilz concludrent a la fin que nul ne rebdist Soydron
ne Sa prinз p ordonnebent que luy le payast a Lauthe p que le conte continuast
car Saintie auoir rompu le premier Et par ainsy Sainte perdit troyp diamantz
p en gaigna huict qui font Vnzie'me p le douzie'me perdu

La tenue thonorer

Le Esqueillelu aumep counpel qui y furent faiz ce mez passe Car trop Longue
chose Seboit a escoipre fort que toud furent tresbiez p mieulx les Vngz que les
autrel p Dieu mercy furent Sanz aucune mort ou effusion d'Sang, dom au departie
que les Vngz aux authel firent tant estoient Leurs hommebel p honnebenr que Silz dessure
este Jubel ne peussent plus faire et ny en aulluy qui ne donnast a Lauthe outre le prix
dond de baguez de drapp doz ou de Soyz chambred de tapisserie counsidel Hacqueniel
Vaiselle doz p daugher p maintez aultrel chosel dom par ainsy les Vngz des aultrel
hefrontehel de Dyautriche Et donna Sainte a Louippe a tout apres que le Vaumel
furent faiter Et au departie donna a Jautiele la premiere Houssle de Soy d'Autriche
qui estoit de wamoisz hayge d'orfauelie a grant bourd de magulez Sebelinel
et deux ahel francel a cheual Et aux autel Hebaulx donna Leursdict Logiz, Leur
houre p ahel francel aux trompetter clarond p menestriebel Angloid donna a
tout ensemble deux ahel francel Et au Roy de Champaigne L'Ung d'effel Jugen
donna Sa derniere Houssele qui estoit d'Vy tez riche wamoisz de Satiz figurel
en drap d'augme tout fourré de maultez Sebelinel p troix assel francel Et aux
autren Hebaulx p Vondsugnant francoyp donna Soz Logil p deux ahel francel
aux trompettep p menestriebel de Sa compagnie qui grant nombre estoient
donna troix ahel francel Et ny eu chiballiel, Senyel, Hebaulx de Sa
compagnie qui n'eust robbe de Luurel Sanz les aultrel dond quil donna
a pace a obtainel chiballiel p Senyel qui accompaigne Lauiche quil dest
biez Suffiz a Vng des haulx princep de la couronne Et ainsy les Vngz des
autrel hesgaubehent Se partirent conteз de Luy

De grant Sainte fuipetourene Seuba le Roy Dieu Sez Lhonnenez p la bonne
chiel quil en aueq La Voyne p tenter pour abuiget madame comme dit
est ne faule pouul a escoipre ne aparolle car chun en Soy Le doit penfse, tant
a caufe de la mottique aluy auonr comme pour la grant honnenre Ct chun Luy
faisour. Et a tant Laissebay y aparolle del honnenel de madame p de Sainte
par Vng a Haule daunner fin assaille

Du petit Sainctre.

Comment Messire Nicole de Malleteste et sbastian de
mantua escriue vindrent fu avenir a la venue Chapitre L[...]

Le cinquiesme jour apres que Saintre fu rendu arrienebue a pavid deux seigneurs
hommes nobles et vaillans des Italiens que nous disons Lombards, l'ung chevalier
s'appelloit Messire et tres belle compaignie qui venoient de se avenir devant l'emperere
au seigneur de Ynal Limberghe qui porton deviue en ung scudsoy de gueulles
et au sire de Aumbenoy qui portoient a troiz tonviaux de gueulles, a cause de
l'emprise que lesdich Lombards portoient, lesquelz voyans leur bataille si feld
si bien combatre s'a vint a l'honneur des dix partici commanda [...] sufilles
prins et par ainsy leur emprise qui voulsoyent l'ung party et chascune estoit
demoura sur pied et es lieu emprise premier.

La teneur.

Et quant ils furent avenus a pavid et logez a l'hostel de Louve a la porte bandoise
ung des hebaulx du Roy vuyncte l'ung des deux et toute qui ils estoient et ce bon quoy
ils venoient Inventinent le Vine dire au Roy present la Royne et madame
Loret madame fu grosse hastinch et Saintre s'offendue au felauld que plus ne
publie est nouvelle et quant Saintre fu a elle elle luy dist hastinchen la
Venue de ces Lombards venez et grant estat pour fu avoir luy demandant si
son cueur estoit assez souffisant pour estre l'ung des deux a accomplie leur advis et
souffisant dist il hélas madame et grantz jour vic et moy que moz este vo
semble estre moine souffisant que l'une autre foid or sus dist elle po abrieger
avant que nulz autres me semble expedient de bien tost requerir 25 aucun avant
Vrez febes s avans tout sil voudroit estre le dixie et quant Saintre vint de
madame este tresplaisant nouvelle sa me et fu aucuns semblant tressemblans
si revuebera prins a 25 aucun avant si vaes a pluy dise febe dicts s nul dame avant
bonne nouvelles vous apporte ilz sont de pive d'avidnes et l'hostel de Louve
a la porte bandoise d plus gentils hommes Lombards et tresbel estat et portant
emprises d'avmer s on veue Venue s po estre delivrez drez dicter vous sitz
d'une verone nous detinez dist bon ciquaule febe vous p voz bonnes nouvelles
vous soyez le tresbien venu mais fane comme de pive vous et requise
d vive et vous estre leur premier allons au Roy hastinchen requeire la
grace mais le Roy a grant difficulte s briève la leu voulut donner si
si voulentir mais qui prennier il savet quilz estoient s quelle emprise ilz
portoient alors ils mandeuent le Roy d'avmer d'buyssme saige s suffisant
h aulz po les Informer bien du tout lequel rapporta quil y avoit ung chevalier
nommé Messire Nicolas de matetest moult noble et puissant avoy d'amauzi
deshonnine et l'autre estoit ung scudye lombard moult noble homme nommé
Satiad de Mantua qui toue deux portoient aux coldrs de selve brad sinchet
une grant garde branlers der pavurnest d sined pierres lesquelz portoient par
dev corps d'six voyantms chrestiens car des sauvazins fill ne si osoient ne
trouvuem deux chevalier ou scudye de nom s davmer sans reproche
comme ils estoient qui a vied les estoient combatre d hacquers deppesa d vuye
seulement fane que l'ung party ou l'autre fust par la tebruse ou faict pierre leur
bastons de Satiad de Mantua je voy que ce fu celuy moult renome chevalier
qui combatit a oultrance Messire Jehan de Maigre mareschal de France
devant le seigneur de padua d'vneil pek d'temps avant que leur

...ister par durée de si long siege laisserent vaincuz que puis et prison se virent
mourir et estrangler, dont fut tresgrant dommaige et fut moult plaint par toute
la chrestienté comme le pareil hospital de toute les nobles et bourgeois.

Comment Sainctre et Boussiquault furent querir les deux
champions pour faire parler au Roy de France par Torestain contre eulx

Chapitre Lix

L'acteur

Pource que pour retourner a mon propoz quant Sainctre et Boussiquault sceurent la tres-
vicieuse nouvelle comme enclins hazardeux et vaillans au Roy dit, vous hastines
luy dire au long la nouvelle reformant leur vouloir laquelle nouvelle par vraye des-
lombart par le consentement du Roy fut incontinent par toute la cour espandue, dont
chascun a vouloir requis puis affaicterent les deux frères tresbien, accompaignez par
Jehan de la Voie qui estoyent deulx messens sceurdre franchoys le entreprise ainsi
que dit est. Et quant theure fut venue les Roy se voult venir veoir Sainctre et Boussiquault
a la bataille accompaigné leur a celle heure quelle et requis le Roy la Royne par toute leur
seigneurie firent tresbons office. Et vous seroie je la dame Sainctre seroit l'emprise et
messire Nicole et Boussiquault et Galliac et lors le Roy venu le jour et quant le lieu fut
venu et que le Roy la Royne par les seigneurs madame firent jurer sur les honneurs de
vieux et leur pavillons d'honneur, des temps par je me passe pour abreger. Le Roy
et les autres bataillen laurs donnay requis de la foy chevalier, aprés a esté le requis
mais a toutes respondu, disant que jamais ne lesseroit si ce n'estoit soubz la banniere
des sarrazins ou chrestient eulx les quant il fouten et leur pavillons pour quilz cherche
faire les sermens pour puis de leur pavillons bontz hors pour que le marischal eu
leur foy et les leur quatre qui assignotent sur Isabellet vis a vis. Alors se departit
comme Lyons dischagnez et lors sur la bataille dure et si fere qui sura moule
longuenche leur scauoir qui est le meillieu, dont en embatons Sainctre et chevalier
Mre Nicole par injurieux a Sainctre sa hache luy volla a terre et n'est point a doublier
si madame et tout le party furent espouventez leur comme temps d'aduis. Sainct
prebre Ung pied de terre incontinent tira son espée de laquelle a deux mains se va
courant de chascun hanter de la hache qui Mre Nicole saison Sainctre s'approcha
tant quil le demarcha de son espée tant quil le getta bien loing mais a la parfin
messire Nicole a cause du grant avantaige quil avoit de sa hache s'aduança et
vint et ferir du corps aprés la point de la hache, et Ung se pettura de la visiere
a Sainctre si que Ung peu le branla la lors voiant que sa pointe tenoit
fort par ardant d'esir et le demarchez habandonna culex pour corps et la
force de son bras bontain Sainctre que ferre et sur sa garde se ferroit si estendre
que au demarcha a coste du pied droit quil fist aucuns les bontz de son
espée leur venir a sen deux mains entre sa hache pour le corps et demarche
fut leur Ung lors pour sa force et bontez Mre Nicole tomba les deux mains
a terre. Alors tout a coup Sainctre haulsa son espée pour le ferir au corps et le
faire tumber a terre mais pour ses hommes garde les tumen lors les va a layde
et son fiebe qui ia avoit gaingné sur Galliac plus d'une grant lance de terre
et si luctruit que Sainctre allon messire Nicolas fut leur qui n'avoit sinon sa
hache et sen deffit de ses mains par pour courir sur Sainctre. Mais le Roy qui la
avoit et ses demarchez le fist prendre et alors Galliac qui a tous deux se combatoit
estant perdu par terre tres voluntiers se rendre. Et alors par ainsi les emprise d'amour
tres vaillamment a tous les deux contz fut mise afin, des hommes des deux
des bonnes offices qui les furent parler avant en plus qui a nulz autres pour
abreger ie me passe. Le parler se fere que tant et par toute et ses loudrier

du petit hamster

eulx recueillans de tant d'honneur tant d'ennoblissez p tant d'richessez p que de biens
que tant d'triumphe y alloit avoir que iceulx ne se pourroit tel ainsi prindrent congié
du Roy p de la forme p de tous les aultres seigneurs p aussi de dames p des provinces de Sainctre
p Boulequade p d'plusieurs aultres tresbien acompaignez et Sy laisseray a parler d'eulx p
d'aultres choses q a l'avoir survindrent pour dire d'aultres matieres

Comment Saincte jousta contre le baron de Tristo p fut en congié
estre pavis Chapitre LVI

Lorsque La nouvelle d'est bataille fut en brief temps par tout d'ele p expialemt a la
cour du Roy d'angleterre par laquelle fut renouvellé la condicion du pas d'Saincte p
tellemt que le baron d'Tristo ayant ouy dire que la lettre conteoire que apres le pas fut
s'il estoit chevalier ou d'eulx d'nom p davant sans reproche q le vouldroit requerir d'
fut aucunes armes a cheval on a pied que d'tant le Roy d'Siena son souverain seigneur
ou son conseil en gardant dicte Roy urpa d'vil p loyal p'oint il acomplisseroit sa
requeste lord il s'appensa que vrayement il le requerroit d'quatre poinctes a
combatre urpa a corps jusques a oultrance ou les quatre bastons perdus et ainsy
fut donc pour abreger la bataille devant le Roy la Royne p les seigneurs p madame
sur ses forces p fiere p tellement que en combatant Saincte perdit sa hache qui luy rendit
a'uny tresgrand bien mais il print sa grand espée d'avant qui a son costé d'estre pendu a'ung clocher p d'elle se combatou p se couvrou tres vaillamment p en
combatant se fivent l'ung contre l'autre mais fortune voulut que le baron d'
Tristo rencontrast la hache Saincte gisant a terre tellement que la pointe luy entra
bien avant on pied d'lord en reculant perdant p tomba la hache Saincte le p'survint
tresfierement quant le Roy pour garder l'honneur d'luy p d'l'autre vit or si grand
sa victoir p fut le prix p pris apres fist yssir hors d'l'ost a cheval p nud aux baron
fist d'grand don p p'p' bonnes chevaux lord p vru congié p'z retournent en angleterre
p a tant laisseray je a parler d'toutes d's armes p des aultres que d'puis il fist
car treslongue chose seroit adrez p diray du surplus

L'acteur
Estant Saincte p sa grand d'Roy d'la Royne des seigneurs de madame p de toute
aultres p' abreger le plus en plus d'honneur Gentil d'France a cause d'sa grand
doulceur p'humilité p aussy sa largesse qui d'yd bien Car onc que p' gloire
d'amour d'Roy ne dame ne gentilhomme qu'il est vng seul semblable d'orgueil ne
fut oncques en luy en en cetemps ne tarda guieres que la nouvelle du trespas
d'son pere luy vint, donc par ainsy il fut seigneur d'Tegas Saincte

Comment ladame requist a Saincte d'aller en prusse
contre les sarrazins p comment il luy promist d'y aller p le
fist le Roy chief d'cinq cens lances LVIII

L'acteur
Advint que elle mesme avant le voyage d'prusse d'une a lord
madame luy dist mon seul desir p tout ma pensé tare et l'amour Saincte
a cheur que jay en vous p' vous p' que c'est le meilleur p le plus vaillant du monde
qui vrayement elle estant d'nez en eulx la doubteuse crainte que jay
doibz avoir d'vous Main pour elle fois s'esleut devenir en moy p' une
hommé y vueil advantureux pas ainsi que vous ayez faictes a la req'te
d'nosseigneur le Roy p aultres n'aurez voulu d'estre chevalier Vous
penseriez que jamais ne le ferez s'il estoit sur les
sarrazins, en doubz la baniere de mondict seigneur

gneur:dōt vouldroit bien que luy eussiez faict
ce plaisir:dont par ainsi voz biens en armes
vous y seroiēt comptez/mais dune chose me
resconforte:oncques bien fait ne fut perdu:τ
pource me suis appensee ῇ vrayment il vous
fault estre comme voz predecesseurs ont este
Et pource faire il me semble que plus sain/
ctement ne honnorablement ne le pouez estre
que a ce tressaict voyage de prusse a ceste tres
saincte bataille qui doit estre a lencontre des
sarrazins Nous voulons que y ailllez en grāt
estat alhonneur de mon seigneur qui vous y
y aydera τ aussi ferons nous. Quant saintre
entend ce tresnoble τ hault vouloir de ma da
me incōtinēt a genoulx se mist τ luy dist Ha
ma tresnoble deesse/celle qui me peut τ doit
assez plus commander/et celle a qui ie vueil
et doy obeyr que a tout le demourant du mon
de/et tant et si humblemēt que ie puis de vo
stre bon vouloir conseil et commandement
a ioinctes mains vous remercye/auquel vo
stre vouloir a layde de dieu/de nostre dame τ
de la saincte vraye croix ie obeyray et accom/
pliray de tresbon cueur Esperant estre en sē²
saincte mercy que vous en aurez nouuelles
telles ῇ vous desirez. Etτces parolles finees
quoy que fust du surplus il print conge delle.
Alors sen va au roy:auquel iour et nuyct ne
cessa den faire ses prieres tant quil eut conge
Le roy qui comme vous ay dit plus que nul
autre hors mis les seigneurs de son sang le
aymoit luy donna de ses finances largemēt
et oultre ce le voult honnorer que pour le ser/
uice de dieu τ de saicte religion et foy chrestiē
ne. A ce tressainct passaige de Prusse qui
hastiuement contre les sarrazins se faisoit le
voult faire chief de cinq cens lances tous no
bles hommes chascune lance luy τ deux hom
mes armez/et trois mille hommes de traict
sans les seigneurs ῇ a leurs despens ou a pl⁹
de gens furēt plus de deux cens lances auec/
que le traict. Et pour accompaigner sa ba/
niere ordonna que des douze marches de son
royaulme en yroient cinquante:dont la nou

uelle par tout respandit tant par son royaul/
me ῇ dehors/et les seigneurs et nobles vin/
drent qui se presenterent:desquelz le roy con
trainct a grans prieres:tant quilz furēt cent
et soixante banieres:desquelles il donna cō/
me dit est la charge a saintre. Et quant sain/
tre qui eycuser ne se peut en eut remercie le
roy Il assembla a part tous les seigneurs/et
puis a part leur dist enriant Messieurs vous
auez veu cōment le roy de sa grace pour quel
conque eycusacion que iaye faicte ma voulu
tāt hōnorer ῇ de moy dōner ceste si grāt char
ge qui suffiroit bien avng des seigneurs roy
aulx. Et a faict de moy ainsi que dit vng pe
tit moyne:Dont lhystoire dit ainsi. Il fut ia
dis vng seigneur ῇ tout house et esperonne a
toute sa gēt va en vne abbaye pour ouyr mes
se:qui pres de son logis estoit/τ quant la mes
se fut dicte:illec furēt cinq ou siy des plus pe
tis enfans de ceste eglise moyneaulx qui des
boucloiēt ses esperons. Lors qui se vit de telz
gens assailly par les deux piedz il demanda
que cestoit. Ses gens en riant luy dirent. La
coustume de toutes eglises si est de rachapter
des nouisses les esperons que len porte aux
cueurs. Lors leur fist bailler vng escu: Puis
appella le plus ieune et innocent de tous et
luy dist Je vueil scauoir lequel est le plus sa
ge de vous tous. A tant lenfant sans plus pē
ser luy dist. Celuy que damp abbez veult. La
quelle responce fut notee:dōt par aisi se peut
bien dire de moy. Car combienque ie soye le
plus simple de vous:touteffois par ceste rai/
son il fault que ie soye le plus saige puis que
le roy le veult: de laquelle plaisant nouuelle
tous se prindrent a rire. Et dirent que le roy
scauoit bien ῇl faisoit:dont pour obeyr et po²
amour de luy qui le vouloit furent tous lyez
et contans. Et a tant laisseray cy a parler de
ces choses/et diray des seigneurs/barons et
bannieres ῇ y furēt:dont les blasōs sēsuyuēt

Acteur.

i.i.

¶ S'ensuyuent les noms des princes et seigneurs qui furēt contre les sarrazins a prusse. Et premierement ceulx de la marche de lisle de france. a

Le seigneur de mont morency q̄ porte dor a vne croix de gueulles a cinq aigletes dazur/⁊ crye dieu ayde au premier crestien/le seigneur de trie qui porte dor a vne bande dazur ⁊ crye bouloigne/le seigneur de rosny dor a deux faisses de gueulles ⁊ crye rosny/le seigneur de forest de gueulles a six mellectes dargēt/le seignr de vielz pont qui porte dargent a penneaux de gueulles/le vidasme de chartres dor a·iiii· faisses de sable aung orle de six mallectes de mesmes ⁊ crye merllo/le seigneur de beaumont gerōne de·xii·pieces dargēt ⁊ de gueulles/le seigneur de sainct brisson dazur a fleᶻs de liz dargent/le boutiller escartele dor et de gueulles ⁊ crye les granges/le seigneur de marolles bande de six pieces dargent et de gueulles.

¶ Ceulx de beauuoysin de ladicte marche de france. b

Le conte de clermont/de gueulles a deux barres dor endoussees a croisettes de mesmes aux longz piez ⁊ crye cleremōt Le seigneur dauffemont semblable a trois labeaulx dor ⁊ crye auffemont ¶ Le seigneur de gaucourt: dermines a deux bars endoussez de gueulles ⁊ crye gaucourt/le seigneur despineuse/dermines a vng escusson de gueulles/et plusieurs auttes cheualiers et escupers de ladicte marche de beauuoysin.

¶ Ceulx de la marche de chāpaigne c

Monsieur iegan de champaigne/dazur a vne bande dargēt a deux croisettes dor potēces contre potences a trois labeaulx de gueulles ⁊ crye passe auant. Le conte de retel/de gueulles a trois rateaulx dor desman/

chez ⁊ chascun de six dens ⁊ crye ratel. Le conte de brienne/dazur au lyō dor billecte de mesmes/le viconte de rosel barre dor et dazur a deux faisses de gueulles/le seigneur de castillon/De gueulles a trops paulx de ver au chief dor/et crye castillon/le seigneur de conflans: Dazur au lyon dor a billectes a vng bastonde mesmes/le seigneur de roussy de castillon a vng aigle de sable sur le chief ⁊ crye castillon/le seigneur de ianuille/le seigneur de marneil en brie/de gueulles a trois tourteaulx dor ⁊ crye marneil. Et maintz autres cheualiers et aussi escupers dicelle marche de champaigne.

¶ Ceulx de la marche de flandres. d

Le seigneur du gaure qui portoit de flandres a trois lambeaulx de gueulles ⁊ crye flādres au lyon. Messire henry de flandres au baston coupō ne dargent et de gueulles ⁊ crye flandres au coupplet. Messire iehan du gaure qui porta les plaines armes du gaure qui estoient de gueulles a trois boutz dargēt et armez dor: et cryoit le gaure. Le seigneur de roddes qui portoit dazur au lyon dor langue de gueulles et arme dargent ⁊ cryoit roddes/le seigneur de gistelle/le seigneur de cōmines dor a lescusson de sable diapre a vng orlle de roses de gueulles ⁊ cryoit commines Le seigneur de halun/dargent a trois lyons de sable couronnez/languez et armez dor/et cryoit halun/et maintz aultres cheualiers et escupers de flandres.

¶ Ceulx de la marche dacquitaine.

Le conte de perigort qui porte dargent au fer de molin de sinople aune bande de gueulles et cryoit pierregort. Le conte de bigourre qui portoit dor a deux lyons passās de gueulles couronne dargent ⁊ cryoit bigorre. Le conte de bantadour qui porte eschaquecte dor et de gueulles/et crpoit bantadour· Le bicaoure ꝙ portoit de sable a trois lyons dargent/et crpoit caoure· Le conte de limoges ꝙ portoit dermines borde de gueulles/et crpoit limoges·Le seigneꝛ dalbret ꝙ portoit dargent a bng lyon de gueulles couronne dazur langue et arme de sable· Le biconte de camborne· Le seigneur de les parte losenges dor et de gueulles ꝗ crpoit les parte·Le seigneur de billare escartelle dor ꝗ de gueulles/et crpoit billare·Le seigneur de harpadame·Le seigneꝛ de cardillac de gueulles au lyon dargēt a bng orle de besās de mesmes· Le seigneur de barbazay· Le seigneur de montmiral qui portoit burelle dargent et de sable a bng lyon de gueulles ꝗ crpoit montmiral·Le seigneur de la trimoille:dor a trois aigles dazur a bng cheuron de gueulles· Le seigneur de la salle oudoye dargēt ꝗ de gueulles de hupt pieces ꝗ crpoit mars/ꝗ mainz aultres cheualiers ꝗ escupers de gupēne frācops

℃ Ceulx qui y furent de la marche tenant le party des anglops/et pour estre a celle tressaincte iournee bouldrent hōnorer et passer soubz la baniere du roy· Et premiers· +

E seigneur de beaon qui portoit dor a deup baches d gueulles couronnees dazur et collees et coupōnees dargent et crpoit beaon· Le captau de bueil dor abne croip de sable a cinq coquilles dargēt· Le loup de fouez ꝗ portoit de gueulles a bng loup dor langue ongle et dente dargent·Le seigneur de montferrant dor a quatre paulx de gueulles a la bordure de sable ꝗ crpoit montferrant· le seigneur de duras qui portoit a bng lyon dazur a la bande dargent et crpoit duras·Et plusieurs aultres cheualiers ꝗ escupers dudict party et marches dacquitaine·

℃ Ceulx de la marche daniou ou sont touraine et le maine· +

T premier daniou le biconte de beaulmōt qui portoit de frāce a lyō lāgue ꝗ arme de gueulles ꝗ crpoit beaulmont·Messire hue de craon losenge dor et de gueulles a bne bordure dargent/et crpoit crā·Le seigneur de mauleurier dor au chief de gueulles ꝗ crpoit mauleurier/le seigneur de matheselon qui portoit de gueulles a sip escussons ꝗ crpoit matheselon/le seigneur dauoir qui portoit dargent au lyondazur a trois lambeaulx de mesmes ꝗ crpoit auoir/le seigneur de chastelfroumont qui porta sa baniere:et portoit de gueulles a bne croip dor ancree ꝗ crpoit froumont/le seigneur de bueil dazur a sept croisettes recroisetees aup lōgs piez et crpoit bueil/le seigneur de monterehū qui portoit dorfrete de gueulles et couronne dazur lāgues et armes dor ꝗ crpoit mōterehū Le seigneur de beaunau dargēt a quatre leōceaulx de gueulles ꝗ couronne dazur langue et armes dor ꝗ crpoit beaunau·Et maitz aultres cheualiers et escupers daniou·

℃ Ceulx qui y furent de ladicte marche de touraine· h

E seigneur damboise ꝗ portoit palle de sip pieces dor ꝗ de gueulles ꝗ crpoit amboise Le seigneꝛ de malte oudoye dor et de gueulles/et crpoit malte/le seigneur de pressigny ꝗ portoit palle contre palle a quatre quantres gironne ꝗ faisse cōtre faisse dor et dazur a bng escusson dargent ou meilleu et crpoit pressigny/le seigneꝛ de lisle bouchart de gueulles a deup liepars dargent languez et armez dazur et crpoit lisle bouchart/le seigneur de montbason ꝗ portoit de gueulles au lyon dor et crpoit montbason/le seigneur de saincte more qui portoit dargent a la fesse de gueulles ꝗ crpoit saincte more/le seigneur de mermāde dor a deup fesses de sable ꝗ crpoit mermande· Ledict seigneur de saintre qui portoit des gueulles a la bande dor a trois lam beaulp de mesmes / et crpoit saintre · Et maintz autres cheualiers et escupers de ladicte duchie de touraine ⁊ marche daniou·

¶ Ceulp qui furent de la conte dumaine· Et premier· ⨍

LE seigneur de laual qui si fist faire cheualier: qui portoit dor a vne croip de gueules a cinq coquilles dazur: et quatre aiglectes de mesmes sur chascū quartier ⁊ crpoit laual· Le seigneur de tuce q̃ portoit de sable a quatre fesses dargēt iumelles et crpoit tuce / le seigneur de sarcel de sinople au lyon dargent / le seigneur de cormes: dargent a trops fesses iumelles de sable / le seigr des eschelles q̃ portoit de gueules a trois fesses dargent / le seigneur de la forest q̃ portoit dargent au chief endente de sable / le seigneur de beauchamp quilportoit a vne dausse de gueules au chief a vne orle de sip merlectes de mesmes / le seigneur de montfort / de gueules a ·ii· liepars dor armez dargent / Et maintz autres cheualiers et escupers de ladicte conte dumaine ⁊ marche dāiou·

¶ Ceulp de la marche de pontieu quon dit popes· Et premier·

LE viconte de quesnes: quiportoit dargēt a la croip de gueules frete dor / le seigneur de tembures / dor a trois fesses de gueules· Le seigr de brimeu: dargent a trois aigles de gueules membrees dazur / le seigneur de picqueny qui portoit fesse dor et de gueules dargent et dazur ⁊ crpoit picqueny / le seigneur de cambron ne fesse de hupt pieces dor et de gueules· Le seigr de cresqui / dor a vng cerquier de gueulles ⁊ crpoit cresqui / le seigneur de bacamie / de gueulles a deup bras dor endoussez et croisetez de croisettes de mesmes / le seigneur de linieres: dargent a la bāde de gueules ⁊ crpe linieres / et maintz aultres cheualiers et escupers dicelle marche·

¶ De la marche de vermandois·

LE seigneur de haugest qui portoit dor a la croip de gueulles ⁊ crpoit haugest· Le seigneur de ieuilp dargēt a vne croip de gueulles a cq coquilles dor· Le seigneur de moy: de gueulles frete dor ⁊ crpoit cercelles / le seigneur de flaup: dermines a la croip de gueulles a cinq coquilles dor ⁊ crpoit haugest / le seigr de rope de gueulles a la bande dargent ⁊ crpoit rope· Et maintz aultres cheualiers et escupes de ladicte marche·

¶ Ceulp de la marche de corbie qui furent· Et premiers·

LE seigneur de saucourt: qui portoit dargēt frete de gueulles ⁊ crpoit saucourt· Le seigneur de hetilp: qui porte de gueulles a la bāde dor ⁊ crpe hetilp· Le seigneur de mallp dor a trois malles de sinoples ⁊ crpoit mallp· Le seigneur de reubeupre: dargēt a trois fesses iumelles de gueulles ⁊ crpoit reubeupre· Le seigneur de mitaulmont / dargēt a sip torteaup de gueulles ⁊ crpoit mitaulmont· Le seigr daubigny: dargēt a vne fesse de gueulles ⁊ crpoit aubigny / et maintz autres cheualiers et escupers de ladicte marche·

¶ Ceulp de la marche de normandie·

LE seigneur du chastel gontier filz au conte du perche qui portoit dargent a deup cheurons de gueulles et crpoit le perche· Le seigneur dynap qui portoit dor a trois cheurōs de gueulles ⁊ crpoit ynop· Le seigneur de manny: de sable a vne croip dargent eleessee ⁊ crpoit manny / le seigneur de grauille q̃ portoit dazur a vne fesse dargēt a cropsettes dor ⁊ crpoit grauille / le seigneur de forges: dazur a sip tourteaup dor ⁊ crpoit forges / le seigneur de la hape: dargent a trois escussons de gueulles ⁊ crpoit la hape / le seigneur de bracquemont: de sable a vng cheurō dargent· Le seigneur de tronuille qui portoit

dargent a deux bandes de gueulles a vne or/
le de coquilles de mesmes. Le seigne² de fer/
rieres: de gueulles a vng escusson dermines
a vne faisse de gueulles lescu ourle de fers de
cheual dor ⁊ crpoit ferrieres. Le seigneur de
gamaches: dargent au chief dazur a vng ba/
ston de gueulles ⁊ crpoit gamaches, et maitz
autres cheualiers et escupers de normandie.

¶ Ceulp des marches de berry/ de
bourbõnois ⁊ dauuergne. Et pmier.

E conte de sanssetre qui por/
toit dazur a vne bande dar/
gent ⁊ deup cotisses dor po/
técees a la bordure de gueul
les ⁊ crpe passe auant. Le vi/
côte de villenoir qui portoit
dargét au lpõ dazur q̃ crpoit a la belle / mõsie²
philippes de bourbon q̃ portoit dor au lpon de
gueulles a vng ourle de coquilles ⁊ crpoit bo²
bon. Le seigneur de chastel morant: de gueul/
les a trois lpons dargent couronnez et armez
dor ⁊ crpoit chastel morant. Le seigneur des
Bartes: dor a la croip d sinople ⁊ crpoit les bar
tes. Le seigneur de la tour dauuergne q̃ por/
toit de france a vne tour de gueulles ⁊ crpoit
la tour. Le seigneur de montagu q̃ portoit de
gueulles a vng lpon dermines ⁊ crpoit mon/
tagu / le seigneur de challensson q̃ portoit de
gueulles a trois testes de lpon dor arrachees
et crpoit challencon. Et maintz autres cheua
liers et escupers de ladicte marche.

¶ Ceulp de la marche de bretaigne q̃
p furent. Et pmier.

E conte de lisle qui portoit de
gueulles a la croip dor vup/
dee: eleessee ⁊ plômee ⁊ crpoit
lisle. Le viconte de lesbeliere
qui portoit escartelle dargent
et de gueulles ⁊ crpoit la besliere, le seigneur
de chastel briant de gueulles seme a fleurs d
lps dor ⁊ crpoit chastel briãt. Le seigñr de raiz
q̃ portoit dor a vne croip de sable ⁊ crpoit raiz
Le seigneur de malestroit: de gueulles a tour
teaulp dor ⁊ crpoit malestroit Et maintz au

tres cheualiers et escupers dicelle marche.

¶ Ceulp de la marche dartops qui p
afferent. Et premier.

Essire lops dartops qui portoit
dartops: cest d gueulles a vng lpõ
dor arme dazur ⁊ crpoit artops.
Le conte de sainct pol qui se fist
cheualier dargent au lpon de gueulles a la
queue fourchee et croisee: couronne et arme
dor. Le seigneur de fresnes q̃ portoit dargent
au lpon de sable ⁊ crpoit fresnes / le seigneur
de bethune qui portoit dargent a vne fesse de
gueulles ⁊ crpoit bethune / le seigneur de ten
tp Dargent a trois dolloueres de gueulles ⁊
crpoit rentp / le seigneur de cresques: dazur a
trois fesses iumelles dor ⁊ crpoit bourboing.
Le seigneur de bailleul / le seigneur dinchp
fesse de sip pieces dor et de sable ⁊ crpoit ius
chp. Le seigneur des humieres: dargent frete
de sable a trois lãbeaup de gueulles ⁊ maitz
autres cheualiers ⁊ escupers dicelle marche.

¶ De la marche: duchie ⁊ conte de
bourgongne. Et premier

E duc de bourgongne q̃ pour seruir
le rop soffrit a aller soubz sa banie/
re combien q̃l ne fust point son sub/
gect: q̃ portoit dazur a vng lpon dor
et crpoit chastillon. ¶ Le conte daupetre: qui
portoit de gueulles a la bande dor ⁊ crpoit au
petre. Le seigneur delmontagu: dazur au lpõ
dargét ⁊ crpoit mõtagu / le seignr devergp: de
gueulles a trois quintes fueilles dor ⁊ crpoit
vergp / le seigneur de saict george: de gueul/
les a vne croip dor / le seigneur de charnp: de
gueulles a trois escussõs dargét ⁊ crpoit char
np / le seigneur de chasseumop: de gueulles a
la fesse dor / le seigneur daussignp: de sable a
deup bars endossez dor a croisettes recroise/
tees et de mesmes ⁊ crpoit aussignp / ⁊ maitz
autres cheualiers et escupers dicelle marche
de bourgoigne.

¶ Ceulp de Barrois et de lor/
raine pour honnourer la banie/
re du rop si offrirent. C

Le seigneur du pont a mousson qui portoit de bar a trois lambeaulx dargent ⁊ crioit le põt Le seigñr de pierrefort:de bar borde de gueulles ⁊ crioit pierrefort. Le seigneur de dun q̃ portoit a la bordure dermines ⁊ crioit dun messire ferry de vaudemoins qui portoit burelle dargent et de sable ⁊ crioit vandesmoins. Le seigneur de briefromont Voire dor ⁊ de gueulles ⁊ crioit briefromont/le seigneur dapremont:de gueulles a la croix dargent ⁊ crioit aspremont/le seigneur de toullon qui portoit de vademois au baston de gueulles/le seigne᷒ de ruppes qui portoit de befremont au baston dazur/le seigneur des armoises qui portoit geronne de xii.pieces dor et dazur/le seigneur de ludres bande de six pieces dor et dazur Et maintz autres cheualiers ⁊ escuyers ⁊ gẽtilz hõmes.

Ceulx de lorraine ⁊ de batois to⁹ ensemble. Et premier

Onsieur nicolle de lorrenne qui portoit de lorraine a vne bordure endẽtee dazur ⁊ crioit prigny/le conte de chiny: burelle dor et de gueulles au lyon de sable ⁊ crioit chyny. Le conte de clermont en baissigny q̃ portoit d̃ gueulles a vng cerf dargent/le conte de grãt pre:burelle dor et de gueulles/le seigneur de grancy qui portoit dargent au chief de gueulles/le seigneur d̃ briey eschaquecte dor ⁊ de sable a la bande d̃ argent a deux cotices de mesmes Et maintz autres cheualiers ⁊ escuyers des marches de almaigne q̃ oydit les ruyers.

Ceulx du daulphine qui se offrirent au roy ⁊ y furent.

Le seigneur de clermont q̃ portoit de gueulles a deux cerfz dargent en saultours et crioit clermont/le seigneur de vaubonnoys:le seigne᷒ de sassenai

ge:burelle dargent et dazur au lyon de gueulles coupponne dor ⁊ crioit sassenaiges/le seignr de maubech q̃ portoit de gueulles a trops liepars dor armez dargent ⁊ crioit maubech. Le seigneur de mont chenu:de gueulles a la bande engreslee dargent ⁊ crioit montchenu Le seignr de chasteau neuf:dargent au chief de gueulles ⁊ crioit chasteau neuf/le seigne᷒ de bellecombe:dor a la bãde de sable ⁊ crioit bellecombe/le seignr de molor au lyõ de voir Le seigneur de chastel villain geronne dargent ⁊ de sable de viii.pieces/le seigneur de grete:de ver au chief de gueulles a vng demi lyon dor/et maintz autres cheualiers ⁊ escuyers po᷒ seruir le roy soubz sadicte baniere en la bataille ou furẽt plus de cent soixante banieres. Or laisseray cy a parler de ceste tres puissante noblesse des seigneurs:barõs ⁊ bãnieres Et diray du trespiteux et regreteux partement de saintre ⁊ de tous les seigneurs francoys quãt se partirẽt du roy ⁊ de la court.

Comment apres que le terme fut venu pour aller en prusse le roy bailla sa baniere a saintre le commettant son commissaire Puis comment ledict saintre et les aultres seigneurs prindrent cõge du roy:de la royne ⁊ des dames qui menerent grant dueil au departir:specialement la dame. Chapitre   lix.

Lacteur.

Et quant le terme de partir fut venu/et que saintre et toute sa compaignie furent en point/et eurent mande leurs harnoys et leurs bagaiges par charroitz et autrement/et aussi leurs gens

de traict/ qui tous portoient iacquectes ver/
meilles/ ou la croix blanche dessus estoit.
Alors saintre et aussi tous les nobles quiue/
stuz estoient aussi de semblables tobbes com
me leurs gens / qui estoient tresbelles cho/
ses a veoir. Apres la solempnelle messe ouye
que leuesque chanta a nostre dame de paris/
eulx tous confez leur donna la benediction et
la papalle de peine et de coulpe absolucion.
Et illec present le roy fut beniste sa banniere
et toutes les autres. Lors acompaignerent le
roy/puis allerent tou9 disner. Et quatuint au
deux heures q tou9 furent asseblez allerent au
roy qui en la grant salle estoit / la royne / les
seigntes et dames. Et la tous presens vindret
prendre congie. Et quant tous furent a ge/
noulx/ le roy dist a saintre/ Saintre ie vous
baille de ce voyage la conduicte et la charge/
de ma banniere qui represente mon corps aus
si des seigneurs et autres nobles qui ce sont
et seront en la compaignie. Et puis aux au/
tres dist/mes amys vous estes nobles q de no
bles maisons partiz esquelles il a eu de tres/
vaillans hommes assez ausquelz vous auez
par voz vaillances maintesfoys semble. Di
vous allez ou seruice de nostre vray dieu iesu
crist ouvo9 pourrez acquerir le vray sauuemet
de voz ames q a tousiours mais honnorez sivo9
recomande tous nostre banniere/ tressaincte
foy/q voz honneurs les gens cobatent q dieu
a ses ges donne les victoires/dot nest point a
doubter q se vous q les autres princes et sei/
gneurs chrestiens/qtous ceulx qui combatre
doybuent / que si vous estes bien auecques
dieu quil ne soit assez mieulx auecquesvous
pour quelconque grant puissance que les sar/
tazins soient qui sera telle que le nombre ne
sen pourra extimer. Et quant a moy ie vous
iure ma foy que si ne fust les grans affaires
que iay que nous serions tous dune compai/
gnie. Et de ce ie me cesse / mais dune chose
a tous ie vous prie/du plus grant au plus pe
tit/que soyez amys q fretes/sans enuies sas
debatz,et sans noyses/ Car par ce sont main

tessois compaignies rompues et mises a des
honneur q perdicion. Et a lors prent sa banie
re et la baille au seigneur du chasteau frou/
mont a porter/puis leur dist/ Dy mes amys
comme vostre roy q vostre chief/a tous vous
vueil donner ma beneysson. Lors fist le signe
de la croix/et dist/ Du nom du pere / nostre
createur/ou nom du filz nostre redempteur /
et ou nom du sainct esperit/ nostre dieu illu/
mineur/vray seul dieu en trois noms / et en
trois personnes puissez vous tous aller / de/
mourez ceulx qui luy plaita prendre a soy / et
et retourner au suuement de voz ames et de
voz honneurs vous prians tous que chascun
perte ou gaingne que soyez honnorablement
vous recordat que nul ne retourne sil fait au
trement. Et a ces parolles en sermoyant des
yeulx et a grant peine disant a dieu / mes a/
mys/il toucha la main a tous. Lors ouyssiez
de tous coustez cueurs tendrement soupirez/
et veissiez peulx de toutes gens plourer quil
nestoit cellup ne celle qui peust vng seul mot
parler. Lors vont a la royne/ qui pour pleurs
estoit auecques ses dames traicte arriere.
A donc saintre pour tous commenca a parler
et dist/nostre souueriane dame /il nest nulle
chose quil vous plaise moy commander. La
royne enuers eulx so tourna/q sans dire mot
a tous toucha en la main/ Puis vont a mes
trois seigneurs les freres/et dirent semblas/
blement. Lors dist monse.gneur daniou/sain
tre et vous autres beaulx cousins et tresbos
amys/ vous auez ouy ce que monseigneur le
roy a dit. Allez ioyeusement et faictes / si ne
pourrez q bien finer. Puisvot a ma dame de
celle ne fault point a parler/cat cobien quelle
sefforcoit/sa nature et la tresgriefue passion
quelle auoit en regardant saintre/que a bien
peu sen faillit quelle ne se pasma / et fust a
lenuers tornbee/se elle ne fust bien tost leuee
Puis senvont aux autres dames et damoy/
selles/qui toutes ensemble tel dueil faisoiet/
Plusque si tous leurs parens q amys fusset
mors/disant entre elles / Helasse dolentes/

iamais ensemble telle et si ioyeuse compai/
gnie ne verront les officiers de la court/tous
plouroient et crioient en regretant sainctre lu
a lautre disant/helas oz senz a celluy qui en
noz aduersitez nous confortoit/et qui en noz
affaires nous conseilloit/et qui en noz neces
sitez nous secouroit/ si ne scaubz si iamais
le verrons. Lors de taus coustez le plaignoiet
faisans prieres pleurs en leurs cueurs/que
a tresgrant peine le peurent laisser. Et ain/
si sen vont tous pour ce iour reposer.

¶Lacteur.

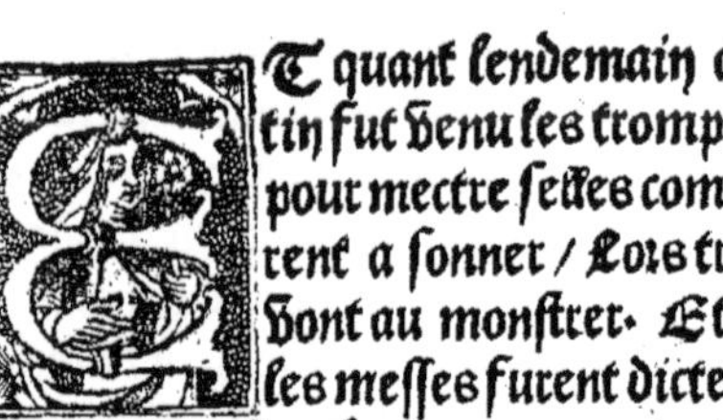

T quant lendemain au ma/
tin fut venu les trompectes/
pour mectre selles commence
rent a sonner/Lors trestous
vont au monstrer. Et quant
les messes furent dictes chas/
cun monta a cheual/et commencerent a par/
tir. La furent mes trois seigneurs daniou de
betry/de bourgeigne et tous leurs gens. Que
pour honnorer la banniere du roy/hors de pa/
ris les vouldrent acompaigner/ des autres
cheualiers et escuyers bourgois et marchans
de la ville tantque a peine y en demoura ung
seul.

¶Le partement des banieres.

Remierement partirent les
poursuiuans a cheual/por/
tant coctes darmes/vestues
le deuant et le derriere deuz
a deuz sur les braz.

¶Apres eulz venoient les heraulz portant
les coctes darmes de leurs seigneneurs/ve/
stues a lendroit deuz a deuz.

¶Apres venoient les trompectes grant no
bre deuz a deuz.

¶Apres venoient les roys darmes des mar
ches/portant le coctes dames du roy vestues
a ledroit/deuz a deuz.

¶Apres venoit montioye/le roy darmes des

francoys/la cocte darmes royalle vestue tout
seul.

¶Apres venoit le seigneur de chastel frou
mont qui portoit la banniere du roy. Quant
messeigneurs daniou et de berry.

¶Apres venoit monseigneur de bourgoi
gne a deztre saintre a senestre.

¶Apres sainctre venoient les trois premie
res banieres et plus enciennement leuees/
par lordonnance du roy auz relacions des pl
anciens liures des montioyes/roys darmes
des francois q enciennement en souloient a
uoit la congnoissance/par les visitacions des
marches du royaulme/acompaignez des au
tres roys darmes dessusdictes marches/po
garder les honeurs ou il appartenoit/ esche
uer les dames seigneurs denuiz noyses. Et
apres lesdictes trois banieres venoiet les sei
gneurs a qui elles estoient. Et ainsi de trois
en trois sans nulle desordonnance/ilz alleret
par paris. Lequel partement et ordonnance/
fut a tous une tressumptueuse chose tant fut
belle a veoir/dont ce iour a cause de ce parte
ment ny eut home qui ouuraft neant plusque
le iour de pasqs/mais quant ainsi ilz alloiet
par la ville maintes dames et damoyselles/
bourgoys et bourgoyses/et gens de tous me
stiers/estoient sur les estaulz et sur les fene
stres/pour veoir ceste tresbelle tresnoble co
paignie passer/Lors veissiez de regret et de
pitie tous soupirer/plaindre et plorer/ ny a
uoit celluy ne celle qui tenir se peust a mains
ioinctes et haultesvoiz crier. A gentil escuyer
sainctre dieu te doint groce a ta compaignie
a tresgrant ioye et honneur retourner. Et en
ce promectant a dieu messes/pelerinages et
aulmofnes/et quant ilz furent aucun peu es
esloignez de paris ilz prieret a messieurs de re
tourner/ illecqs deulz des autres ilz prin
drent congie/ a tut de lez congie de leurs re
gretz laisseray cy a parler des grans regretz q
le roy la royne/messieurs dames damoy
selles/et chascun fait deulz/et principalle
ment/ma dame/qui oncques puis ne cessa

de faire voyages/faire aulmosnes/ faire di/
re messes ᷓ a part de plaindre et pleurer. Et
diray de saintre etᷣde sa compaignie/ qui luy
sont tous a tresgrant ioye en prusse enᷣla ville
de torrin arriuez.

¶ Lacteur.

Aintre a tout sa compaignie
de gens darmes et de traict/
par leurs iournees errerent
tant quilz sont venuz en prus
se et arriuez en ladicte ville
de torrin oulassemblee se fai
soit. Et la trouuerent les prelatz/princes/ et
seigneurs qui sensuiuent/dont la plus grant
partie furent tresioyeux et fureut au deuāt
pour hounorer la baniere du roy/ qui tresioy
eux furent quant ilz virent tant de noblesseᷓ
de gens si bien empoint pour cinq ou six mil
le bons combatans on ne pourroit mieulx.

¶ Lacteur.

D regard du roy dangleter
te poᷓ les affaires quil auoit
emprins ny voult aller nen
uoyer/mais a bien grant pei
ne donna aux seigneurs qui
sont cy apres nommez/con/
gie de y aller et lesquelz y furent/ Cestassa/
uoit.
¶ Au conte de la marche/qui portoit dasur a
trois fesses dor a lescusson dargēt sur le chief/
et crioyt la marche.
¶ Au conte de northestonne / qui portoit da/
sur/ a vne bande dargent / a trois molletes
de gueulles/sur la bande et crioit northestōne
¶ Au conte de suffolt/qui portoit de sable a
la croix dor/et crioyt suffoult.
¶ Au seigneur de gobehurt / qui portoit de
gueulles au cheuron dor/a trois lyons de sa

ble et cryoit haston.
¶ Au seigneur de cliffort qui portoit eschac/
quete dor/et dasur/a la bende dermines / et
cryoit cliffort.
¶ Au seigneur de lisle qui portoit dor/a
deux cheurons de sable/et cryoit lisle.
¶ Au seigneur de moulins/qui portoit de sa
ble au chief dargēt/ a trois losenges de gueul
les sur le chief/et croit moulins.
¶ Au seigneur de rocqueby qui portoit dar/
gent/ au seigneur de sable et crioit roqueby
¶ Lesquelz seigneueurs allerent en/
semble acōpaignez de cēt lances/ᷓ trois
cens archiers.

T pour oster et affoiblir la tresgrāt
puissance et assemblee des sarraziᷓ
crestiēs les quatre toys despaigne/
Cestassauoir/de castille/darragon
de portingal / et de nauarre / sestoient alliez
pour guerroyer par mer et par terre les toys
de grenade/de maroth et de belle marine/sar
tazins les plus prochains/mais ia pourtant
ne demoura que leur puissance ne fust si grā/
de que merueilleuse chose estoit ainsi ᷓque cy
apres sensuit.

¶ Les prelatz ᷓ princes et les autres
seigneurs qui la furent. Et premie/
rement.

E duc de brunsinch pour ēpe/
reur/ qui pour sa maladie ny
peult estre / et auoit la charge
de sa banniere/qui estoit dor/a
vne aigle de sable / et tous les
princes et seigneurs commanda pour lacom/
paigner/ Cestassauoir. Le duc dosterich/le
duc de bauiere/le duc de brabāt/le duc de sta/
stin/le duc de lembourg/le duc de luxēbourg/
le duc de mōs/le marqs ᷡ maisse/le marquis
de brādebourg/le cōte de lemōt/le cōte de naf
so/le conte de desphem/le conte de montgel/
bin/le conte de bratemberge/le conte de sone

Le conte de berembourg. Le conte de maigne
Le conte de bindo. Le conte dumett. Le conte
de bualstin. Le conte de guerles. Le conte de
hollande. Le conte de zelande. Le conte de se-
ne. ¶Le conte de oste. ¶Le conte de cylle.
¶Le conte de puilly. ¶Le conte daussebourg.
¶Le conte de lost. ¶Le conte marquis de bla-
quebourg. ¶Le conte de lindo. ¶Le conte de
buitembourg. ¶Le conte de saulme. ¶Le con-
te de biernembourg. ¶Le conte de limoges.
¶Le conte de salebrune. ¶Le conte de riches-
court. ¶Le conte de buardence. ¶Le seigneur
de augie. ¶Le seigneur daureth. ¶Le seignr
dentourcq. ¶Le seigneur de lingue. ¶Le sei-
gneur de fontaines. ¶Le seigneur de bossat.
¶Le seigneur de barbancay. ¶Le seigneur
de lehamede. ¶Le seigneur de lalam. ¶Le sei-
gneur de coude. ¶Le seigneur d marquettes
¶Le seigneur de quesnoy. ¶Le seigneur de
sainct bucist. ¶Le seigneur de fontenay. ¶Le
seigneur de iumont. ¶Le seigneur de trans-
guies. ¶Le seigneur de hournes. ¶Le seignr
de robertsart. ¶Le seigneur doysy. ¶Le sei-
gneur de clermont. ¶Le seigneur de crespy.
¶Le seigneur de maries, tous hanoyers qui
y furent.

¶Les assebennoys de la conte
de lost qui y furent.

Le seigneur dargenmont. ¶Le
seigneur de moiraumes. ¶Le
seigneur descouuenost, le sei-
gneur de lesmatte, le seigneur
du cerf, le seigneur de gaulles
le seigneur de lesmatte, messire robert de na-
mur, le seigneur de rochefort, le seigneur de
chaudemont, le seigneur dargenteil, le seignr
de doy, le seigneur de hampam, le seigneur
de baresses, le seigneur d rammes, le seignr
de landry, le seigneur de duras, le seigneur
de bangines, le seigneur de motgardin, le sei-
gneur de salles, le conte de namur, le seignr
de huffalaise, le seignr de buassebeth, le sei-
gneur de bille, le seigneur de suy tous rupoers
assebennois.

¶Les rupers de des duchez de le-
bourg, de luxembourg ⁊ de blanch-
bourg qui y furent.

Le conte des mons, le seignr
de fauquemot, le seignr de les-
selle, le seigneur de haulse dau-
ge, le seignr de rameberg, le
seignr de collebattens, le sei-
gneur de binusebourg, le seigneur destelles,
le seignr de rodemarg, le seigneur de tonme-
ge, le seignr de humbehe, le seigneur de lem-
past, le seignr de blassemarte, le seignr de ri-
che espee, le seignr de iarmatte

¶Les almans de bauiere qui y furent
Le seignr de lesmalhe, le seigneu
de mades, le seignr de houd ines
le seigneur destebourg, le seigneu
de roddon, le seignr de boncourt,
le seignr de pattangest, le seigneur de lesigny
le seignr de bualemberge, le seignr de hetes
le seigneur de maudresset.

¶Les ropers almans de brabant.
Le seigneur de malines, le
seignr de buassematte, le sei-
gnr de buasselart, le seignr
de branch, le seigneur debuo
natbare, le seignr de halhe,
le seignr de picressem, le sei-
gnr de bettesarre, le seigneur de het, le seignr
de bricquenal, le seigneur de grantberghe,
le seigneur de rosselat, le seigneur de rohe, le
seigneur de souberf, le seigneur de hornes, le
seigneur de bualhem, le seigneur de gossebet
the, le seigneur de dyestre, le seignr de durs,
le seigneur de houdeberthe, le seigneur de ha
berthe, le seigneur de gres, le seigneur den-
uers, le seigneur de toy, le seignr de buadres

¶Les rupers holedoy⁊ zeladoys q̃ y furẽt.
Le marquis de iulles, le seignr d bie
droth, le seignr de bualterie le seignr
de houdines, le seignr de puttame, le
seigneur de harlar, le seignr de lisesta, le sei-
gnr de raderonde, le seignr de tamebot, le sei-
gneur de lalcque, le seignr de catedich, le sei-

gneur de hamestede/le seigneur de dperbpe/
le seigneur de hornes/ le seigneur de licque/
le seigneur dargemonde/le seigneur dabecot
le seigneur de lauare/le seigneur de vnoste/
le seigneur de bendebourg/le seigneur de hou
deberghe/le seigneur de tomes/tous venuz
tresbien empoint ou seruice de dieu/(t au ma
dement de lepereur qui furent trente mil/
le cheuaulp/et de gens de traict/ douze mille
et autresvingt mille combatans a pied.

℄ Les prelatz des alemaignes qui
p furent.

Arceuesque de coulogne a trois mil/
le cheuaulp deup mille hommes a pied
(t trois mille combatans a pied.

℄ Larceuesque de treues/a trois mille che/
uaulp/deup mille hommes a pied/et trois mil
le combatans de traict.

℄ Leuesque de mapence/ a deup mille che/
uaulp/mil hommes de traict/ et quinze cens
combatans a pied.

℄ Leuesque de passo a deup mille cheuaulp
mil hommes de traict/ et quinze cens comba
tans a pied.

℄ Leuesque du lpege a deup mille cheuaulp
mille hommes de traict/et quinze cens com/
batas a pied.

℄ Le maistre de pusses et tout lospital qua/
tre mille cheuaulp/ deup mille hommes de
traict/et v.mille.combatans a pied. Et p fu/
tent le dispost de romenie pour son frere lem
pereur de constatinoble/auecques sa baniere
acompaigne de trois mille cheuaulp/ et qua/
tre mille hommes a pied.

℄ Le duc de lesto pour lepereur de boulguer
rie auecques sa baniere / acopaigne de mille
v.cens cheuaulp/et deup mille hommes a pied
tous trois venuz ensemble. Et si p fut le top
de behaigne en persone/qui portoit de gueul
les/a vng lpon dargent/la qucue nonee/four
chee et croisee/couronne et arme dor/et en sa
compaignie/le duc de saz coingne / le marqs
de blandebourg/le conte palatin/ le conte de
grane/le conte de marque/le conte de vuan/

tebourgh/le seigneur de vuasembourg/le sei
gneur destrambourg/le seignr de plomnime/
lau/le seignr de dourru/ le seignr de bruneth
le seigneur de flamoupton/le seignr de bouf
suelt/le seignr de misq/le seignr de stone/ le
seignr devneteberghe/(t plusieurs autre cheua
liers (t escupers ou nombre de dip.m. cheuaulp
sip mille hommes de traict/et hupt mille ho
mes combatans a pied.

℄ Et p fut le duc de lestone por le top de poul
lame/qui portoit de gueulles/au cheual dar
gent cheuauche dune dor arme/tenant vne es
pee dargt ou poing croisee (t pomes dor/(t a
uecques lup le duc de craponne/le duc dorri
che/le duc de surduich/le marquis de nasses/
le conte de vualendech/le conte de suteberthe
le cote de craine/le seignr de loiselech/ le sei
gne dandach/le seignr de briquebo..ch/ le sei
gnr de lisemberghe/le seignr de nulz/ le sei
gnr deterg/le seignr de saueberch/le seignr d
don/le seignr de moigh/le seignr de paighe/
le seigneur de sauergh/le seignr de seblonich
le seignr desmuich/le seigneur dunasmes/le
seignr de ploms. Et plusieurs autres cheua/
liers et escupers/ou nombre de vnze mille che/
uaulp/huit mille homme de traict/t dip mil/
le combatans a pied.

℄ Lacteur.
Et si p fut le duc de migraine/
auecques la baniere du rop de
hogrie qui estoit faisse de huit
pieces de gueulles(t dargent a/
uecques grant compaignie de
ducz de princes de marquis de contes/de vi
contes/de barons/de bametes/de bacheliers
et dautres cheualiers (t escupers desquelz por
abreger ie me passe de dip mille a cheual. En
la quelle assemblee furet de cent a sip vingts
mille combatas a cheual/ ou estoiet de. pppp.
a quarante mille cheualiers et escupers bien
en point et de gens de traict / et autres de cet
a quarante ou cinquante mille bons cobatas.

℄ Lacteur.

¶ Comment les sarra/
zins estoient en grãt nõ/
bre de turcz et infidelles
plus quon nauoit Veu de
puis le temps de mac/
hommet.
Chapitre. l.y.

E la partie des sarrazins e/
stoiët la plus grande armee
que depuisla loy de mahom
met ilz eussent faicte/ Car
tous les souldans/ les roys
les seigneurs des quatre re
gions y estoient/ Cestassauoir daise la ma/
iour ou sont six prouinces/ Cestassauoir iu/
die/persie/sirie/egipte/surie et aisie. Ce/
ste partie de iudie est enclose de la mer qui est
deuers le mydy que aucuns dient la mer noi/
re. Et autres lappellent la mer bastue pour
le grant debatement en quoy elle est/ iour et
nuyt a cause de sept mille cinq cens quarante
et huyt isles qui y sont/desquelles en y aVne
bien grande/ou sont dix citez/ la principalle
gelbona et en ceste cite a grant quantite doz
de pierres precieuses / et y multiplient plus
les olifens que en autre partie du monde. La
quelle fut iadis conuertie par sainct thomas
lapostre iacoit ce que la plus grant partie du
pays soyent mescreans.

¶ Lacteur.

T ceulp de la seconde region
des sarrazins qui y furent / e/
stoient de perse/ Cest de tur/
quie / ou a dediuerses prouin/
ces/ Cestassauoir auffricque/
medie/persie/mesopotame ou est la grantci
te de niniue qui a trois iournees de long/ et
ores est dicte babilonne/et illec est le commë/
cement de la merueilleuse tour babel / qui a
quatre mille pas de large/et illec sont les pro
uinces de caldee/darabie/de sabaet de tarsie

Et en cest le mont de sinay/ou les anges por
terent le corps de ma dame saincte Katheri/
rine/qui ores gist en leglise saincte. marie de
ruetassezpres dudit mont.

¶ Lacteur.

Eulp de la tierce region qui
y furent estoient de la region
de surie en la quelle sont les
prouinces de damas danthio
che/ de finice/dõt fut thitus
et sidon / et la est le mont de
libanne/dont sault le fleuue de iourdain z la
sont les citez de palestine/de iudee/de hieru/
selem/de samarie/de gabeste / de galilee et
de nazareth/et en ceste terre furent les deup
citez de sodome z de gomorre q par leur tres
abhominable peche fondirent en abisme. Et
de celles trois regions a celle grant bataille/
furent tant de roys de seigneurs et de peuple
que toute la terre en estoit couuerte/cuydans
conquerir le surplus ainsi que iay dit/ desqlz
seigneurs sarrazins ien nommeray aucuns
cy apres.

¶ Lacteur.

T quant le iour presiz de la
bataille fut Venu/z que tous
les chrestiens furent sur les
champs ouye leur haulte z so
lempnelle messe bien matin/
que larceuesque de couloigne
dist/et tous estans en estat de grace comme
il appartenoit a tous bons crestiës. Et apres
labsolucion donnee par le cardinal dostie qui
legat du pape estoit / et les Vngs aup autres
requerans pardon. Lors qui se Voult desieu
ner desie una/puis monterent a cheual chas
cun en ses batailles ordonnees. Saintte mon
te sur Vng destrier et sen Va au roy de behai
gne.Lors deuant luy tyra son espee et de par
dieu et nostre dame et monseigneur sainct de
nis luy requist lordre de cheualerie.Le bõ roy

qui armoit le bon iehan ⁊ tous les francoys a
tresgrant iope la collee et ordre luy donna pri
nt a dieu qui luy donnast honneur et iope tel
e quil desiroit:⁊ des lors par tout fut appelle
e seigneur de saintre· Lors ꝗ voult estre che/
alier sauanca·La furent maintes banieres
euees ⁊ couppees les queues,a maintz pe/
rons· Et quant tout ce fut fait ⁊ retourne en
eurs lieux /lors chascun faisat le signe de la
roix commencerent a cheuaucher·

¶ Lordonnance des batailles·

Ieu auant et nostre dame fut
ordonne que la banniere de frā
ce/celle de lordre de pruce /cel
les des cinq prelatz:auecques
celles de certains ducz :contes
princes ⁊ barons almans auec
ques celle des angloys:iusques au nombre de
oii·mil cheuaulx:ou estoient:iiii·mil cheua/
iers et escupers esleuz feroient lauantgarde
qui estoit a vne croix de sable dargent·
¶ Le roy de behamgne ⁊ sa compaignie qui
stoient dix mille cheuaulx feroient vne des
elles a dextre couste·
e duc de letoue auecques la baniere du roy
e poulaine dont il auoit la charge et sa com/
aignie qui estoient· xi·mille cheuaulx fe/
oient lautre aelle au senestre couste·
a baniere nostre dame que portoit messire
adiffier de la salle qui vne autre fois lauoit
ortee ⁊ celle des quatre empereurs /cestassa
oit dalmaigne:de constantinoble:destra:pe/
oude ⁊ de boulguerie auecꝗs celles des au/
tes ducz:princes:barons ⁊ nobles hommes ꝗ
stoient a cheual de·xxv·a·xxx·mille bons
ombatans feroiet la bataille· Et que le duc
e migraine qui auoit la charge de la bannie
ere du roy de hongrie ⁊ sa cheualerie ꝗ estoiet
ouze mil cheuaulx:feroient larriere garde/
t des soixante mil hommes a pied seroient
aictes deux batailles parties de moytie/lu/
e a dextre ⁊ lautre a senestre tout per a per

aucun peu deuant ⁊ les deux aelles de lauāt
garde qui poursuyroient vne enseigne sans
passer homme deuant· Et ceulx qui nestoiēt
point de traict porteroiēt a chascun vng grāt
pauoys qui se appuyroiēt:tous pains a grās
croix blanches/et ceulx sarresteroient quant
lenseigne sarrestroit pour couurir les gēs de
traict·Et quāt tous furēt aisi ordonnez ⁊ to9
furent desieunez:par leurs cōducteurs ⁊ prin
ces en telle maniere que oncques gens ne fu
rent mieulx asseurez·A celle belle ordonnan
ce p le grant plain de bellehoth pas a pas che
uaucherent·Si ne tarda gueres quilz virent
leurs cheuaucheurs reuenir qui leur apporte
rent la tresiopeuse nouuelle de leurs enne/
mys·Et quant ilz en furent a vne lieue pres
lors sarresterent pour les gens a pied ⁊ man/
derent cheuaucheurs pour les guyder ꝗlz di/
rent quilz nauoient que trois batailles pres
a pres ⁊ sans nulles aelles ou auoit du menu
peuple assez·

¶ Lordonnance et facon des ba
tailles aux sarrazins·

Es sarrazins qui auoiēt faict
vi·batailles/cestassauoir troys
a cheual et trois a pie Et les/
quelz a pie deuoient fuyr et se
tir tantost apres pour tuer to9
ceulx quilz abatroient ⁊ tailler iābes ⁊ piedz
des crestiens ⁊ de leurs cheuaulx:dōt a la pre
miere voult estre abazin le grant turc de prus
se qui pour lors estoit:⁊ qui en sa bāniere por
toit de gueulles a vne grant espee turquoyse
dargent en bande amanchee dazur croisee et
pommettee dor qui pour le grāt orgueil de sa
puissance ꝗ estoit bien accompaigne de·xxx·
a·pl·mil cheuaulx ⁊ plus de cēt mil hommes
a pied ne prisoit riens les crestiens·
Et la seconde bataille:zizaach qui se disoit
empereur de cartaige:⁊ qui en sa baniere por
toit sable aux deux testes de cheuaulx dor en
dossees·Et alcenoch soudan de babillonne ꝗ

en sa baniere portoit tout dor sans plus.
Et azachul soudam de mabaleth acompai/
gne de.lx.mil cheuaulx:et apres eulx cent et
soixante mil hommes a pied.

Et en la tierce bataille furent les roys de la
grāt armenie:de sep:de alapie ꞇ bezgazul sei
gneur de baldaquie qui auoiēt quarante mil
le cheuaulx:et de troys a quattre .c. mille hō/
mes a pied darmenie/de barbarie/de ruffie
de sarnasse ꞇ de tartarie que toute la terre en
estoit couuerte.

¶ Comment en la bataille des
sarrazins saintre tua le turcq de
prime face:et faisoit si bien son
debuoir que tous les ennemys
luy faisoiēt place. Et puis com/
ment lempereur de cartaige/les
deux souldans de babillonne et
mabaloth le grant turcq furent
mis a mort:et aultres plusieurs
tant dung party que daultre.

Chapitre   lxi.

¶ Cy commence la bataille.

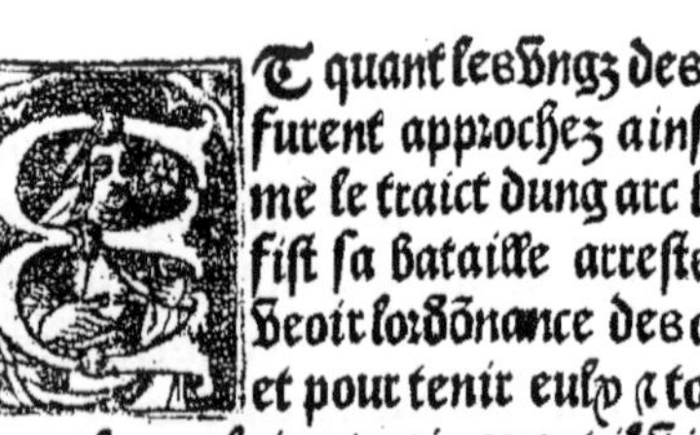

T quant les bngz des autres
furent approchez ainsi com/
me le traict dung arc le turcq
fist sa bataille arrester pour
beoir lordõnance des crestiēs
et pour tenir eulx ꞇ to9 leurs
cheuaulx en alaine/mais quant il bit que la
uantgarde ne bougoit ou mouuoit:et que le
grant traict des canons et couleurines:des
arcz et arbalestres des deux aelles grande/

ment les dommageoient. Lors se pensa de
rompre son proupoux/et manda faire deux
pars de ses gens a pied qui derriere luy e/
stoient:et que chascune part courust sus aux
batailles des gens de traict / mais quant ilz
se sentirent et furent du traict si merueilleu/
sement touchez ny eut celluy qui osast appro/
cher ꞇ qui ne recullast. Alors le turcq com/
me desespere fist auancer ses bannieres/ et
tant que cheuaulx peurent aller les bngz par
my les aultres eulx escrpant biennent bers
lauantgarde. Lors les nobles francoys cre/
stiens a haulte boix Jhesus/nostre dame/
montioye/sainct denys la banniere du Roy
et tous les aultres la furent:et tant que de/
striers peurent aller les bngz parmy les aul/
tres sentrefierent tellement que le seigneur
de saintre qui estoit sur son puissant destrier
tout arme tresrichement housse dorfauerie
esmaille a ses armes. Et sur son bacinet tres
riche housse par sus tous moult apparante
Lomme a dieu pleut attaint le fer de sa lan
ce sur le turcq par lestroict de sa bauiere si
que il luy mist le fer dedans/et a lemprain
dre que il fist le renuersa tout mort a terre.
Lors commenca la bataille tresdure et forte
car gueres des leurs ne scauoient:ne ne se
prindrent mye si tost garde de la mort de leur
seigneur. Lors beissiez gens et cheuaulx
cheoit et tresbuscher les bngz sur les aultres
et de toutes pars cryer que cestoit merueil/
leuse chose/mais quant le seigneur de sain/
tre se bit desgarny de sa lance incontinent
mect la main a lespee et fiert a dextre et a se
nestre que il ny auoit turcq qui place ne luy
feist/et quant il bint ioingdre a la banniere
Lors fut de toutes pars assailly que si ne fust
layde de dieu et quil fut bien tost secouru
sans nul remede il estoit mort / mais la ban
niere du Roy qui par tout le suyuoit a layde
des bons et baillans francoys et des aultres
qui la cõduysoiēt ꞇ faisoiēt de merueilleuses
choses:dõnerēt de fors affaires aux ennemy
et de les nommer seroit trop longue chose et

de declairer leurs proesses/et aussi qui ne fe
roit declaracion des armes des ungz comme
des autres ien pourroye estre en malle grace
parquoy ie prie a tous que a tant leur vueille
suffire (soye tenu pour excuse/mais du sei
gneur de saintre:duquel lhystoire parle p ey
pres me conuient plus auant proceder. Quat
le seigneur de saintre fut ainsi deliure Alors
brocha son destrier des esperös (vint au turc
qui tenoit la baniere (luy donna si grät coup
sur les bras de son espee si q̈l la luy fist cheoir
a terre. Les aultres turcz qui attendoient en
combatant leurs secours se deffendoient cö
me les plus vaillans deulx tous. Et en de
mentiers que ceste si fiere bataille se faisoit
les deux soudäs approcherët /mais quant ilz
virent la baniere du grant turc a terre se arre
sterent pour prendre conseil quel party ilz prë
droient:ne quelle chose ilz feroient. Les turcz
qui ne se peurent plus porter: ne la charge
soustenir tant a cheual cöme a pied se röpirët
Alors tät q̈ cheuaulx peurent aller les deux
soudans sapprocherent et leurs gens en ha
stant venir apres eulx la tierce bataille pour
leur ayde (secours:(a ce coup fut heure que
pour conforter et ayder et secourir lauantgar
de de noz gens (q̈ lassez (trauaillez estoient
le roy de behaigne et sa bataille qui faisoit
vne des aelles (le duc de lestouen qui faisoit
lautre aelle dautrepart les vindrent telle mët
hurter q̈ tous passerent iusques aux bannie
res:dont lune fut portee et gectee par terre.
Et quant leur bataille de pie qui apres eulx
venoit apperceurent la banniere de leur sei
gneur a terre:ny eut celuy qui osast passer pl⁹
auant. Apres la .iiii. bataille qui se cöduysoit
par les roys de la grät armenie de sep:de ma
roth (de allapie (le seigneur de ballaquie vi
rent les autres deux batailles desconfites:et
que encores nauoient assemble a la grant ba
taille larrieregarde ne les deux aelles furët
tous esbahiz: Toutesffois pour ce q̈ venuz e
stoient pour combatre (estoiët de gens a che
ual (a pied si trespuissans:conclurent que le

plus tost quilz pourroient fussent assemblez/
et quant la grant bataille des crestiens virët
la derniere bataille des turcqz approcher:lors
les princes qui la gouuernoiet (qui nauoiët
encores veu qui leur fust ou eust este besoing
dassembler manderent a larriere garde que
quant ilz les verroient assembler q̈ hast iue
ment sapprochassent pour ferir du couste/car
en ce grant plain nauoiët boys ne vallees ou
gens se peussent embuscher/laquelle chose (
ordonnance fut bien tenue:(sur ces paroles
furent tous pour assemblez. La fut la tressie
re cruelle et mortelle bataille qui eust fait du
mal assez/mais larriegarde au cry de nostre
dame et du roy de hongrie:cestassauoir lance
lot tant quilz peurent courre les lances cou
chees sur les arrestz frapperent les trauers (
les deux aelles de traict a ce grät nombre de
cheualiers de gens mauldictz:(incontinent
quilz sentirët le traict se rompirent et mirët
en fuyte. Alors fut la mortalite si grande säs
plus de deffence comme ce ce fust des brebis
mais la bataille des gens a cheual dura tres
longuement:(eust eu assez plus de duree po²
le tresgrant nombre quilz estoient se larriere
garde ne se fust auancee qui fut cause de leur
desconfiture plus briefue. Et a ce coup furët
leurs banieres portees par terre et desconfi
tes:et le surplus de ceulx qui sen peurent es
chapper par la grace de dieu mis a la fuytte.
La fut deulx loccision si grande q̈ parauant
oncques puis la bataille de thesalle:ou pom
pee fut desconfit ne fut faicte la semblable.
Et la furët mors lempereur de cartaige :les
deux soudans de babilöne (mabaloth:le grät
turcq bazul:le sire de balaquie:les roys de ma
roth et de alapie prins (tant daultres grans
seigneurs prins et mors que pour abreger ie
men passe : dont dura la bataille plus de six
lieues/(pour la nuyct qui suruint fut besoig
a noz gës de retraire (deulx loger sur les ma
roys dung estang (a lentree dung boys (la
se raffreschirent et reposerent eulx et leurs
cheuaulx qui moult las et trauaillez estoien.

et mediciner les personnes et cheuaulx bles/
sez iusques au lendemain bien matin que on
alla visiter et congnoistre les mors:et quant
furent sur la place trouuerent entre les mors
maintz sarrazins naurez et feruz qui tēdoiēt
les mains pour eulx rendre/mais tous furēt
mis et renduz a mort:ꝗ lors tirerent tous les
crestiens qui furent congneuz aux croix de
diuerses couleurs/et ceulx qui nestoiēt mors
furent portez en lost ꝗ es bonnes villes pour
les guerir:et les mors a tresgrans honneurs
et seruices de dieu furent enterrez:et par sur
tous les francoys furent exemple des autres
car tous se vestirēt de noir/ꝗ par celle amour
quilz monstrerent porter lung a lautre furent
de tous tresgrandement louez.

¶ Commēt les nouuelles cou/
rurent par tout:specialement en
france que le petit saintre auoit
faict merueilles :specialement
entre les aultres choses auoit
tue le grant turcq ꝗ abatu sa ba/
niere:dont le roy fut grandemēt
ioyeulx ꝗ en remercya dieu et
les sainctz en grande sollēpnite.
　　Chapitre　　　　　　lvii.

¶ L'acteur.

E la quelle tressaincte victoi
re la nouuelle alla par tout ainsi
que fist de perseus parpegasus
le cheual vollant /de la quel/
le chascun escript en ses mar/
ches/ et comment auoit este/
dont entre les vaillances que chascun auoit
faictes: celle dung ieune et nouuel cheualier
de france que onnommoit le seigneur de sain
tre furent par tout portees et dictes/et cōmēt
a lassembler des premieres bat ailles de coup
de lance il porta le grant turc mort a terre/et

depuis par sa grant proesse ꝗ valleur tāt fist
darmes quil vint a la baniere dicelluy turcq
quil porta a terre/ꝗ tant dautres armes mer/
ueilleuses ꝗ lescripre seroit lōgue chose.

¶ L'acteur.

T quant celle tressaincte nou/
uelle fut ainsi par tout publiee
lors tous vrays chrestiēs de ql/
que part quilz fussent inconti/
nent coururent aux esglises a
grans sons de campanes nostre seigneur re/
mercier/dont entre les autres princes chresti/
ens le roy de france incontinent monta a che
ual ꝗ sen alla ensla grāt eglise remercier dieu
et nostre dame ꝗ puis sainct denys /mais ne
tarda gueres que le roy darmes daniou qui
a la bataille auoit este vint au roy ꝗ de bou/
che luy dist la chose ainsi quelle auoit este fai
cte ꝗ les vaillances des nobles de son royaul/
me vifz et mors que on ne pourroit compter
et en especial celles du seigneur de saintre ꝗ
toutes les lectres ainsi le contenoient. Et
quant le roy eut entēdu la verite de ceste cho
se dist lors. Ha beau dieu soyes tu loue vueil/
les auoit mercy de ceulx qui en ton seruice
sont trespassez. Et pour pcelle bonne nouuel
le audict roy darmes donna sa robe et trois.c.
escuz. Alors fut la ioye par la court et par la
ville telle que on doit et peut bien pēser :fors
que des dames ꝗ damoyselles ꝗ de ceulx qui
auoient perdu leurs amys. Et a tant laisse
ray cy a parler deulx et de ces choses ꝗ reuiē
dray audict seigneur de saintre.

¶ Comment saintre et toute
la noble cōpaignie des crestiēs
francoys apres la desconfiture
des infidelles retournerēt a pa
ris:ou ilz furent ioyeusemēt re
ceuz du roy:de la royne ꝗ de tout
le peuple.Cap.　　　　lviii.

Hant le seigneur de saintre
et celle noble et cheualeureu
se compaignie furent venuz
a sainct denys ꝗ faictes enle
glise leurs deuocions pour
entret a paris furent au de/
uant deulx les troys seigneurs ducz dessus/
dictz ꝗ tant daultres qua paine en demoura
vng seul:ꝗ encelle mesme ordonnance reuin/
drent comme partiz en estoiēt descendre en la
grant court de sainct pol:fors que de bannie/
res des mors/et du seigneur du chastel frou/
mont et aultres qui estoiēt demourez nautez
Et en son lieu porta le seigneur de maule/
urier la banniere du roy par election de tous
Lors furēt faictes a eulx tresgrans hōneurs
et bonnes cheres:et aussi des aultres a eulx.
Et quant ilz furent deuers le roy et la royne
ma dame et leurs compaignes qui en la grāt
salle estoient ꝗ eurent au roy a lentree faicte
leurs reuerences premieres.Le roy qui assis
estoit pour les honnorer:et pour la grant ioye
quil auoit se dressa sur piez ꝗ fist vng ou deux
pas au deuant:puis a celle tresgrāt ioye tou/
cha les mains a tous :ꝗ en dementiers que le
touchoiēt le seigneur de saintre et les autres
allerent faire la reuerēce a la royne:a ma da/
me ꝗ a toutes les dames qui la estoient:qui
de leur venue tresgrant ioye faisoiēt:fors au
cunes a qui leurs parens et amys estoient de
mourez/et quant tous eurent faictz leurs re/
uerēces et les dames et damoyselles baisees
et acollees Le roy refut en sa chaire assis qui
leur dist Mes amys nostre seigneur soit loue
et sa tresbenoiste mere quant a tel honneur ꝗ
ioye vous estes retournez:ꝗ vueille dieu par
donner aux ames de ceulx qui y sont demou
rez ainsi que selon nostre saincte foy le deuōs
tous croyre ꝗ quilz sont sauluez/mais affin
que nostre seigneur vueille deliurer leurs a/
mes des paines de purgatoire ꝗ les mectre
en repoux en son tresglorieux royaulme de
paradis Nous voulons et ordōnons que aux
vespres nous soyons tous a nostre dame ꝗ fe

rons dire les vespres et vigilles de mors/et
demain les recōmandacions et solempnelles
messes que leuesque dira:et y toutes les au/
tres eglises seront dictes messes de requiem
par tant quil y viendra de prestres:si vous
prie que tous y soyons:lequel seruice voulōs
et ordonnons estre ainsi par trente iours con
tinue. Et a tant laisseray cy a parler de ces
choses et diray comment ma dame tresdesi/
rāte de parler audict seigneur de saintre:luy
fist son signal.Et comment par le sien il luy
respondit.

ꞮL acteur.

Pres que toutes ces choses fu
rent ainsi faictes ce soit que le
roy et la royne:tous messieurs
et les dames se penoiēt de to9
leurs pouoirs de ces seigneʳs
festoyer:especiallement le seigneur de sain
tre/ma dame qui pas si grant semblant que
les aultres nē faisoit:toutesfois pour la grāt
ioye de sō cueur tenir ne se peut ꝗ deuers luy
deuant tous ne sapprouchast et luy dist. Sire
saintre :aumoins quant les aultres dames
vous auront festoye:aumoins que nous vo9
soyons a nostre tout/nous auons veu le tēps
quon vous tenoit vng gracieux escuyer:estes
vous point a cause de voz vaillances ꝗ que
lon vous dit monsieur ꝗ de nouuel cheualier
point changie:Et en disant ces parolles elle
print son espingle ꝗ en fist son signal:auquel
incontinent le seigneue de saintre respondit
et en soubzriant luy dist Ma dame quoy que
soit en moy:ne quel ꝗ ie soye depuis que ne
me vistes ie suis tout tel et celuy que iestoye
par auant:puis illecques presēt entrerent en
autres parolles iusques a lheure du soupper
dont furent aulcuns qui apres que les tables
furent ostees parlerent de dancer/laqlle cho/
se le roy ouye et la royne ditent que pour las
mour des trespassez dont len ne deuoit mye
estre ioyeux ia ny seroit chante ne dance fai/
cte/mais pour le matin estre to9 a leglise de/
manda les espices et son vin de congie.

CLacteur.
CComment saintre requist au
roy que pour sa bien venue cou-
chast auecques la royne : ce quil
luy permit / et comment la roy-
ne en fist grande risee luy deman-
dant pourquoy il auoit faicte cel-
le requeste : puis en fin comment
sus la minuyct il alla parler a la
dame en secret qui luy fit la plus
grant chere du monde : nompas
sans plusieurs baisers et acollemens
  Chapitre   lpiiii.

T quant le roy fut en sa chambre
le seigneur de saintre en riant luy
dist. Sire pour nostre bien venue
ie vous prie que ce soit auecques
la royne dormez. Le roy qui tres-
gracieux prince estoit et qui tant laymoit en
riant luy dist Tousiours fustes et serez gra-
cieux : et du party aux dames : et pour lamour
de vous ie le vueil. Alors tout en riant vint
a la royne et luy dist : aumoins ma dame don-
riez moy vng grant mercy. Et quant la royne
le vit ainsi rire luy dist Et dequoy saintre vo-
donneray ie vng grant mercy. Ma dame don-
nez le moy et puis ie le diray : nonferay dist el-
le / car vous vous farceriez de moy. Ma dame
cest chose ou le roy vo et moy prendrons plai-
sir Ne vous fiez vous pas en moy / si faiz dist
elle : et puis qu ainsi est ie vous dis grant mer-
cy. Alors le seigneur de saintre luy dist. Ma
dame faictes bonne chere / car iay espoir que
ceste nuyct sil nest faict vous ferez vng tres-
beau filz / et pour nostre bien venue le roy ma
accorde de dormir auec vous. He dist la royne
que vous estes bon : il na que hier entre deux
que ie dormis auecques luy / mais ie vous prie
que vous me dictes qui est la chose qui ores
vous a esmeu de faire ceste requeste a mon
seigneur. Ma dame dist il ie le vous diray vo
sauez que quant aucun seignr ou dame vien-
net la ou les enfans sont a lescolle par coustu-
me a leur requeste les escolliers sont deliurez

et allent iouer. Haa dist elle saintre saintre
ce nest mye la droicte porte par ou vous cuy-
dez entrer Je vous adiure sur armes et sur
amours que me dictes la verite. Lors le print
par la manche et dit : tant que ie le saiche vo-
ne meschappe rez. Alors le seigneur de sain-
tre apella ma dame et luy dist Ma dame vueil
lez moy ayder / car veez cy la royne qui me
veult forcer. Si luy compta la requeste faicte
au roy et ce quil auoit dit a la royne tout au
long. Lors dist ma dame a la royne. Hee ma
dame laissez le aller il vous a dit la verite / non
a dit elle autre chose ya soubz le mortier / car
mon seigneur me dist hyer quil desiroit moult
sa venue pour bien auecques luy deuiser / et
il a trouuee ceste facon pour autre part aller.
Ma dame qui se doubte ainsi et la chose vraye
faict doubter et que leurs seigneaulx ne la feis-
sent suspeconner pour bien couurir leur em-
prise dist ainsi au seigneur de saintre. Heessi
te sire si ma dame me croyt deuant que luy
eschappez vous luy direz la verite. Alors il
leur dist / et par voz foyz mes dames se ie le
vous dis me laisserez vous aller. Ouy vraye-
ment dist la royne / et vous aussi ma dame le
me promectes auecques la royne. Lors il dist
ma dame il ya vng moys ou six sepmaines
que ne cessasmes de cheuaucher : Et pource
que le roy me vouloit arraisonner et ie me
vouloye dormir et reposer : pource ma dame
suis ie ainsi de luy eschappe. Ha dist la royne
a ceste fois ie vous croy. Lors dist ma dame en
renouuellant son signal : vrayement ma dame
cest bien fait vous le pouez bien laisser aller.

  CLacteur.

T quant la tres desiree heure
fut venue que bien alorsit ma
dame et son amy peurent par-
ler ensemble. Que vous diroisie
la furent les baisers donnez et
baisers reduz tant qlz ne sen pouoiet saouller
et demandes et responces telles quamoy vou-
loient et commandoient. Et en celle tresplai-
sant ioye furent iusques a ce que fortune les

firēt departir/en laqlle retournet ne pouoyēt
si la royne ne dormyst auecques le roy/ ou ilz
semployerent touteffois que au roy plaisoit.
Que vous diroys ie plus/ilz furent par qui/
ze moys. Et a tāt laisseray cy a parler de leurs
amours qui furent si loyalles et si secrettes q̄
oncques plus loyalles ne mieulx conduyctes
en ce monde ne furent.   ¶Lacteur.

¶Cōmēt le petit saintre delibera de por
ter vne visiere de bassinet dor/p lespace ō
iii. ās ccōmēt le roy luy cōceda nō obstāt q̄
ce fust cōtre sa voulente. Chapitre. lvij.

Duint que au quinziesme
moys q̄l fut retourne de pruf
se/par maintesfois se mist
en vng nouuel penser/et en
soy mesmes disoit/ helas po
ure de sens/poure daduis et
de tous biens que tu es oncques par toy aucū
fait darmes ne fut emprins/que ta tresnoble
et doulce deesse ne ty ayt mys/ Ores vraye/
ment ie me conclus et delibere que pour lamour
deste ie vueil faire aucun bien. Lors sappensa
de trouuer cinq cheualiers/ dont il en seroit
lung. Et cinq des escuyers les plus souffisās
et des meilleurs en armes quil pourroit trou
uer en france/lesquelzil requerroit estre tous
ensemble compaignons et freres/pour porter
par lespace de trois ans vne visiere de bacinet
dor pour les cheualiers/et dargent pour les es
cuyers. Ausquelz y auroit vng riche dyamāt
a lentredeux des deux bannieres/Si vraye/
ment que silz ne trouuoient semblable nom
bre de cheualiers et escuyers qui les comba/
tissent iusques a oultrance pour estre quicte
chascun desditz dyamans: et les autres de
semblable/et que nulle persōne ne le scauroit
iusques au dernier iour dauril/ quil feroit sa
requeste aux cheualiers et escuyers quil esli
roit. Et quāt il fut dutout delibere a ce il en
uoya a fleurence vng patron de toille / taint
en forme de satin figure tout blāc/ ou seroiēt
visieres dor brochees tresrichement / qui se/
roient pour leurs robbes q paremens des che

uaulx des escuyers / et dautres part secrete/
ment fait querir cheuaulx tous blācs les plus
beaulx et les plus fringans quon pourroit fi
ner/qui fussent menez et conduitz en certain
lieu secret / et encores fist faire : dix les plus
beaulx q nouueaulx chappeaulx de broderies
semblables: en facon ō plumes dostruffe char
gees dorfaueries: dor pour les cheualiers / et
dargent pour les escuyers/ q quant les draps
ō soye furēt apportez de florence/q lesditz che
uaulx trouuez. Lors fist tailler lesdictes rob/
bes sur personnes sēblables des corps a ceulx
quil vouloit requerir et aussi des draps mes/
mes fait faire dix tresbeaulx paremens / a
grans franges blanches soye coppōnee de fil
dor et dargent/ qui tous furent faitz secrete/
ment. Et quant lendemain iour dapuril fut
venu/ il semōt a soupper le seignr de psigny
le seignr de bueil/le seignr demailly/messire
hue de craō/q luy v. des cheualiers/ le seignr
de iaulx/le seignr de moy/le seignr derby/ le
seignr des barres et lessicurs de clermont es/
cuyers/ausquelz il fist tresbonne chiere en so
logis/q quant les nappes furent leuees sans
oster les tables tous rendirent graces a dieu
il appella le varlet qui gardoit sa chābre et se
fist bailler vng petit coffret. Lors fist vuyder
chascun de la salle pour aller soupper. Et alors
en riant dist/messeignrs q mes freres si ie e/
stoye presumptueux des choses q ie vous vueil
dire chascun me pardonne/ car sus ma foy/ie
vueil estre de tous q cy sōes le mēdre/q ce q iay
eu en pēsee/q q vous vueil dire chascū me par/
dōne/q nest que pour accroistre noz honneurs
ainsi que tous nobles cueurs doyuent desirer
a faire/q pource q sur tous ceulx de ce royaul/
me ie vous ay choisiz pour estre tous ensem/
ble freres q cōpaignōs pour faire quelque biē
en armes pour lamour de noz dames q hōneūrs
Dy sa messieurs q mes freres que dictes vous.
Alors chascun de ioye regarde lūg lautre pour
respondre/ et luy faire honneur. En disant
respondez vous/mais vous. Alors le seignr de
iaulx pmier parla q dist / monseignr de saitre

die chascun sa voulente / mais a si tresbelle
compaignie et aussi requeste me semble quil
ny fault point grant delay · Quant a moy / ie
suis celuy qui de ma part a layde de dieu (et de
nostre dame / ie vous accorde remerciat quat
mauez en te lnombre acompaigne prins etes leu.
Alors ny eut celuy que qui mieulx se peut of/
frit il soffrit / et ia fust que la en eust que au
tel pour autel ne pensast valoir celuy de sain/
tre / mais tant estoient les vaillances comme
auez ouy les largesses doulceurs et courtoisi/
es / qui passoient les bonnes et mectes de to9
Dont ny auoit celuy qui neust mis son corps
pour luy / et tant plus que le roy laymoit par
dessus tous / dot chascun auoit ioye de luy fai
re plaisir · Lors tous les remercia en la me il
leur facon quil peut / puis ouurit son coffret /
et a chascun donna sa visiere toutes pareilles
de facon et de dyamans · Puis leur dist / Or
messeigneurs et mes freres / ou nom de dieu
le pere / le filz / et le saint esperit / aussi de la
benoiste vierge marie sa fille et mere / ie les
vous baille et vous les prenez par telle condi
cion que chascun les portera sur son espaulle /
seneltre / et par lespace de trois ans / si dedans
le terme / nous ne trouuons semblable nom/
bre de cheualiers et descupers de nom et dar/
mes / sans reprouche / qui de lances de gect de
haches darmes / despees de corps (et d dagues
nous ayent combatuz / et nous eulx iusques
aprendre chascune partie / ces quatre poinc/
tes / ou estre portez par terre · Et la quarte a
qui dieu donnera du pire / chascun de nous se
ra quicte pour donner son dyamant et sa vi
siere / et nous serons quictes pour donner chas
cun vng semblable dyamant que sont les no/
stres / et du poursuyr noz deliuraces denuoyer
a la court du roy des rommains / puis en an/
gleterre / et la ou mieulx nous semblera acten
dez vous en a moy / aussi ie memployeray de
uers le roy / qui nous aydera a supporter no/
stre despence · Alors chascu de bien en mieulx
len remercya / et pour mieulx nous acquiter:
et faire noz deuoirs / ie loue que chascun voys

se a sa dame / et pour la premiere fois suppli
et q la visiere luy vueille sans plus a la main
asseoir / sur lespaulle seneltre sans la lyer au
trement iusques au matin que tous ensem
ble les porterons / mais pour faire nostre cho
se plus nouuelle / ie vous prie que soyez cy a
quatre heures au plus matin / si yrons esueil
ler le roy et la royne qui coucheront ensemble
et si leur plaist / nous les mettons au may · Si
furent tous si trescontens que plus ne peuret
Lors fut le seigneur de may qui dist / Helas (et
comment fera celuy qui na point lottroy de da
me · Alors le seigneur de saintre luy dist / A
mon frere de moy / tant aura il plus de cause
de franchement requerir sa grace et mercy /
Car si elle nest la plus fiere des autres pour
vng tel bien iamais elle ne le refusera · Et a
lors les vngs des autres prindrent congie / et
allerent chascun ou dit estoit · Et a tant laiss
seray cy a parler de ces seigneurs et de leurs
dames / et diray comment il en print au sei
gneur de saintre enuers sa dame ·

¶ Comment saintre fut au
preau parler a la dame / (et luy
compta son entreprise / dont
elle fut moult dolente et mar
rie / toutesfois tant la supplia
le petit saintre que sa reques
te la dicte dame luy attacha
son entreprise sur lespaulle.
Chapitre. lxvi.

E soir quil fut la vueille du pre
mier iour de may apres ce que le
roy eut prins les espices et le vin
de congie le seignr de saintre sap
procha de la royne / (et en riant a la
royne il appella ma dame (et deuat
elle dist a la royne / que me don
netez vous ma dame / si ceste nupct ie faitz
que vous dormez auecques le roy / hee sire
dist la royne / de ce ie ne vous scauray ia nul
gre · Et en riant de ces parolles / il fait a ma

dame son signal/ma dame qui bien congneut
son parler que ce fut pour laduiser du coucher
du roy auecques la royne ne fut mye sourde/
ne muecte/car incontinent par son signal luy
respondit/et quant le roy fut en son lict/et le
seigneur de saintre ainsi que de coustume es
stoit/aux princes et prince sses/seigneurs et
dames destat que les chambellas lordonnoiet
de leaue benoiste quat ilz estoiet en leurs litz
Ce que a plusieurs auiordhuy est hôte q cho
se mal faicte tant sont asseurez de lenemy/et
quant il eut donne leaue benoiste q closes les
couuertures/et donnee la bonne nuyt il sen
alla en sa chambre ou il demoura tant que la
tresdesiree heure vint que ma dame q luy fu
rent ensemble. Lors de baiser et rebaiser de
iouer q deuiser aux ieux q deuises que le ieu
damours leur auoit commande/et quant ilz
eurent grant piece deuise. Le seigneur de sai
tre lors a genoulx se mist puis a ma dame dist
A ma treshaulte deesse sans per/tant q si hu
blement comme ie scay et puis grace/pardon
mercy et misericorde vous requiers. Et de
quoy/dist ma dame mon amy: ma dame dist
il: du temps quil a que ie suys vostre trshum
ble serf q loyal seruiteur/oncques en moy ne
eut tant de bienque por lamour de vous ieus
se nul faict darmes eprins/mais tous ceulx
que iay faiz et ou ie me suys trouue ont este
par voz commandemens par voz conseilz et
aduis. Et pource que ie me cognois si gran
demêt auoir mespris q failly q q trop mieulx
vault faire bien tart que iamais/pource ma
dame treshumblement vous supplye q requi
ers que ceste emprise pour lamour de vous
moy dixiesme ay myse auât q emprise de por
ter/vous plaise pour la premiere foys de vo
stre main lasseoir sur mon espaulle lasseoir ai
si que tous mes compaignons ont fait au bô
gre de seurs dames: lesquelz sont telz/telz et
telz/et lors les nomma tous q en ce disant ty
ra son emprise de sa manche enueloppee dûg
delie ceuurechief et en luy presentant la cuy/
sa baiser. Ma dame quant eust ouy ces parol

les tresgrandement se courroua et ne voult
plus approcher :puys luy dist. Auez vous le
ue emprise de partie sa et la sans mon congie
Iamais tant que ie viue mon cueur ne vous
aymera parfaictement. Qui fut esbahy de
ces parolles certes ce fut il. Lors se print a la
regarder/et quant il vit quelle tenoit son vie
Alors luy dist/Helas ma dame vez cy poure
nouuelle/quant pour bien faire: ie doy estre
pugny/qui vous ay tant et si loyaulment ser
uy/mais mon cueur/mon corps/mon honneur
et vie pour vous obeyr. Et ores que ie cuy/
doye en vostre seruice faire mon deuoir acroi
stre grace et mon honneur/fault que ie perde
celle a qui ie suis tant tenu. Hee ma tresre/
doubtee dame sans per/Apez de vostre po
ure seruiteur mercy/et ceste fois plaise vous
me pardonnet. Car si iamais ie y retombe
que ie soye bien pugny. Alors ma dame luy
dist/Allez bien tost rompre vostre emprise/a
voz compaignons/Helas ma dame / et com/
ment. Car elle est ia si auant/que si cestoit
ma mort/ou ma vie/ie ne puis penser que sil
me fust possible/vous estes celle qui sur tou/
tes ie doys obeyr le plus. Et pource ma dame
a genoulx et a ioinctes mains / treshumble/
ment ie vous supplye/que ypement et de bon
cueur me pardonnez/et que mô emprise mec
tez pcy. Et du surplus ne vous soucyez/Car
iay espoir en dieu / et en nostre dame / quilz
nous en feront comptans. Et a ces parolles
ma dame tout moruement la print/et sur les
paulle seneftre lassist. Et puis moitie cy / et
mortie non elle souffcit quil la baisast / puis
pour lheure tarder/de elle print congie tres/
humblement et sen partit. Et a tant ie laisse
ray cy a parler de ma dame/et ditay de la ve/
nue aux neuf compaignons au seigneur de
saintre / et de leur tresbelle assemblee en son
logis.

Lacteur.

¶ Comment les neuf com
paignons vindrent le matin
deuers le roy.

Chapitre. lxvii.

Endemain quil fut le pre
mier io?de may? q les·ix co
paignies furent bien matin
au logis de saintre pour abre
ger apres que leur messe fut
leans oye/le seigneur de sai
tre en sa chambre venir les fist· Lors chascun
donna sa robbe de drap de soye auecques les
visieres dor et dargent / brochees ainsi qua/
uez ouy/puis fist venir les dix chappeaulx si
beaulx et si apparans comme ilz estoient/et
puis chascun son cercle dor et dargent / pour
saindre sur leurs robes/dont tous furent es/
merueillez/Alors demada les visieres/puis
de ses mains a chascun po?ceste fois sur le?s
espaulles senestres atacha / et en riant leur
demanda comment chascun estoit contant de
sa dame/Helas mais il ne dist mye de la sie/
ne /ne la fainte douleur que son triste cueur
portoit· Et quant ilz furent pour yssir tous
hors de lhostel·La furent les ditz fringas cour
siers tous blancs ql auoit secretement achap
tez tous enharneschez de mesmes draps dont
leurs robbes estoient qui au bout des peda̅s
ou meilleu et par les carrefours estoient se/
mez de visieres dargent dorees/pour les che/
ualiers et blaches pour les escuyers· Et lors
fut garny de trois dez/et dist/ a la fortune de
chascun celuy qui plus aura de pois a la veue
de loeil choisira·Lors chascu qui mieulx peut
et sceut len remercia/disant lung a lautre/ne
fut oncqu?s tel· Et au monter chascun fut
pourueu de nouueaulx ? semblables esperos
q dorez estoient/po? les cheualiers et argetez
pour les escuyers / dont les courrois estoient
de tyssuz d soye come len les souloit a bo̅ te̅ps
porter·Lors alyssir d lhostel veissiez cheuaulx

saillir bondir en lair/crier/huet/ou chascun
acouroit et fuyoit/que oncques chose pl?ioy/
euse a veoir ne fut·Et ainsi sen alleret en la
grant court de lostel de sainct pol·Lors chasci
sa ioye renforca/Car bien scauoient q le roy
estoit esueille Et quat le roy ouyt le bruyt des
ges/fist leuer les damoyselles q en la cha̅bre
gisoient pour scauoir que cestoit·Lors alleret
aux fenestres treillis/ et puis puis au roy di
rent·A sire /sire / venez veoir la grant mer
ueille/que oncques si belle chose ne vismes.
La royne qui pas ne dormoit desirat a veoir
que cestoit/dist au roy/allons veoir que cest·
Lors reuindrent les damoiselles / de ioye si
esprises que a peine scauoient elles parler·
Lors le roy et la royne se firent habiller/ puis
le roy a tout son habillement de nuyt sur sa te
ste vint a la grat fenestre ? la royne aux treil
lis·Et quant les dix compaignons qui frin
goient et chantoient apperceurent le roy/lors
tous vers luy coururent/et puis quant ilz ap
perceurent la royne/a haulte voix sescrieret
Sire/sire/le tresbon iour et le tresbon may/
vous soit huy donne· Et le roy leur dist·Bon
iour/bon iour compaignons/Alors le roy?la
royne se retrahirent pour eulx habiller/et les
dix compaignons descendirent et vindrent en
la chambre du roy quilz trouuerent acompai/
gne de ses varletz de chambre qui labilloient
Alors tous les seigneurs a genoulx et le sei/
gneur de saintre commenca le premier/? dist
Nostre souuerain prince messeigneurs mes
freres qui cy sont et moy en leur compaignie
auons tous auiourdhuy voue que avostre bo̅
congie et licence/nous porterons ceste empri
se darmes sur noz espaulles senestres que cy
veez/par lespace de trois ans / et le surplus
ainsi quen ceste de noz armes pourrez plus a
plain veoir/vous treshumblement suppliant
que vostre bon plaisir soit la nous laisser po?
suyr·Et quant le roy entend ceste nouuelle et
vit sur leurs espaulles leurs emprises/ ne
fut mye bien comptant / et leur dist / mes a/
mys/vous faictes comme celuy qui espouse

sa cousine / puis en demande dispensacion·
Cest a vous tous chose mal faicte / dentre
prendre et puis de executer sans le congie de
son seigneur / ou de celuy qui a son pouoir (sa
charge et qui vouldroit regarder a la rigueur
quelque bien quil en vensist / il en deuroit bie
estre pugny qui le fait autrement / et en disat
icelles parolles / print leur lectre demprinse /
puis leur dist / Je verray quil ya / et quant a
vous saintre vostre cueur et vous ne cesserez
iamais dentreprendre armes et voyages / il
me semble que cest assez·Aa sire dist saintre
ce nest mye moncueur ne moy / mais cest hon
neur qui a ce nous esmeut / en laquelle vous
partez·Et a tant le roy fut prest et sen alla a
la messe·A ces parolles arriuerent messieurs
les freres du roy qui virent les dix compai
gnons ainsi habillez / et leurs nouuelles em
prises / Ausquelz firent leurs reuereces puis
leur recommanerent leur fait / mais ilz diret
quant au fait des emprises monsieur a tres
bo droit et vous auez mesprins ia soit ce qua
uez retenu son congie plaisance et ordonnace
Car si autrement estoit ce seroit tressimple
ment besongne / nous serons auecques luy et
len prierons·Apres le roy et les seigneurs ne
tarda guieres que la royne vint qui a tresgrat
ioye les receupt·Apres vint ma dame q guie
res de chiere ne leur fist·Lors furent tous au
seruice de la grant messe·La veissiez dames
damoiselles / cheualiers et escupers regarder
par merueilles ces compaignons·Et quant
le roy fut en sa chambre appella messeigneurs
ses freres / et leur monstra leurs lectres dar
mes·Et puis leur demanda conseil Et pour
abreger la conclusion fut telle que pour ceste
fois le roy leur en donna congie sur peine din
dignacion et den estre pugniz eulx ne autre /
de son royaulme ne portassent emprise deuat
son bon plaisir Alors tous le vindrent treshu
blement remercier / et quant les festes furet
passees ne cesseret deux mectre en poit (par
tous les iours de la sepmaine faire robes pa
reilles pour leurs corps et tous leurs gens /

dune liuree et les harnois de leurs cheuaulx
qui estoit moult belle chose a veoir·Que di
rois ie / tout le royaulme en bruyoit / et en de
mentiers quilz shabilloient / saintre et ses co
paignons ordonneret vne tresbelle lectre dar
mes addressans a la court de lempereur sico
me la principalle des aultres / et incontinant
par le roy darmes d normadie les firet porter
Et icy laisseray a parler vng peu de ces cho
ses et reuiendray au surplus de la matiere·

Comment le roy parle a sain
tre et des dons quil luy fist et a
sa compaignie·

Chapitre.   lxviii·

Lacteur.

EN dementiers quilz sabilloient
tout ainsi quauez ouy / le roy qui
aymoit saintre luy dist / Saintre
qui vous a esmeu de ceste empri
se faire sans mon congie·Du so
les seelles des promesses de fortune qui tant
a este pour vous quelle ne vous puisse reuoc
quer·Et dautre part / syre de nostre seigneur
ne la craingnez vous pas / qui nous deffend
telles vaines choses·Et sil vous en a par tat
de fois enrichy / et de tant luy en estes vous
plus tenu (vous vous deuez garder de plus
loffendre si vous estes bon crestien·Dres q
ceste chose est si publiee qlle ne se peut retour
ner pour ceste fois ie men contente / (vous def
fes que ny retournez plus·Aa sire dist il / par
donne me soit silvous plaist / dist le roy ievo?
pardone de tresbon cueur·Du entendez vous
faire voz armes / Sire nous entendons les si
gnifier a la court de lempereur / (si la ne trou
uons qui no? vueille deliurer no? les signifie
rons a la cout du roy dangleterre / esperat que
en lung de ces deux ne faillirons mye / Di

bien dist le roy/Quelz habillemês quelz gês
serez vous tous a vne bourse ou comment.
Et quant le roy eut sceu la responce de tout il
luy dist/Je vous donray quatre mille escuz (z
a chascun de voz compaignons mil cinq cens
Et la royne luy en donna mil cinq cens/vne
piece de veloux cramoysi tout empourpre/et
cent mars de vaisselle dargent / et a chascun
des autres six cens escuz/ aux cheualiers/ a
chascun vne piece de veloux gris / et aux es-
cuyers/vne piece de damas aussi gris/z mes
seigneurs luy donnerent chascun mille z cinq
cens escuz/et quarante mars de vaisselle. Et
aux autres a chascun six cês escuz. Et ne tar
da guieres que leur partement fut. Et quant
le iour fut venu ilz vindrent tous prendre con
gie du roy/de la royne/ de messeigneurs des
dames dont des beaulx parlers qui leur diret
et de leurs biens remercie ie me passe/ pour
aux secretz/pleurs/et plains et tresdoulx an
goisseux soupirs que le tresdoulx cueur d ma
dame faisoit du partement de son amy/ dont
plus que oncques mais son partemêt luy des
plaisoit. Et toutesfois senfaisoit il departit
Et a tant laisseray a parler du congie quilz
ont puis et de leur voyage ou ilz vont a la co[r]t
de lempereur/et diray du dueil quema dame
maine et dung autre nouuel party.

CDu grant dueil de ma da/
me/et de son partement de la
court.

A dame qui est ainsi demouree
seule damp ne voit bahours / ne
ioustes dãces/chasses/ ne autres
deduitz ou son cueur peust prêdre
plaisir. Et quant elle voit les amans per a
per deuiser et iouer ensêble /lors renouuellêt
toutes les douleurs en son cue[r]. Et tant q en
ceste langueur fut ahurtee / tellement quelle
en laissoit le boyre et le mengier pour ieusner
et le dormir pour veiller/z tellement que peu
a peu sa tresviue face coulouree,cest changee en

trespalle couleur/dõt chascun sesmerueilloit.
La royne la voit mal disposee palle et pensi-
ue plusieurs fois luy demande quelle a / ma
dame dist elle ce nest riens/Vous scauez que[n]/
tre nous femmes sommes malades quant il
nous plaist/mais a bon escient belle cousine
dictes nous que vous auez/ et ou ce mal vo[us]
tient/et si nous vous y pourrions ayder/ car
vous deuez estre certaine que de tresbon cue[r]
nous vous y aiderons. A ma tresdoulce da
me humblement ie vous remercye/ et sur ce
finerent leurs parolles/mais la royne q bien
laymoit noublia pas mãder son medecin hue
de fisol tressufisant medecin z philosophe qui
de par la royne se informa de son mal / et luy
ordanna quelle gardast son estat/z que le ma
tin la viendroit veoir. Et ainsi fut le matin/
que maistre hue eut tout biê veu son fait trou
ua son corps sain et nect de douleur de teste/
de fieures z de tous autres maulx/fors que
en son cueur auoit doule[ur] enclose/que si brief
uemêt ny estoit pourueu sans remede que en
danger de mort estoit/Car par celle estroicte
douleur/ en elle mouroient tous les esperitz
respondans a son cueur/et que ia presque to[us]
estoient oppillez/toutesfois au mieulx quil
peut illa reconforta/ puis luy dist/ ma dame
au regard de vostre corps ie le treuue biê dis-
pose/mais vostre cueur ne lest mye/qui a en
soy aucune grant douleur secrete que si pour-
ueu ny est briefuemêt vous tomberez en vne
grant langueur tresforte den guerir et pource
ma dame ostez vous ceste douleur et ie pen-
seray du surplus.

CCe quedit ma dame a maistre hue
z commãt il la reconforta.

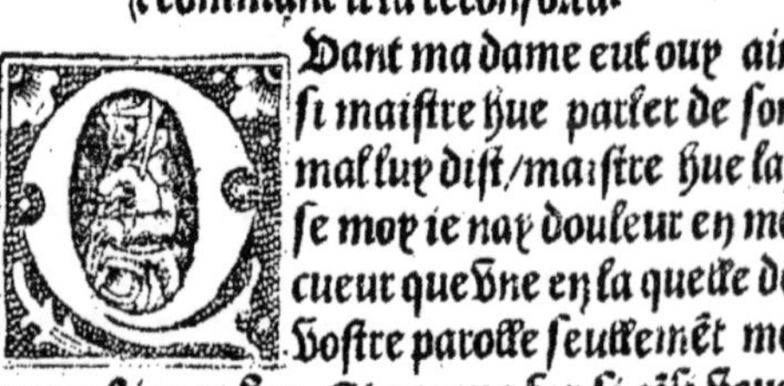

Dant ma dame eut ouy ain
si maistre hue parler de son
mal luy dist/maistre hue las
se moy ie nay douleur en mõ
cueur que vne en laquelle de
vostre parolle seullemêt me
pouez bien ayder. Et par ma foy si ainsi vous

plaisoit ie Bo⁹ enseroye a tousio⁹esmais tenue
et oultre ce ie Bous dourroye Sng bon man/
tel de la plus fine escarlate q̃ len pourra trou/
uer. Quant maistre hue ouyt parler de man/
tel descarlate a tresliee chere luy dist Ma da/
me commandez moy ce quil Bous plaira/car
il nest chose que a mon pouoir pour Bous ne
face/Boyre maistre hue dist ma dame Nous
Bous enremercions medecins sont confesse⁹s
ce que ie Bous Bueil dire ne touche a Boftre
deshonneur ne dommage si Bous prie que le
tenez secret. Ma dame dictes hardiemēt /car
iamais parolle nen sera par moy dicte. Or
maistre hue nous Bous disons que la desplai
sance q̃ maladie de noftre cueur nest fors que
du desir que nous auos daller deuy moys ou
trois noz terres reuisiter dont il est grant be/
foing / car il ya plus de·xBi·ans que nous ny
fusmes: dont noz affaires ne Ballent pas que
pis/et nous scauons que si ma dame scauoit
q̃ de nous Benift q̃lle nenseroit mye cōtente.
Ho ma dame dist maistre hue ienprēs la char
ge q̃ faictes bonne chere/car Bous prez q̃ scay
bien la facon comment/il fault que trops ou
quattre iours Bous tenez en chambre et du
surplus laissez faire a moy. Et maistre hue
Bint a la royne: si luy dist Ma dame ie Biens
de Beoir ma dame Boftre cousine. Helas dist
la royne maistre hue comment le faict elle.
Ma dame pour le Bous dire trespetitement q̃
ny Boy qun seul remede. Lasse q̃ dictes Bous
et quel remede. Pour dieu ma dame quelle
se Boyse esbatre enson air naturel deuy mois
ou trois. Helasse selle y estoit seroit elle gua/
rye. Ma dame dist maistre Hue iespere en
dieu que ouy/et ie Boys penser de ses Bian/
des q̃ daulcuns electuaires confortatifz. La
royne sen Ba incontinēt Beoir ma dame quel
le trouua couchee enson lict. Lors la resconfor
ta au mieulx quelle peut: especiallemēt quel
le seroit tātoft guerie selle estoit en son air na
turel comme luy auoit dit maistre hue q̃ que
pour dieu fist bōne chere q̃ se disposaft daller
ou elle Bouldroit po² sa sante q̃ guarison trou

uer. Ma dame qui aultre medicine ne que/
roit auoir q̃ de fuyr le desplaisir que soncueur
sentoit quant elle Beoit les autres amans dā
cer: chanter/iouer q̃ les Bngz auecques les au
tres deuiser q̃ elle ne pouoit ainsi faire iusqs
a la Benue de sontresparfaict amy: si print en
elle resconfort de sen partir: q̃ pour abreger le
plus toft q̃lle peut print cōge du roy q̃ dela roy
ne. La royne ne luy dōna conge q̃ deuy moys
selle estoit en bon point luy promectant de re
uenir. Et lors prent conge et sen Ba.

Lacteur.

Comment ma dame eft en
son hoftel Benue. Et comment
on la festoye.
Chapitre　　　　　　　lyiy.

Or no⁹ fault il laiffer le nom
du pays: de la terre et de son
hoftel ou elle aboit /car lhy/
ftoire sen taift pour aucunes
causes et choses q̃ apres Bie/
droiet / mais faindray q̃ son
principal hoftel fuft a Bne lieue dune princi/
palle cyte q̃ a Bne autre lieue de sondit hoftel
fuft Bne abbaye que ces predeceffeurs fonde
rēt : et de celle abbaye nauoit que autre lieue
iufques a celle cyte: dont par ainsi lhoftel de
ma dame labbaye q̃ ladicte cyte eftoient ain/
si comme en Bng trepiet.

Lacteur.
De la Benue de ma dame q̃ de la ioye
et bonne chere des gens du pays.

Quant la nouuelle fut par le pays
sceue de la Benue de ma dame en
son hoftel Seigneurs et dames: es
cuyers et damoyselles: bourgeoys
et bourgeoyses la Bont Beoir: dont
par leur Benue son grant dueil commenca a
passer. Et a tant laisseray cy a parler aulcun
peu du seiour de ma dame: q̃ diray de labbaye
et de damp abbez.

¶Lacteur·

¶Cy parle de damp abez ⁊ de son abbaye·

[C]Omme iay dit ceste abbaye qui cy na point de nom les predecesseurs d ma dame la fonderent ⁊ tant y firēt de biens q̄ auiourdhuy cest vne des dix meilleurs abbayes de france· Damp abez qui pour lors estoit: fut filz dūg tresriche bourgeoys de la ville: qui pour dōs et pour prieres de seigneurs: aussi des amys de court de romme donna tant que son filz en fut abbe q̄ de laage de·xxv·ans estoit: grant de corps: fort et habille pour luitter: saillir: ge cter barres: pierres: ala paulme iouer ne trou uoit moyne/ cheualier ne escuyer/ ne bour geoys quant il estoit a son priue qui riēs fist a luy· Que vo⁹ dirois ie en toutes ioyeusetez seployoit affin q̄l ne fust trop oyseux/ et dau tre part large et liberal de tous ses biens: dōt estoit moult ame ⁊ prise de tous· Quant dāp abbez sceut la venue de ma dame il fut tres ioyeulx· Lors fist vng de ses chars charger de cymiers de cerfz/ de hures/ de coustes de san gliers/ de lieures/ de connins/ de faisans/ de perdriz/ de gras chappons / de poullailles et de pigeons ⁊ vne queue de vin de beaulne ⁊ lenuoya presenter a madicte dame luy sup pliant quelle print en gre· Ma dame qui vit ce beau present ne demandez mye si elle fut ioyeuse ⁊ commanda festoyer le presenteur ⁊ damp abbez remercyer· En celuy temps on estoit pres de quaresme/ et en labbaye estoiēt de grans pardons le lundy/ le mardy/ le mer credy et le vendredy de quaresme/ ma dame esprinse de grant deuocion se delibera dy al ler mais que la presse du peuple fust passee ⁊ les·xv·premiers iours· Lors manda a damp abez quelle y seroit demain a la messe en son abbaye pour gangner les pardons· Damp a bez q̄ oncqs ne lauoit veue en fut tresioyeux Lors ordonna a parer le grant autel de relic ques/ loratoire ou la chappelle ou gysoiēt ses

predecesseurs· Daultre part manda a la bon ne ville retetenir lamproyes/ saulmōs ⁊ daul tres meilleurs poissōs de mer ⁊ de eaue doul ce que len pourroit trouuer: Puis comman da les establies a cheuaulx appareiller de tou tes choses/ et fist semblablement appareiller viādes de toutes facons et faire feux en plu sieurs chambres / car encores en estoit saison Et quant ma dame fut venue et descendue a la porte du moustier· La furent les officiers les plus nobles religieux de leglise: qui de p damp abbez a genoulx ilz offrirent tous les beaulx ornemēs de leans auecques leurs ser uices: ce que ma dame remercya grandemēt Et quant elle eut faicte son oblacion au grāt autel fut cōduicte en sa chapelle pour sa mes se ouyr· Lors au partir a la fin des heures fut de damp abbez acompaigne des prieur ⁊ cou uēt qui a genoulx luy dist Noftre tresredoub tee dame vous soyez la tresbien venue en vo stre maison: bien sommes treslyez et ioyeulx quant dieu nous a donne la grace de vous y veoir comme nostre patronne et fonderesse Vous offrons labbaye/ les corps et les biens Alors ma dame luy dist: abbe de tresbon cue⁹ nous vous remercions: aussi sil estoit chose que pour vous peussions faire ⁊ pour tout le couuent nous lacomplirons de tresbon cueur Alors ma dame demande a veoir les relicqs damp abbez se leua qui a genoulx estoit/ lors prent les clefz: les bras et les ossemens des corps sainctz a grant plante qui la estoient: di sant ma dame/ cy gist le tresvaillant prince nostre premier fondeur qui des premieres cō questes de la terre Saincte apporta ce chief ceste main et ces os de messieurs sainct tel et tel/ et saincte telle monsieur son frere don na ceans ces doidz et ces machoueres et ses os de bratz de messieurs saict tel et tel/ ⁊ sain cte telle: ⁊ po⁹ abreger ont to⁹ voz prdecesse⁹s donne toutes ces relicques et faicte ceste e glise ⁊ grant partie du surplus tel que voyez et le surplus ont faict mes predecesseurs ab bez/ et les seigneurs et dames mes voysins

qui gisent ceans. Quant ma dame eut les re
licques baisees et donnee vne chappe z les
deux tunicques auecqs le parement du grãt
autel tout de tel fin veloux veloute cramoy
si z tresrichement broche dor. Et ce faict elle
sen cuyda retourner/et tandis que leurs che
uaulx des chariotz et autres mãgeoient que
on haltoit pour brider Damp abez mena ma
dame en sa chambre chauffer qui estoit tres
bien tendue/necte:tapicee et verree comme
celuy qui bien aise et ioyeusement se tenoit
et comme tresbon compaignon dist a chascun
saillons tous hors et laissons chauffer ma da
me z soy vng peu aiser en son priue z ainsi fut
Et quant ma dame et toutes les dames et
damoyselles de sa compaignie furent tresbiã
chauffees et aisees Ma dame fist demander
se les chariotz estoient prestz. Et lors damp
abez qui ia auoit dit au maistre dhostel que
ma dame disneroit leans z que le manger e
stoit appareille luy priant quil luy voulsist te
nir la main. A ces parolles entra deuers ma
dame damp abez:lequel la mena en sa tresgẽ
te sallette telle comme vne chambre de pare
ment tresbien tendue:tapicee:natee z les fe
nestres verrees et tresbeau feu:et illecques
estoient troys tables couuertes de tresbeau
linge merueilleusement /et les dressoirs gar
niz de tresbelle vesselle a grant largesse. Et
quant ma dame vit les tables ainsi mises dist
a damp abez Voulez vous ia disner. Dist il
ma dame nest il pas tant veez cy lorloge(et il
lauoit fait auancer dune heure z demye)que
sur lheure de midy frapper estoit/Ma dame
qui ouyt sonner midy se voult haster de par
tir. Et quant damp abez vit quelle vouloit
partir il luy dist. Ma dame par la foy que ie
vous doy vo⁹ ne partirez iusqs a tant quaiez
disne. Disne dist ma dame certes ie ne pour
roye demourer/car iay moult a besõgner. He
maistre dhostel z vous mes dames souffrerez
vous q ie soye de ma requeste reffuse. Alors
les dames et damoyselles z aulcunement le
maistre dhostel qui ieusnoit z auoit bon ap

petit pensant que trop mieulx disneroit que
de lordinaire de lhostel lune guignant z bou
tant lautre tant prierent pour la premiere re
queste de damp abbez que ma dame se consẽ
tit. Alors dãp abbez cõme ioyeulx:gracieux
et amyable a genoulx prestement se mist et
ma dame remercya:z aussi les autres dames
et damoyselles. Lors furent les cheuaulx re
tournez es estables:dõt toute la compaignie
iacoit ce quilz fussent bien desieunez:si en fu
rent ilz tresioyeulx. Ores dist damp abbez
ma dame vous estes ou sainct temps de pe
nitence:z pource ne vous esmerueillez point
si vous estes petitement seruie:z pour aultre
raison que iusques au soir biẽ tard de vostre
venue nen scauoye riens. Abbez dist ma da
me nous prenons que bien estre. Alors damp
abbez demanda leaue pour lauer les mains
qui estoit toute eaue rose tiede:dont ma da
me et les autres firent grant ioye. Ma dame
voult que damp abbez cõme prelat lauast le
premier/mais il ne le voult:oncqs faire pour
donner lieu aux prestres de ma dame il sen
alla au dressouer. Lors fut la table leuee/et
ma dame dist a damp abbez quil se sist/ma
dame vous estes dame et abbesse de ceãs seez
vous z laissez faire a moy. Quant ma dame
fut assise z au bas bout de sa table ma dame
iehanne/ma dame Katherine et le seigneur
de gency qui auecques elle estoit y furent as
sis a la seconde table Le prieur du couuẽt:ysa
bel z aultres damoyselles et deux ou trois es
cuyers:et messire geoffroy de sainct amant
viz a viz de ladicte ysabel. Alors damp abez
vne seruiette sur son col sen va au dressouer
au vin z seruit ma dame de toustees a ypo
cras blanc et aussi toutes les tables:puis les
figues de karesme auecqs le succre rosties
ma dame qui moult le prie de seoir ne le peut
faire seoir:disãt ma dame ne vous soit a des
plaisir ie tiẽdray compaignie au maistre dho
stel z pour ceste fois ie luy monstreray le che
min/et quant damp abbez fut venu z le pre
mier mectz assis Ma dame dist a damp abez

vrayment abbez si vous ne vous seiez nous
nous leuerons. Or bien ma dame ie vueil o/
beyr / ma dame voult faire retirer la table/
mais damp abez dist: ia dieu ne plaise que la
table en bouge ia pour moy. Lors faict ap por
ter une escabelle (t viz aviz de ma dame ung
petit plus bas saffist. Lors faict seruir de vin
blanc de beaulne: puis du vermeil de trois ou
de quatre facons: dont tous en furent seruiz.
Que vous dirois ie les prieres de faire bon
ne chere (t de boyre les ungz aux autres y fu/
rent bien faictes (t tellement que grant teps
auoit que ma dame nauoit faicte si bone che
re: dont en ma dame a damp abbez (t dam ab
bez a ma dame les yeulx archiers de cueur
peu a peu comencerent lung des cueurs a lau
tre traire: et tellement que les piedz couuers
des tres larges kouailles iusques en terre co/
mencerent de peu a peu lung lautre toucher/
et puis lung sur lautre marcher. Alors ce
tresenflamme dart damours fiert le cueur
de lung et de laultre Tellement que ilz en
perdirent le menger/ mais damp abbez qui de
ceste queste nouuelle estoit sur tous le plus
ioyeulx boyt a lune: puis a lautre / que vou/
lez vous que ie vous dye oncques abbe ne fut
si ioyeulx une fois se lieue et fait porter son
escabelle deuant les dames (t la aucun petit
saffiet et va au deuant des damoyselles (t les
prie de manger et faire chiere ioyeuse: puis
va aux femmes de chambre et boyt a elles (t
reuient a ma dame/ et de ioye viz a viz elle
se siet. Lors recommencerent leurs archiers
damours plus fort a traire/ et de leurs piedz
lung sur lautre marcher plus que encores na
uoient faict/ des aultres tresbonnes chieres
de vins ne de viandes/ de lemproyes ne de
maintz autres poissons de mer, et deaue doul
ce Pour abreger dont ilz furent seruiz delais
se quant a present a en parler plus auant po
venir au surpl9 de lhystoire qui est gracieuse.

Lacteur.

Comment ma dame et damp
abbez deuiserent/ et commet el/
le le remercya.
Capitre   lxx.

Quant les tables furent leuees et le
maistre dhostel et tous les aultres
aller disner ma dame remercia damp
abbez de la bonne chere q luy auoit
faicte (t de parolles en parolles/de
pas en pas furent a lautre bout de la salle ou
deuiserent de ioyeusetez iusques tous feussent
disnez. Et en demetiers que les derniers dis
noient pour reposer ma dame/ damp abbez fist
de tresbeau linge son tresbeau lict appareil
ler. Et quant le maistre dhostel eut disne ma
dame commanda les chariotz traire. Com/
ment ma dame fist damp abbez voulez vous
rompre les bonnes coustumes de ceans. Et
quelles sont elles/ma dame elles sont telles
que saucunes dames dhonneur ou damoysel
les y ont disne il fault quelles et leur compai
gnie se couchent/ dorment ou veillent/ soit en
yuer ou en este/ et celles y ont souppe Pour
celle nuyct ie leur laisse ma chambre et men
voys ailleurs coucher: et pource ma dame lu
saige de ceste vostre abbaye ne deuez mye re
fuser. Tant furent les prieres de damp abbez
et des dames que ma dame fut gracieuse et
voult entretenir celle coustume. Lors ma da
me entra en sa chambre/ et la fut le vin et les
espices appareillees. La porte fut fermee et
ma dame iusques a vespres sen va reposer.

Comment damp abbez fut
loue. Chapitre   lxxi.

Quant les dames et damoy
selles furent appareillees: lor
ysabel print a parler et dist
vous ne dictes riens ma da/
me: ne vous autres sottes de
la bonne chere de damp abez
et comment il nous a festoyez et tenuz aises
de bons vins et de bonnes viandes et de bos
poissons a grant largesse. Certes dist ma da
me il me semble estre homme de bien. Com

ment dist ma dame iehanne oncques si gra/
cieup hôme ne vy/et vous ma dame dist Ka
therine vous vous faisiez prier de demourer
Ha dist psabel ie congneuz bien a ses prieres
que la chose alloit bië et le faisoit de bon cuer
Alors les damoyselles toutes ensemble ain/
si que femmes ont acoustume louerët les lar
gesses et la ioyeusete et la belle personne de
damp abbez tant quelles ne se scauoient tai/
re. Ma dame qui ia en estoit ferue et qui ses
dueilz auoit oubliez dist a briefues parolles
il est treshomme de bien/et en dementiers q
de damp abez parloient Vespres commence/
rent a sonner/et pour y estre sans dormir les
conuint leuer. Et quant Vespres furët dictes
et que ma dame cuyda monter damp abez la
print par la main/et elle luy dist abbe et ou
nous menez vous/ie vous prie ma dame dist
damp abbez que ie vous maine a vng peu de
collacion/car il est tëps de la faire. Et en ce
disant damp abez la vous prent par dessoubz
le bras/et en estraingnant la main la maine
en la salle basse bien tappicee et a bon feu ou
estoit le dressoir et les tables mises/les salla
des dessus/cresson/vin aigre/platz de sem/
proyes rosties et en paste ɇ en leurs saulces/
rougez/Barbeaulp/saulmons roustiz:Boucliz
et en paste grans carreaulp et grasses carpes
platz descreuices plaines et grosses anguilles
tenuersees a la gallentine/platz de diuers
grains couuers dentremetz et gellee blanche
vermeille et doree/tartres bourbonnoises:ta
lemouses et flans de cresme/damande tres/
grandement succrees et pellees/cerneaulp a
leaue rose:aussi figues de melique/dallegar/
de et de marseille et raisins de corithe ɇ mai/
tes autres choses:dôt por abreger ie me passe
tout mis par ordonnäce en facon de bäcquet.

¶ Comment ma dame fist sa
collacion fourree.
Chapitre   lxxii.

A dame qui ieusnoit et ne
pensoit prendre que des espi
ces et du vin:trouua ses ta/
bles aisi garnies/car le trai/
stre dieu damours a son dis/
ner lauoit si fieremêt assail/
lie que de ses dars amoureup leut de menger
toute remplie:neätmoins nature se voult ac/
quiter qui luy donna tel appetit quelle ne se
fist gueres prier. Et quant les aultres de sa
compaignie virent ma dame assise et damp
abez ou meillieu de la table viz a viz chascû
ou la plus grant partie se laisserent aup prie/
res de damp abez couler et consoler:aussi por
obeyr a ma dame ɇ de lacôpaigner aup deup
boutz de la table et des deup costez tous sassi
rent/et pour plus estre ioyeusement quattre
ou cinq moynes des pl9 gracieup entredeup
lors veissiez boyre dautant et menger a laue/
nant. Que vous dirois ie/la ioye et la lyesse
y fut tant que attel nôbre de gens nauoit onc/
ques este faicte/mais il fault por celle fois a
grät regret et souspirs de ma dame de damp
abbez departir/mais au monter ou chariot il
ecques fut damp abez et les prieurs remer/
cier ma dame treshumblement/et recommä
dant leglise et le couuant. Lors ma dame luy
dist nous vous verrons assez souuët/car no9
entêdons acquerir nostre part de voz pardôs
plus largement que ores:dont tous en furent
trescontens)mais quant a vous abbe nous
vous prions que de voz grans appareilz de
viandes vous deportez/car sans faulte vous
en auez este trop oultrageup et nen voullons
plus. Et bien ma dame:de la tostee a la poul
re de duc au vin blanc/a lypocras/au musca
det/a la grenasche/a la malleyoisie ou au vi
grec tout ainsi quil vous plaira apres la mes/
se pour le dänger du tëps/ce ne deffiedez vous
mye/si faiz dist ma dame/car en ces ioɨs no9
entêdons a ieusner/ieusner ma dame:ia por
ce ne laisserez a ieusner:et ie vous en donray
labsolucion. Et a ces parolles damp abbez
monta a cheual et vne piece conuoya ma da

me et puis print congie.

Lacteur.

Comment ma dame et ces femmes se louerent lung a laultre de damp abbez.
Chapitre lxxviii.

Uant damp abbez fut party et retourne en son abbaye commencent ces louanges a qui mieulx le pourroit louer: ysabel qui estoit la plus ioyeuse commenca la premiere a parler et dist/haa ma dame ma dame tant ie vous loueroye quantvous reffusez le bien quant il vient. Alors dame iehanne dist/et vrayment ysabel vous auez tort Ma dame entent y venir souuent:dont a chascune fois y doit elle disner/dist ma dame katherine lune et lautre auez tort il ny auroit point de raison qua chascune fois q ma dame y venist elle y deust disner:ne aussi ne le loueroyes ie point q de fois a autre elle print en gre loffre/car sur ma foy il fait de tresbon cueur si ie ne suis deceue et voulentiers et qui ne mist mie a ieu ientens quil a bien dequoy. Et quen dictes vous ma dame ne dis ie pas bie Ma dame qui les eut toutes ouyes respondit il suffist de prendre de sa brebis la layne:et pource ie marreste aux tostees et a la pouldre de duc a lyppocras et aultres vins estrages et delicieux qui nous doyuent bien suffire/mais vrayment nous ente dons a gaingner tous ces pardons ou la plus part/car nous ne scauons se y pourros recouurer ne retourner enaultre temps:et a tant sot a lostel venuz. Ma dame qui de ce nouuel feu damours auoit son cueur enflame toute nuyct ne cessa de soy plaindre:gemit et souspirer tant de craincte estoit de recepuoir damp abbez et de bien deuiser a luy. Et damp abbez assailly de telles mesmes amours par les doulx regardz et semblans quilz auoient lung a laultre faitz, ne fut mie toute celle nuyct a seiour

car souspirs et desirs denflambees amours le garderent bien toute celle nuyct de dormir Et quant le tresdesire iour fut venu ma dame dist a ses femmes que pour mieulx et dignement gaingner les pardons que vrayment a damp abbez qui prelat estoit et homme a son semblant de grant deuocion se vouldroit confesser. Lors dist ma dame iehanne a ma dame ce seroit bien faict:et quat a moy ie y fuz hyer Lors ma dame fist monter a cheual le petit perrin de sa chambre et manda a damp abbez quil venist incontinent a elle. Dap abbez fut diligent et a ma dame hastiuemet obeyt. Lors ma dame faicte la reuerence present toutes ses femmes ma dame publicquemet luy dist Abbe pour plus dignemet gaingner voz pardons nous sommes disposees a nous confesser. A ma dame dist dap abbez:ores estesvous auecqs dieu. Et ma dame qui est vostre confesseur pour luy donner quelque puissance si besoig est. Lors dist ma dame il nen ya ce plus digne ne plus suffisant que vous. A ma dame cest doncques a cause de la crosse/car du surplus ie suis le plus ygnorat de tous. A ces parolles ma dame en su chambre datour et tresbon feu entra et damp abbez deuotement la suyt:puis fut la porte close/et deux heures elle de ses bies faictz et amours loyalles tres repetat et ontrite en touthoneur a ieu sas ville nie dap abbez la cofessa tresdoulcemet/et a dep tit quilz firet ma dame sen alla a son coffret et prit vng tresbel et gros ruby baillops en o lie que en son moyen doy luy mist disant/mo cueur:ma seulle pensee et mon vray desir po mon tout seult amy ie vous retiens et espouse de cest annel. Alors damp abbez si treshublement que il peut le remercya:puis se pensa dung commun prouerbe qui dit. Celuy qui sert et ne persert son loyer pett. Lors a ma dame donna labsolucion et par charite la baisa tresdoulcement et print congie:et au passer que il faict par la chambre tout saigement dist aux dames et damoyselles iusques a ce quelle appelle nul nentre)mes seurs, et

mes ampes iusques au retour a dieu bous cō
ment/ma dame qui pour reprēdre sa couleur
q̄ des penitēces auoit perdues demoura seul/
le aucunement·Ses dames et damoiselles ꞇ
tous ses gēs/qui pour ouyr messe actendoiēt
tant que lorloge sonna bnze heures· Lors ma
dame appella iehannete· Et de son plus sim/
ple atour satourna/et pour mieulx couurir sa
face/fist mectre son grāt cuurechief/ꞇ en cest
estat simple ꞇ cope de sa chābre yssit les yeulx
et la chiere basse ba a la messe en deuocion/ꞇ
puis disner/et ainsi passa ce iour· Lendemaī
mercredy que recommenca le pardon/ma da
me y retourna pour les acquerir/damp abbez
tout plain de ioye fist grant foyson tostees a/
prester/et appareiller ypocras et bins estran/
ges de diuerses facons/harencs blancs et so/
retz et autres biandes pour les compaignōs·
Et au surpl' fist tresbien pēser des cheuaulx
Quant ma dame eut messe ouye dāp abbez
la prent par soubz le bras et en sa chābre a bon
feu la maine ou tout le desieuner estoit appa
reille/et quant ma dame fut bien desieunee
damp abbez la prent et luy dist/ma dame tan
dis que bostre compaignie fera bonne chiere
ie bous bueil monstrer mon edifice nouuel·
Lors de chambre en chambre tous deux alle/
rent tant que les dames ne les sceurent trou
uer·Et au departir de la chambre secrete dāp
abbez donna a ma dame bne piece de fin be/
loux noir/et plain que depuis secretemēt en/
uoya querir·Et lors ma dame en la grāt chā/
bre de parement ou tous estoient re uint / et
quāt les fēmes furent benues/ ma dame cōe
fort courroucee les tensa/disant:ie bo'auoye
dit et cuydoye que bous me suyuissiez/mais
bous aymez mieulx garder le bon feu/ et les
bonnes tostees que moy acompaigner·A ma
dame nous ne peusmes si tost aller apres bo'
que trouuer bous puissions/A ma dame dist
damp abbez/pour ceste fois il leur soit pardō
ne·Alors ma dame commenca les edifices de
damp abbez quelle auoit beu tresgrandemēt
a louer/puis sen ba a son chariot monter·Et

illecques print damp abbez delle cōgie·Que
bous diroie ie/ia ne passast sepmaine de tou
te la karesme/que comme deuote nallast les
pardons gaigner/et maintes fois sans grnat
compaignie premieremēt disner bancqueter
ꞇ soupper·Et apres son dormyr aupregnards
taissons et autres deduitz par ce boys souuē
tesfois chassez·Et par ainsi toute celle karesf
me passa le temps ioyeusement·

Lacteur·

Comment la royne escript a
ma dame la premiere fois.
Chapitre. lxxiiii.

Duint que les deux moys
quelle auoit promis a sa roy/
ne furent passez sans scauoir
nouuelles delle par lectres/
ne autrement/dont la royne
de ce tresesmerueillee en la
maniere qui sensuyt luy rescripuit·

A nostre treschiere et tresay/
mee cousine·

Reschiere et tresaymee cou/
sine actendu que la promesse
de bous a nous/dōt les deux
moys et demy et plus sont ia
passez / et oncques puis bo/
stre partemēt bne seulle nou/
uelle ne sceusmes de bous / dont nous sōmes
tresesmerueillez/bous requerant que de bo/
stre foy pour tout ce present moys bous bueil
lez acquiter tant auons desir de bous beoir ꞇ
si chose boulez que nous peussions de tresbon
cueur lacōplirons/ainsi que bo' dira nostre fe
al secretaire iulien de broy/au q̄l sur ce bueil/
lez adiouster foy cōme a nous mesmes·Tres
chiere et aymee cousine/nostre seigneur soit
garde de bous· Escript en nostre bille de pa/
ris/le huitiesme iour dapuril·

Bonne·
Lacteur·

Cōment ma dame sans ouyr la
creance fait a la royne sa responce·
Chapitre. lxxb.

N dementiers que ma dame
estoit enlabbaye po² acquerir
les pardons/arriua ledit mai
stre iulien de brop secretaire
de la ropne qui la trouua a ta
ble assife ou elle disnoit· A la
quelle franchement et lpement/comme lung
de ses especiaulp amps de court/ pensant a
uoit tres bonne chiere lup presenta les lectres
de la ropne/ma dame qui de sa venue neut q
desplaisit / et a trespeu de parolles print les
lectres de la ropne et les leut/dont pour plus
toft eftre deliure de lupse hasta d disner/puis
incontinent sen va en son hostel pour escrip
te la responce/ puis dist a maistre iulien dis
nez et incontinent venez a moy/ damp abbez
qui gracieup estoit fist a iulien tres bone chie
re/et sassist pour deuiser viz a viz de lup / et
tandis quil disnoit vint a damp abbez vng d
ses braconniers/qui dist auoit destourne vng
tresbeau cerf acompaigne de dip ou de douze
bisches pour veoir vng bel deduit· Lors deist
damp abbez ie plains que ma dame nest icp/
mais a tout perdre nous actendros a demain
Et comment dist maistre iulien ma dame va
elle chasser/voulentiers/voulentiers dist dap
abbez/sans p peser deup ou trois fois la sep
maine/tat a pied qua cheual/puis a vne chas
se puis a aultre· Et monsieur dist maistre iu
lien/estes vous garnp de voz chiens et leuti
ers· Si ien suis garnp/oup scap ie bien/aussi
bien et de tresbons opseaulp que prelat de
france quel quil soit·Saincte marie dist mai
stre iulien/cest a vous vng grat honneur· Et
en deuisant auecques damp abbez/il veit en
son dop le bel z gros tubp ballop quil auoit au
tresfois veu a ma dame· Si nen dist mot/
mais ia pour tant nen pensa moins/et quant
il eut disne et retenu des parolles de damp ab
bez ce quil veult/Lors prent congie le remer
ciant treshublement z tresgrandement/puis
monta a cheual:et alla a ma dame comme el
le lup auoit dit·A la quelle il dist sa creane
ainsi que sa lectre cortenoit/ma dame qui de

sop en deliurer fut diligente lup bailla sa lec
tre de responce addressant a la ropne qui fut
telle·

⸿A ma tresredoubtee et souue
raine dame/la ropne·

A tresredoubtee dame et souue
raine/a vostre tresbone grace tat
humblement comme ie puis/me
recommande par maistre iulien
de brop vostre secretaire/iap receu voz lectres
et bien veu le contenu dicelles/dont tant hu
blement comme ie puis vous supplie que de
ma promesse faittie vous plaise moy pardon
ner / a la necessite qui ma tenue iusques a
cp/combien que dieu mercp ie commence fort
a amander/et vng peu apres que ie aurap bes
ongne auec mes gens ie serap deuers vous/
pour acquiter ma fop·   Et au surplus plaise
vous moy mander et commander po² treslie
ment a mon pouoir obepr au plaisir dusainct
esperit/ma tresredoubtee et souueraine da
me qui vo⁹ esiouisse comme desirez·Escript
de ma main le seiziefme iour dapuril·

⸿Vostre treshumble et obepssant·

⸿Coment ma dame bailla ses
lectres a maistre iulien z lup dist
sa creance
Chapitre.   lppvi·

T quant ma dame par sa grant di
ligence po² sop au plus toft deliurer
de maistre iulien/incotinet lup bail
la sa responce/et lup dist sa creance
telle qui lup pleut/ et lup fist assez
bonne chiere/et lup fist boyre de son vin sans
plus· Come que enla court il estoit lug de ses
pl⁹ obepssas/amis z priue delle· Et po² tat la
ropne lup auoit enuope/mais du grat desir q
ma dame auoit de son eppedicio z qlsen fust
alle/oncques ne lup demanda du rop ne d sei
gneur/ ne de dame/ ne de la court/ Mais lup
dist toft a dieu/maistre iulien qui auoit bien

oup de ma dame z de damp abbez/les deduitz
des chasses quilz faisoient nen pensa guieres
mains/de la berite print congie delle/et tira
son chemin ou il peut aller le soir au giste / si
erra tant que par ses iournees il vint a la roy
ne qui luy dist / de tant loing quelle le veit.
Belle cousine bient elle maistre iulien/ Ma
dame dist il froidement/ elle se recommande
tresphublement a bostre bonne grace/et dit que
laurez bien briefuement. Lors luy presenta la
lectre/puis luy dist sa creance. Et come saige
pour lors ne luy dist plus auant. La royne qui
de la responce de la creance ne fut gueres con-
tente. A maistre iulien dist/est elle en bon poit
En bon point dist maistre iulien/oncques en
meilleur point ne laby/et que fait elle/ne en
quoy est elle occupee. Et par ma foy dist mai
stre iulien ie ne scay/Car ie nay mye arreste
bne heure auecques elle/car ie fuz despesche
si tost/ que ie ne peuz oncques parler a dame
ne a damoiselle/ne a dame iehanne/ne a da-
me katherine/ne a dame ysabel/ne a homme
ne a femme de ses gens fors a dire bo9 soyez
le tresbien venu/z au retour a dieu soyez. Et
que peut ce estre qui estes des principaulx a-
mys quelle ait. Lors luy compta comment quat
il auoit este bers elle en bne abbahye po9 gai
gner les pardous il la trouua auecques damp
abbez/biz a biz a table/a bien peu de gens/z
comment illuy presenta les lectres/z que apres
lectres receues elle fist tresmate chiere/ tant
tost fist oster les tables / et brider pour soy en
aller en son hostel/z comment le braconier auoit
apporte la nouuelle dauoit desto²ne bng grat
serf et plusieurs bisches/ou ma dame deuoit
aller a la chasse/z plusieurs autres choses luy
dist/mais du ruby baillay quil beit ou doy de
labbe/come saige nen parla oncques. La roy-
ne qui entend ces parolles/ pour ceste fois se
teut z luy deffend que a quelque personne ne
dye riens pour garder lhonneur de ma dame.
En disant quil faisoit puis es bnes puis es
autres aucunesfois esbannoyer. Et a ses pa-
rolles la royne toute pensiue se departit/ non

cuydat que ma dame ainsi mesprint ou boul-
sist mesprendre et faire faulte. Et pensa que
tout ce moys et demy actendroit pour luy en-
uoyer messaige ne escripre. Ce moys et lau-
tre furent passez que ma dame deuers la roy-
ne ne bint ne escripuit aucunement. Lors la
royne de ce esmerueillee fist faire bnes autres
lectres sur la substance des precedans. Le che-
uaucheur de son escuirie qui porta les lectres
se haste de bien tost reuenir fist diligence tel-
le que sur les champs auecques damp abbez
la trouua et presenta ses lectres a ma dame q
auecques damp abbez estoit z deuoit soupper
la sur les champs fist sa responce par escript/
qui contenoit que briefuement seroit a elle.
Lors le cheuaucheur print congie sans boyre
sans mangier/et sans guieres autre chose luy
dire/et fist grant diligence de retourner. La
royne receues et bien beues les lectres ainsi
quil luy dist quil lauoit trouuee sur les champs
auecques damp abbez/fut dollente et se pen-
sa ce qui luy pleut. Et en soy pensa que plus
ne luy escriproit. Et que quant elle bouldroit
benist ou demouraft quant elle bouldroit ma
dame q de laisser son beau pere luy estoit bne
morselle douleur luy dist/mon seul amy tant
que ie pourray fuyr et retarder bostre desiree
compaignie / soyez certain nabandonneray.
Que bous diroys ie en chasses/en boller/en
gibier et en mais autres deduitz bne partie
de leste passerent. Et cy laisseray a parler des
grans plaisirs que lung et lautre prenoient
et retournercay au seigneur de saintre et a ses
compaignons.

¶ Comment le seigneur de sain
tre et ses compaignons bindrent a
la court de lempereur/et comment
a leur grant honneur furent par
les seigneurs cy apres nommez
deliurez de leurs armes tous ho-
mes nobles/ hommes de nom et
darmes.

Chapitre.   lxxbii.

Est assauoir. Le conte deste-
bourg/qui portoit de gueul-
les au chief dargent.

Le conte despenchem qui por
toit eschaqte dor (z d gueulles

Le seigneur descouuenosse/
qui portoit a tourteaup de gueulles dargent.

Le seigneur de flouraille/qui portoit darget/
a ung saultouer de gueulles.

Le seigneur de semailles/ q portoit dor a vne
croip de sinople.

Le seigneur de huffaleze/qui portoit dasur a
vne croip dor.

Le seigneur de vnassebech/ qui portoit dor a
vng escusson de sinople.

Le seigneur de huppain/qui portoit de gueul
les/a trois losenges dargent.

Le seigneur de congie/q portoit de ver/a vne
fesse de gueulles.

Le seigneur de feup/qui portoit de gueulles
comme croip dargent.

Dant la nouuelle fut a la cort
de lempereur/ que dip barôs
de france venoient et portoiêt
emprise darmes/le bruyt qui
les deliuretoient en fut grãt.

Lors furent tous les seigñrs
et barons cy deuant nommez/qui ensemble
furent a lempereur/supplier qui lup pleust cõ
sentir qui les deliurassent. Et lempere² vou
lentiers leur octropa. Alors chascun se mist en
point de toutes choses neccessaires tousiours
ensemble/firent aup francops leur gracieuse
responce. Et np eut celup q ne donnast au rop
darmes:robbes/bagues ou vaisselle dargent
Si ne tarda mpe long temps que leurs four-
tiers vindrent pour prendre leur logis/z puis
eup dedans huit iours. Lempereur côme tref
saige prince/fist a lup venir les ditz seigneurs
et voult scauoir silz estoient daccord lesquelz
choisiroient. Si fist mectre en escript le nom
des francops/ainsi que en la lectre nommez
estoient/pour les oster du debat. Lors fist iou
et au sort/ceulp qui choisiroient/dont chascũ

fut trescontant.

¶Comment les francois vindrêt
et le grant honneur quon leur fist.
Chapitre.   lppviii.

¶Lacteur.

Dant le seigneur de saintre
et sa tresbelle compaignie fu
rent de la cite de coulongnes
a dempe iournee pres/place
ordonnee ou lempereur z les
seigneurs furent venuz pour
veoir les armes firent a leurs gens scauoir q
la estoient/et que a eulp seroient a soupper/
la quelle venue sceue a lempereur/au deuãt
deulp ênuopa son cousin le duc de bresunssinch
pour conduire le seigneur de saintre/et neuf
contes pour vng chascun des autres/et auec
ques eulp plusieurs barons baronnetz cheua
liers et escupers tous nobles hommes grans
dement acompaignez. Et ainsi fut/et quant
ilz furent assez pres de la ville/lempereur or
donna que les deup contes/ et huit barons q
deliurer les vouloient ou deuoient/feussent
tous vestuz pareilz/ainsi que les francops e
stoient/et au deuant deulp bien z grandemêt
acompaigner/et ainsi tresgrans iopes ethon
neurs se firent. Lors ainsi que lempereur eut
ordonne chascun deulp a la senestre de son cõ
paignon se mist/quelconques prieres que les
francops fissent. Et a la deptre les premiers
contes/et en celle belle ordonnance et compai
gnie/par la cite et deuant le palais ou lempe
reur et lemperiere estoient furent conduitz
en leurs hostelz des autres serimonies et or
donnances des heraulp trompectes et des me
nestriers pour abreger ie me passe/aussi des
honneurs et bonnes chieres que lesvngs aup
autres firent par lespace de quinze iours que
illecques seiournerent.

¶Comment la bataille fut et lor-
donnance de lempereur.
Chapitre.   lppip.

¶Lacteur

LE huitiesme iour apres le ve
nue/fut ordonne que la batail
le seroit. Les lices faictes lem
pereur en son hourt/ acompai
gne des princes de sa court / et
dautres princes et barons/ venuz pour veoir
les armes. Et lemperiere en son hourt a la se
nestre acompaignee de maine princes et da
mes de grät facon. Lempereur manda le pre
mier cry du seigneur de saintre nommeemēt
et des neuf compaignons/lesquelz au second
appel furent venuz. Et ainsi fut il des almäs
dont pour abreger a tresbelles et grandes cö
paignies/vindrent. Et quant les vngs et les
autres en leurs paueillons furent/ et eurent
faiz leurs sermens acoustumez/lēpereur les
fist yssir dune part et dautre/leurs coctes dar
mes vestues/et que tresbelle chose estoit / et
saintre ou meilleu des siens les deffences fu
rent criees. Chascun francois qui tenoit sa bā
netolle en sa main/en fist vng grant signe de
la croix/puis la baisa et la bailla. Lors chas
cun arme de ce quil deuoit prent sa peusine en
sa main senestre. Lors baissa sa visiere et sa
lance de gect en sa destre main et en tresbelle
et ioyeuse contenance/les vngs deuant /les
autres iusques au commander de lempereur
quilz feissent leurs deuoirs et que on les lais
saft aller. Alors tät dung couste cöe dautre des
marchans lassēbler et gect de lances deux frä
cois furent blescez/mais nö chose dequoy ilz
laissassent a besongner et trops des almans/
dont lung eut le pied perce. Lors commencea
la bataille si fiere et dure que merueilles / et
tousiours fut combatue sur la partie des ale
mans/que oncques pour tel nombre de gens
oncques semblable ne fut/qui dura moult lö
guement / en laquelle le seigneur de saintre
auoit ia son compaignon fort arriere desmar
che. Quant lēpereur veit la vaillance de ce
ste gent/et quellung party ou lautre failloit q
rompist/alors sescrya et dist/ Helas ou estoit
mon cueur de souffrir vng tel inconuenient.
Lors hastiuement gecta sa flesche/en disant

ho. Lors furent tous prins et tyrez chascun par
ty a son couste et paueillon. Adonc lempereur
les fist tous deuant luy venir/et de les chiefz
et ganteletz desarmez/et ordonna faire appa
reiller les blescez. Puis fist demander a tous
les vingt compaignons les pris quilz deuoiēt
payer lung a lautre silz eussent perdu/ lesqlz
luy firent apporter/lors les bailla au roy dar
mes de lempite/et ordonna tendre a chascun
le sien/et de sa part leur dire les parolles qui
sensuiuent.

¶ Cöment le roy darmes de lēpire
rédit le pris/et parla aux champiös.
Chapitre.   lxxx.

¶ Lacteur.
Les parolles d lempereur finees
le roy darmes descendit/et quant
il vint aux champions leur dist/
messieurs les contes et autres a
lemans et francoys tous qui estes
cy. Le trescrestien et vertueux pri
ce/et nostre souuerain seigner le
roy des rommains et empereur qui cy est ma
commande vous dire que vous tous tant dūg
coste que dautre/tant francois que alemans
auez au ieurdhuy si haultemēt combatu et hö
norablemēt faictes voz armes et voz deuoirs
et que ne sont aucuns q leussent sce u mieulx
faire. Et tant que a peine quant fustes prins
pourroit on iugier lequel de vous tous/ ne le
quel party auoit le meilleur. Et pource veult
iuge/et ordonne/q les vngs aux autres chas
cun a son cöpaignon döne courtoisement et a
miablement son pris cöme sil auoit gangne/
mais pource que vous messieurs les fräcois
po¹ voz vailläces auez sans desmarcher tenue
la bataille sur le party et terrain de messieurs
les allemans/lempereur veult / iuge / et or
donne:que pour ce ilz sacquictent les premi
ers/et puis vous a eulx / affin que voz tres
belles dames ne perdent mye leurs droitz/ et
encores que au saillir des lices soyez deux a
deux/per a per/et vous messieurs les fräcois
po¹ lhöneur de voz armes et de vo9 ystrez a la

main deftre. Et alors tous a genoulx lempe=
reur remercierent/ puis facquiterent de le²s
pris a grant honneur les vngs aux autres/et
comme ordonne eftoit / ilz yffirent hors / les
vngs des autres/lors prindrent congie et fen
vont de farmer en leur logis iufques au foit/
quilz foupperent auecques lempereur /et le
lendemain difnerent auecques lemperiere q̃
leur fift trefgrant chiere et honneurs / et les
vngs auecques les autres difnerent et foup=
perent tous les iours iufques au quinziefme
iour de leur venue quilz difnerent de techief
auecques lempereur/ꝗ lors de luy/de lêperie
te et des autres feigneurs prindrent congie ꝗ
leur donnerent draps dor et de fope/ vaiffelle
dargent/et de beaulx deftriefz/ et mains au=
tres beaulx dons/leurs compaignons a eulx
et eulx a leurs compaignons. Lors quant eu=
rent congie prins / a cheual monterent tres=
grandement acompaignez de plufieurs fei=
gneurs vne bonne lpeue. Alors trefgrans hõ=
neurs ꝗ courtoifies doulcement les vngs des
autres prindrent congie. Et par mains iours
apres louerent tous ꝗ toutes qui la furent les
grans honneurs et vaillances auffi du bel e=
ftat ꝗ compaignie quilz menoient/difant les
vngs aux autres publicquement/que fi lem=
pereur euft tant foit peu tarde de les faire prẽ
dre et departir/que vrayement ilz eftoient au
deffoubz/ Car lung eftoit fort blefce ou pied
tout oultre/tant quil nen pouoit plus: et les
autres deux auoient ia tant perdu de le² fãg
tant quilzeftoient prefque pafmez. Et oultre
auoient perdue place grandement / fi que la
iournee eftoit pour eulx. Et a tant laifferay
cy a parler de leurs armes et de leur trefgra=
cieulx retour/ et diray de leur venue deuers
le rop.

¶ Cõment le feigneur de fain=
tre ꝗ fes cõpaignons font venuz
a paris deuers le rop.
　　Chapitre.　　　　　lxxxvi.

¶ Lacteur.

Qvant le feigneur de faintre
ꝗ les autres fes cõpaignons
vindrẽt par lufarches a faict
cofme et fainct damien pele=
rins/puis au foir a fainct de=
nis La nouuelle fut par tout
de leur trefiopeufe defiree venue/dont le rop
la ropne/les feigneurs et dames/et vng chaf=
cun furent trefiopeux/Au deuant leur furẽt
par ordonnance du rop/meffieurs les ducz de
berry ꝗ de bourgoigne freres/qui ou meilleu
deulx menerent le feigneur de faintre. Et y
furent les contes de la marche/ de flandres/
de clermont/de retel/ de brienne/ du perche/
de beaumont/de darmignac:et le conte daul=
phin dauuergne/ordonne chafcun de acompai
gner le fien. Et quant ilz furent deuers le rop
il leur fift trefbonne chiere/ auffi la ropne/et
les autres feigneurs ꝗ dames et damoifelles
et tous ceulx de la court/dõt po² abreger quãt
tous eurent faiz leurs reuerẽces ꝗ bõnes chie
res/et que leur retout fut aucun bien peu re=
pofe/Le feigneur de faintre tout efbahy de ce
quil ne veit ma dame cõme celle a qui pl⁹ ou
monde il defiroit a parler/doubta quelle fuft
malade Lors fe traict deuers ma dame de fal
cte more fa coufine / et dunes parolles apres
les autres : cõme fi riens ny penfaft luy dift/
Hee voprement ma coufine quant ie maduif
fe eft ma dame malade/car elle neft mpe icy/
Ma dame dift elle eft bien malade/quant au
cueur de la ropne elle a bien paffe en fon iac=
ques de fope/car enuiron trois fepmaines a=
pres ce ꝗ fuftes partp / vne maladie la print
telle que a veue doeil elle feichoit/tellement
que felon le dit du phificien de la ropne / elle
eftoit bien brief ethicque ou morte/ fi fon air
naturel ne leuft retournee. Et lors pour deux
mops la ropne luy donna congie/ꝗ ou bout de
deux mops ꝗ deinp actendu quelle ne venoit
la ropne lenuopa requerir de fa fop/ et luy ef=
criuit par maiftre iulien le brop/ꝗdepuis au
chief dautres deux mops encores luy refcrip=
uit/et elle toufiours/ie viens/ie vics/ et en=

cores est a venir. Quant le seigneur de sain/
tre entend quelle estoit ainsi malade si pen/
sa aux choses quelle luy auoit dictes cest q so
cueur iamais nauroit ioye iusques il fust re
uenu: si sappensa ainsi que vray estoit q pour
oublier ses amoureuses doulceurs sen estoit
allee. Lors sappensa q vrayement auant quel
le sceust sa venue: par laquelle aussi tost quel
le scauroit t antost elle retourneroit / mais
vrayment quil conuenoit auant son retour q'l
lassast veoir pour plus a elle deuiser. Si fut
en ce pensemet dix ou douze iours. Lors dist
au roy. Sire si cestoit vostre plaisir pour aul/
cuns iours moy donner conge pour aller veoir
ma dame ma mere qui le ma mande treshu-
blement vous en vouldroye supplier. Le roy
luy dist Et comment saintre vous ne pouez
arrester/ mais pource que vostre mere le vo9
mande pour vng moys nous vous donnons
congie. Et quant le seigneur de saintre leut
remercye: lors iour et nuyct ne cessa de faire
habiller ses gens et luy aussi t ses cheuaulx
pour plus amoureusement complaire a cele
ou tout son cueur auoit: puis prent congie du
roy/ de la royne et de messieurs: t ne cessa tat
quil vint a la bonne ville avne lieue de lostel
ou ma dame estoit t la disna: puis se mist en
point dung pourpoint de cramoysy broche de
fin or: de chausses descarlate brodees de tres/
grosses et riches perles aux couleurs et deui
ses d ma dame: vne barrecte dune tresfine es
carlate que en ce temps on portoit: ou auoit
vng trestriche afficquet acompaigne de deux
cheualiers. xii. escuyers de son hostel bien en
point et tous de semblables robbes: tous a la
deuise de ma dame La vint veoir en son ho/
stel. Et quant il fut a la porte le portier vint
qui leur demanda quilz vouloient. Et il luy
dist que il fist assauoir a ma dame q cestoit le
seigneur de saintre. Vrayemet dist le portier
elle est allee ce matin ouyr messe a labbaye t
disner la. Lors sen alla a labbaye et trouua q
ma dame et damp abbez estoient allez apres
disner t dormir en gibier aux esperuiers.

Lors se fist monstrer quelle part il les trouue
roit/ et quant il fut vng peu esloigne il appel
la quattre ou cinq de ses gens t leur dist: pic/
quez des esperons et allez la: vous la t vous
la/ et si voyez dames a cheual venez a moy/
Lors chascun alla sur les champs et ne tarda
gueres que lung vint a luy tout courant et
luy dist Monsieur iay veu enuiron vingt che
uaulx ou sont. Si ou huyt dames ou damoy/
selles attournees. Alors le bon cheualier qui
encores les faulces amours de ma dame na/
uoit pas sceues ne pesees tant que le cheual
peut gallopper: ne cuydat iamais veoir lheu/
re q sa tresbelle t desiree dame il peust veoir
et quant il lapperceut il eut tout le cueur ra/
uy de ioye ainsi ioly quil et tous ses gens e/
stoiet brocha son bel et fringuat destrier droit
a elle. La estoit vng des moynes de damp ab
bez quiles vit si sapprocha de damp abbez t
luy dist. Quant damp abbez qui per a per de
ma dame estoit vit cheuaulx courir: q fut se2
ne fut il mie/ car il pesa que ce fussent aucus
parens de ma dame qui se fussent aduisez de
leurs amours t leur voulsisset fourrer leurs
habitz Lors vira et talonna sa mulle bientost
a couste son espreuier sur le poig t trois moy
nes qui portoient grans bouteilles et le gar/
demenger pour refftreschir: et tant quil peut
se tira a lescart comme sil nosast de ma dame
approcher: et de faict labandonna. Ma dame
pour veoir quelz gens sestoient son espreuier
sur le poing t sur sa grosse hacquenee toute
coye auecques ses gens les attedit. Et quat
ses gens congneurent que cestoit le seigneur
de saintre. Dieu dist elle vous mecte tous et
toutes en malle sepmaine/ fault il que pour
vng homme vous vous desuoyez ainsi. Et
en disat ces parolles le seigneur de saintre le
cueur rauy de ioye prestement descendit. Et
quant ma dame le vit a terre si hault que to9
lentendirent luy dist. Haa dist elle sire que le
tresmal venu soyez vous. Le seigneur de sai
tre qui nentedit mye ces parolles a tresgrant
ioye vng genoul bas luy toucha la mai t dist

A ma tresredoubtee dame commēt vous va comment faict elle:fault il demader ce quon boit Ne boyez vous pas que ie suis sur ma hacquenee et tiens mon esperuier·Alors vi/ta sa hacquenee et appella ses gens pour gi/boyer:comme celle qui de luy ne tint compte et qui le mesprisa·Saittre qui ouyt de ma da/me sa trescruelle responce ne sceut que pēser fors que au passer que les dames a damoysel les firent il leur toucha en la main/accolla et baisa:puis monta a cheual a va apres ma da me· Et lors chascun luy vint faire la reueren ce et saluer· Et quant il fut approche de ma dame tout pensif luy dist·Hee ma dame esse a bon essient ou pour moy essayer que si foi/ble responce mauez faicte qui suis celuy qui tant vous ay aymee:a suis celuy qui oncques ne vous desobeyt/he ma dame est nulluy qui vous ayt dit le cōtraire:sil est aucun vous en verrez la verite·Ma dame qui desplaisir pre noit en sa compaignie et en toutes ses parol/les luy dist/scauez vous autre chāson que ce/ste cy nen scauez plus si vous taisez·Et ende mentiers que ces parolles estoient damp ab/bez fut asseure a fist demāder au maistre dho stel par vng de ses moynes quel seigneur ce/stoit· Et quant damp abbez sceut que cestoit le seigneur de saintre lors le vint saluer a dist mon treshonnore seigneur et vostre tresbelle compaignie soyez vous les tresbien venuz/ car sur ma foy iauoye plus de desir de vous veoir que seigneur du mōde·Le seigneur de saintre qui a ces parolles comprit que cestoit labbe a aux moynes qui derriere luy venoiēt luy dist/damp abbez vous soyez le tresbiē ve nu a aussi vostre compaignie·Monsieur dist damp abez qui du tout fut asseure(et que di/ctes vous de ma tresredoubtee dame qui tāt sest voulue incliner de prendre la pacience a/uecques son poure moyne a puis venir au gi bier·Ma dame dist le seigneur de saitre faict comme dame de tout bien a de tout honneur et est honnorable occupacion pour plus ioyeu sement passer le temps a si a tousiours ame saicte eglise·Et a ces parolles pas a pas dāp abbez se esloigna et laissa ma dame et le sei/gneur de saintre ensēble a car ia estoient ves pres sonnees damp abez sapprocha de lhostel et manda par vng de ses moynes au maistre dhostel quil sceust a ma dame si on retiēdroit le seigneur de saintre a soupper· Le maistre dhostel sapprocha de ma dame et luy dist ce q damp abez luy auoit māde·Ma dame qui biē ne lentendit pas de prime face luy demanda quil disoit·Si luy redist tout hault si q le sei gneur de saintre lentendit·Et quant ma da/me leut entendu si pensa vng peu a puis luy dist/mādez luy ce quil vouldra en face/mais ne luy dessirez mie sa robbe par trop prier Le seigneur de saintre qui eut ce ouy se pēsa biē que au premier prier se cōsētiroit·Ma dame qui de ses prieres et de ses premieres amo's estoit ennuyee/dist quelle estoit trauaillee a quō tirast a lostel Dāp abez q estoit gracieuz sire estoit ia deuant qui auoit fait ia tout ap prester·Le seignr de saintre descēdit de sō che ual et voulut ayder a ma dame a descendre/ mais elle demanda vng de ses gens/et quāt elle fut a terre le seigneur de saitre voult prē dre de ma dame conge/et ainsi quelle luy tē/doit la main/dāp abbez pour mōstrer sa cour toysie dist a ma dame:len laisserez vous aller ie mē attēs a vous et a luy dist elle·Lors dāp abbez luy dist/hee mōsieur de saintre ne prē drez vous mie auecques ma dame la paciēce et ie vo's prie demourez·Alors le seigneur de saintre dist a damp abbez/a monsieur labbe a vostre premiere requeste ne vueil mye de/sobeyr ne refuser· Lors le seigneur de saintre tetint deux escuyers/vng varlet et vng page seulemēt a rēuoya le surpl's de ses gēs a la bō ne ville soupper a au maistre dostel dist q biē tost a lostel de ma dame reuēsissēt a luy· Lors furēt les tables mises a le souper tout prest Ma dame laua ses mains seulemēt/dāp abez a le seignr de saintre apres· Lors po' cause destat et de la dignite damp abez fut assis ou hault bout de la table le viz tourne au hault bout

ers ma dame ꝗ le doz au bout du banc ap/
pue/ma dame apres ꝗ puis le seignr de sais
tre/dame iehanne et dame katherine apres.
Lors tout premier furēt seruiz de sallade que
ma dame et damp abbez mengeoięt voulen/
tiers:Puis les grans platz tous plains de la
preaulx/perdriaulx et gros pigons dhostel ꝗ
de tresbons vins de beaulne/de tournon ꝗ de
sainct poursain. Et quant les pances furent
demp remplies alheure que les lagues com/
mencerent a deslyer.Alors damp abbez se cō
menca a reueiller et dist Ho monsieur de sais
tre reueillez vous reueillez ie voy avostre pē
see ꝗ quesse cy vous ne faictes ꝗ penser.Lors
le seigneur de saintre luy dist/monsieur labbe
ie me combatz a tant de bonnes viandes ꝗ
de bons vins que ie voy deuant moy ꝗ ie nay
loysir daultre chose faire.Mōsieur de saintre
dist damp abbez vous ne scauez Jay plusieurs
fois pēse si peut estre quētre vous autres no
bles hommes cheualiers et escuyers qui fai/
ctes si souuent armes ꝗ quant ilz reuiennent
ilz dięt quilz ont gangne.Lors tourna sonpar
ler a ma dame ꝗluy dist:ma dame nest il mie
ainsi/Vrayement dist ma dame abbe vous di
ctes verite/et ꝗ puisse estre:beau sire dictes
nous vostre cuyder/ma dame dist dāp abbez
voulez vous que ie le dye./ce sera de vostre
conge et cōmandemēt/ie ne scay si monsieur
de saitre menscaura nul mauluais gre/mais
puis que le voulez/ma dame mon penser est
tel ꝗlz sont plusieurs cheualiers et escuyers
en la court du roy et de la royne ꝗ dautres sei
gneurs et dames ꝗ aussi daucuns autres qui
dięt estre des dames les loyaulx amoureux.
Et poʳ acꝗrir voz graces silz ne les ont:pleu
rēt deuātvo⁹/souspirēt ꝗ gemissēt ꝗ fōt si les
doloreux ꝗ p force de pytie ētre vous poures
dames qui auez les cueurs tendres et piteux
fault ꝗ en soyez deceues ꝗ que tombez enseʳs
desirs et en leurs laz:ꝗ puis sen vont de lune
a laultre ꝗ prēnētvne emprinse dune iartiere
dung bracelet/dune rondelle ou dung nauet/
Que scay ie ma dame/et puis vous dient

vng tout seul a dix ou.xii.Hee ma dame ie
porte ceste emprinse pour lamour devous/et
poures dames comment estes vous abusees
de voz amoureux en plusieurs facōs/desꝗlz
nest mye en ce cas toute loyaulte ēuers sa da/
me.Alors le roy/la royne ꝗ to⁹ messieurs les
louent et prisent ꝗ donnēt de leurs biens lar/
gement dont ilz se mectent bien en point/et
nest il mye vray ma dame quen dictes vous
Ma dame qui de ce oupr fut bię aise en soubz
riāt luy dist/qui le vo⁹ a dit abbe quāt a moy
ie croy quil soit aisi/et en disant ces parolles
elle marchoit sur les piedz de damp abez.En
core ma dame vous dis ie plus:quant ses che
ualiers ou escuyers vont faire leurs armes ꝗ
ont prins cōge du roy:sil faict froit ilz sen vōt
a ces pallaeiz dalemaigne se rigollēt auecꝗ
ces fillettes tout lyuer/et sil fait chault ilz se
vont en ces delicieux royaulmes de secille et
darragon/a ces bons vins et viādes/a ces fō
taines et bons fruictz/et a ces tresbeaulx iar
dins ꝗ tout leste repaistre leurs yeulx de ces
tresbelles dames ꝗ gentilz hommes qui leur
font tresbonne chere et hōneut assez:puis ont
vng menestrier ou trompette qui porte vng
vieil esmail ꝗ leurs donnēt vne de leursvieil
les robbes ꝗ cryent a la court monsieur a gan
gne comme vaillant le pris des armes/et po
ures dames ny estesvous pas abusees/ꝗ par
ma foy ie vous plaie.Ma dame qui de ces pa
rolles estoit si aise que pl⁹ ne pouoit tourna
vng peu sa teste ꝗ dist au seigneur de saintre
quen dictesvous.Le seigneur de saintre tres
desplaisant de la charge et iniure que on don
noit aux gentilz hommes/damp abbez dist a
ma dame Sil vous plaisoit tenir le port des
gentilz hommes/vous scauez bien le contrai
re ma dame.Lors dist ma dame nous auons
bien veu daulcuns qui nont mye faict ainsi/
mais que scauōs nous des autres:quāt a no⁹
nous sommes de loppinton de labbe/et en di
sāt ces parolles elle luy marchoit sur les piez
en soubzriāt ꝗ guignoit a damp abbez.A ma
dame dist le seigneur de saintre vous parlez

bien a vostre voulente:ores si prie a dieu que
congnoissance parfaicte vous en doint.Dist
dãp abbez ꝗ ꝗlle congnoissance voulezvo⁹ plus
que ma dame ait verite de la chose/de la ve-
rite dist le seigneur de saintre/monsieur labbe
au parler de ma dame ie ne dy riens:elle
peut dire ce qui luy plaist/mais ie respons a
voz parolles que auez charge les cheualiers
et escuyers ꝗ si vo⁹ feussiez hõme a ꝗ ie deus-
se respondre ꝗ trouueriez a parler/mais attẽ
du la dignite ꝗ celuy a qui vous estes ie ne dy
plus riens ꝗpar aduãture quelque fois vous
sera recorde.Damp abez qui estoit du feu da
mours tout alume/cõme par mocquerie dist
a ma dame Ma dame cest par vous ꝗ ie suis
en vostre hostel menace/et en ce disãt la guer
re des piedz estoit de lung a lautre sans cesse
Et quãt il vit ma dame soubzrire et guigner
sceut bien ꝗ le ieu a ma dame plaisoit/si dist
ho monsieur de saintre:ho monsieur de sain-
tre ie ne suis bastelleur ne hõme darmes ie
suis vng poure et simple moyne quivis de ce
que auons pour lamour de dieu pour moy cõ
batre auecques vous/mais sil estoit homme
quel quil soit qui voulsist dire le cõtraire sur
ceste querelle ie lutteray a luy.feriez dist tã
tost ma dame/seriez vous bien si hardy/ma
dame ie ne puis que tõber/mais iespere en
dieu ꝗ en ma bonne et saine querelle que ien
viedray au dessus/auãt ya il icy homme qui
respõde de trestous ses batailleurs.Le seigñr
de saittre ꝗ veoit les oultraiges et parolles de
damp abez ꝗ luy sembloit de part en part per
cez le cueur.Et tant pl⁹ la faueur que ma da
me luy faisoit voulsist estre mort.Ma dame
qui ce veoit/sans dire mot/luy dist/Hee sei-
gneur de saintre vous qui estes si vaillant ꝗ
auez faict comme ondit tant de belles armes
noseriez vous lutter a labbe/certes si vo⁹ ne
le faictes ie diray comme luy.Hee ma dame
dist il vous scauez ꝗ oncques ie ne sceuz lut
ter ꝗ ces seigneurs moynes en sont les mai-
stres/aussi de iouer a la paulme/gecter bar-
tes ꝗt pierres et paulx de fer ꝗ to⁹ autres es-

saiz quãt ilz sont a leur priue/et po⁰ce ie scay
bien ma dame ꝗ cõtre luy tienie ne pourroye
et ie vous en prie dist ma dame/or verrayie
si vous mesconduyrez:et p ma foy si ne le fai
ctes en toutes places ie vous reprouueray et
tiendray pour vng lasche cueur de cheualier.
He que dictes vous ma dame:iay assez plus
faict pour aulcune dame/mais puis quainsi
est iacompliray vostre plaisir.Quest ce quil
dit dist damp abbez/il dit dist ma dame quil
ne vous fauldra mye a ce besoig ꝗquil a faict
pl⁹ fort/le dit il ma dame:or le verrõs.Alors
sans pl⁹ attẽdre ne leuer aucune chose dessus
les tables Damp abez tout plain de ioye sail
lit le premier de sa:puis ma dame ꝗ le seigñt
de saintre:et de ce furent tous les aultres es-
merueillez.Lors damp abbez print ma dame
premieremẽt ꝗ en vng tresbeau preau la mai
ne:ouquel le soleil estoit passe et luy dist/ma
dame seez vous cy soubz ce bel aubepin courõ
ne ꝗ serez nostre iuge/et ma dame sassist si
tresioyeuse que plus ne peut ꝗ fist ses femes
asseoir empres elle des choses quelles ap per
ceuoiẽt:combien quelles dissimulloient peu
en y auoit a qui la chose pleust.Lors fist dãp
abez ce que sainct benoist/sainct richard/sait
augustin ne sainct bernard ꝗ furẽt prelatz de
saincte eglise neussẽt mye faict en leur vivãt
car illec publicquement se mist en pourpoint
destacha ses chausses qui en ce temps ne sen
tretenoient mie ꝗ les aualla sur les genoulx
Apres vint deuant ma dame tout le premier
et apres sa reuerence faicte riseemẽt fist vng
tout en saillant en lair monstrant ses grosses
cuysses pelues et velues comme vng ours
Apres vint le seigneur de saintre qui a vng
hault bout du preau estoit desabille ses chauf
ses estans richemẽt brodees a grosses perles
et vint a ma dame faire sa reuerence en fain
gnant la tresamere douleur ꝗl auoit au cueur
Lors lung deuant lautre furent/mais auant
que la lucte fust commencee:damp abez sevi
ra a ma dame ꝗ par mocquerie a vng genoul
a terre luy dist a ioinctes mains/ma dame ie

Bous prp que a monsieur de saintre me reco~
made3·Ma dame qui cognoissoit bien la for
ce de labbe en soubzriant dist au seigneur de
saintre/he seigneur de saintre ie bous recom
made nostre abbe a bous prp quelespargne3
bng peu· Le seigneur de saintre qui cognent
bien la mocquerie dist/ha ma dame iaurope
plus grat besoing quil mespargnast· Les pa
rolles finees damp abes a le seigneur de sain
tre sentreprindrent a tournerent bng tour ou
deup·Lors damp abes estent sa iambe a par
dedans la lpe a celle de saintre:puis acoup se
deslie a par dehors le trousse tellemet que les
piedz du seigneur de saintre furent asses pl9
hault que sa teste a sur lerbe labatit:et enle te
nat soubz lup sescrpa damp abbe a ma dame
et dist Ma dame recomade3 mop au seigneur
de saintre· Lors ma dame en tresfort riat lup
dist/hee seigneur de saintre ape3 pour recom
made nostre abbe /mais de iope quelle auoit
et de rire a paine pouoit elle parler·Lors dap
abes se leua et se mist sur ses piedz a enriant
a ma dame dist ecores bne autre fois si hault
que tous lentendiret /ma dame ce q iap faict
cest pour amours a de la querelle dont dieu a
amours mont ape amen ont este tesmoing3
mais le seigneur de saintre bouloit soustenir
quil amoit mieulp sa dame que ie ne faiz la
miene/Boicp bng foible a simple mopne que
a ceste bataille ie bouldrop combatre·feriez
dist ma dame:si le ferope p dieu:oup qtre to9
ceulp qui bouldriet benir a mop· Alors ma
dame au seignt de saintre dist en riant·Que
dictes bous sire est il cueur de gentil homme
qui p respondit·Ma dame dist le seigneur de
saintre il nest cueur de gentil homme qui ne
respondit a son pareil a en la facon que en tel
cas appartient·Ce sont epcusacions dist ma
dame:ainsi bouliez epcuser de lautre querel
le/bien fait a reprocher le cueur dug getil ho~
me q pour bne lucte nose soustenir sa lopaul
te/a en berite ie crop que qui bien p querroit
en bous peu sen trouueroit·Hellas ma dame
dist le seigneur de saintre et pourquop dictes

Bous cecp/ie le dp/car bous sente3 auoir tort
et il est aisi·Alors le seigneur de saintre dist
oz boy ie bie ma dame ql fault recomecer a ql
nest epcuse tant soit raisonable q en peust des
mouuoir a puis ql bous plaist ien suis cotet
Dap abe3 q opoit toutes ces choses en manie
re de farce dist·Ha ma dame ie nose rope/car
si ne fust le bondroit que iaurope il meust foul
le et mis au bas tat ap trouue de force en lup
quil nest mpe de merueilles sil a tant de ges
desconfit3 /mais puis que ien ap emprins la
querelle ie la bueil soustenir/et lors chascun
arriere se traict:et damp abbe3 qui estoit es
gomouue et hors de toute contenance ou sens
arreste se pret a escrper·Ha lopaulte garde to
droit/et a ces parolles au seigneur de saintre
bint par bng tour dune estrappe a bien peu ql
ne leporta/mais tat biteret et tournoperet q
dune autre trousse asses plus forte que la pre
miere le seignt de saintre abbatit/a puis dist
a ma dame/et nostre iuge ap ie bie faict mo
deuoir:le ql est le pl9 lopal/q lest dist ma dame
bous q laue3 gagne·Le poure seignt de sain
tre q de la luicte que ma dame p auoit pris a
mesmemet a le beoir le plus foible sachat :au
moins de lucter:ne scauoit bng seul mot dire
lors chascu se allareuestir/les deup escupers
qui demoure3 estoiet pour le seruir cupderet
bie de dueil mourir quat ilz biret que ma da
me et dap abes se farcoiet et derisoiet du sei
gneur de saintre q tant estoit honorable a bail
lant cheualier q de son pareil ne peust on mie
fincr ou ropaulme de frace a lup diret bo9 ne
serie3 mie home si bous ne bous bage3 de ce
ste desrision/et il leur dist/ne bous en souciez
ape3 en pacience come mop a me laisse3 faire
Le seignt de saintre q de to9 poins auoit per
due lamour de sa dame p la deslopaulte delle
qui tat a si lopaulmet seruie auoit come bien
attrepe print en sop maniere come si du tout
ne fust ries este·Lors a grat faco de la liee che
re dist/hellas ma dame et que ce fut bng grat
domage quat bng si bel et puissat corps dhoe
come mosie2 labbe est na este mie aup armes

pour tenir en vne frõtiere oltre les ennemys
de ce royaulme/car ie ne cognois·ii·ne·iii·tãt
soient puissans hommes qui ne les eust bien
mis a fin·Damp abbe qui ouyt de luy telles
louãges se lieue en lait et tout en to¹ fist vng
sault deuant ma dame et sa compaignie·Et
lors il commãda le vin et les serises a appor/
ter pour reffreschir·

¶De lambaxade du couuant·

ET en demẽtiers q ces parolles estoiẽt
les prieurs (anciẽs religieux du cou/
uent:ausqlz la vie de damp abbez desplaisoit
grãdemẽt:et tãt pl⁹quilz auoiẽt ouy parler de
la lucte et des mocqueries de ma dame et de
damp abez/et aussi ne monstroit mye vie de
bon religieux/mais dissolue et chetiue vie/
ordonnerent que deux a dãp abez yroient par
ler de par le couuant (luy diroient les parol/
les qui sensuyuent·

¶Lambaxade du couuant·

REuerend pere en dieu et nostre tres/
honnore seigneur les prieurs et admi
nistrateurs de vostre couuent:vna vo
ce dicentes Apres leurs hũbles (couenables
recommandacions a vous nous enuoient:ilz
ont sceu que par plusieurs fois auez donne a
nostre tresredoubtee dame mains disners et
souppers (autres deduictz:dont entant quel
le est nostre patronne et fõderesse tout le cou
uent en est contant (de tant mieulx quant a/
uez amene a cest seoir vng tel seigneur cõme
le seigneur de saitre:duquel par tout sont les
belles nouuelles (qui est si prochai familier
de nostresire le roy/mais de tãt q vous estes
auance et ingere de lauoir requis a lucte (p
plusieurs fois abatu (vous en estes mocque
qui nappartiẽt a estat deprelat ne a autre re/
ligieux le faire en la facon q lauez faict ainsi
publicquement qui est chose a vous (a nous
deffendue par noz reigles et statuz:dont tout
le couuent en est tresdeplaisant et courrouce:
vous priãt et suppliant que vous en deportez
et que auant son partement faictes tant quil
nait cause de soy blasmer de vous ne du cou/

uent/ou aultrement le couuent par nous vo
faict assauoir q saulcune malle vueillance ou
nouuelle en aduient q au couuent porte preiu
dice ne inconueniẽt quel qui soit ilsen excu
sera et deschargera du tout sur vous:et de ce
vous plaise a chascun pardonner·

¶La responce de damp abez (le reme/
de quil y print.   ¶Lacteur·

DAmp abez ayãt ouyes les nouuelles
et parolles de son couuent leur respõ
dit:prieurs allez au couuent (si leur
dictes q ce que iay faict na este que par ioyeu
sete/et qlz ne sen souciẽt mie /car auant quil
parte ie mectray bonne fin entout·

¶Commẽt damp abbez rapaisa le sei/
gneur de saintre·chapitre   lxxxii.

EN demẽtiers que lãbaxade du couuẽt se
faisoit le vin et les serises furent appor
tees:lors burent les vngz aux autres par aus
si bõne chere q gẽs puissẽt faire·Et quãt to⁹
eurẽt beu:dãp abez print le seignr de saintre
par la main (a part luy dist Monsieur de sai
tre il a pleu a dieu moy faire tant de grace q
vne fois ie vous voye en mon hostel qui est
bien vostre silvous plaist/laqlle chose ie desi
roye des pieca pour le bien q en vous est vo⁹
suppliant que demain encores auecques ma
dame me faciez tant dhonneur que de prẽdre
le disner enpaciẽce:(q de ce ne me reffusez (
en verite me ferez tressingulier plaisir·

¶Responce de mõsieur de saintre (les
prieres de dãp abez.   ¶Saintre

MOnsieur labbe de vostre soupper (de
la tresgrãde et bonne chiere que pour
la premiere fois mauez faicte tant cõ
me ie puis vous en remercye:aussi de loffre
de vostre disner a demain:leql en verite pour
les affaires que iay a la bonne ville ne vous
en puis ores accorder·

¶Helas non dist dãp abez monsieur y ioyeu
sete se iay faict chose q avostredesplaisir soit
vueillez le moy pardõner/monsieur iay vne
des belles (bonnes mulles de ce royaulme ce
scay ie bien (la meilleur (ay vng des bons

faulcons au heron (q aussi a la riuiere que on
peust trouuer/(q si ay trois mille escuz cōme le
roy ou cōme le pape(q non plus/si vous reqers
prie (q supplie tant comme ie puis q lune des
trois de mes offtes vous prenez en gre/(q que
ie demeure bien de vous et me pardonnez.

¶Le seigneur de saintre.

Onseigneur labbe ie ne monte
mpe sur mulle de voz trois mille
escuz/ie mē seruiroye si il en estoit
besoing. Et de vostre tresbō faul
con pour lamour de vous ie le retiens par ain
si que le garderez affin que saulcun le vo de
mande que puissez dire quil est mien,/ mais
dune chose vo prie que pour ma premiere re
queste ne mescondissez. Et quelle dist damp
abbez monsieur commādez moy/ car sur ma
foy sil est possible ie laccōpliray voulētiers/fe
rez dist monsieur de saintre. Ouy par ma re
ligion. Lors luy dist q de main vous et ma da
me viēdrez disner auecqs moy/cella dist dāp
abez (q ie le vo prometz pour elle et pour moy
que vostre plaisir en sera fait par telle condi
cion que se sera disner de compaignon.

¶Lacteur.

Lors a tresgrande et lie chiere sont ve
nuz tous deux a ma dame. Et lors le
seigneur de saintre la prie. Et quant
ma dame la entendu prestement la refuse di
sant quelle auoit moult a besongner / et ny
vault priere de saintre. Lors dāp abbez a part
la prie et luy dist/ma dame vous y viendrez/
car ie lay promis pour tous deux et iure (q me
feriez grant honte et desplaisir/ de me faire
ainsi mentir. Aussi ma dame il pourroit pen
ser de noz amours ce quil en est/(q scauez que
cest de ses fringās(q rotiers de court cōme de
feu sen cōuient garder. Et po ce ma dame ie
lay promis (q vous y viendrez/car par ce ie se
tay son amy/ou ie cuyde quil soit mal d moy
a cause de la luicte/ma dame q ne peut damp
abez esconduyre ne reffuser luy dist puis que
vous le voulez ie le vueil. Alors damp abbez
appella ioyeusement le seignr de saintre(q luy

dist/monseignr ma tresredoubtee dame que
vez cy vous a refuse/ doubtant que voulsis
siez faire vng trop grant et excessif appareil
(q vne grāt feste (q solēnite oultraigeuse/mais
ie lay asseuree que non ferez/lors le seignr de
saintre dist/(q vous ma dame z vous monsei
gneur labbe entre nous gens de court laissons
a vo faire les grans festes (q nous en passons
ligietement/ bien voulons aucū peu de bon
nes viandes (q de bons vins si en pouons, is
net. Et de ce que trouuer se pourra ma dame
et vous prendrez en gre. Et ces parolles dic
tes Les hacquenees et les cheuaulx furēt to
prestz. Lors ma dame(q le seigneur de saintre
damp abbez remercierent / et iusques a de
main prindrent congie. Et quant ma dame
fut sur les champs tant que hacquenees peu
rent aller sen alla batant. Et le seignr de sain
tre en gallopant son destrier de foiz a autres
saporocha delle et luy dist/ha ma dame et que
vous ay ie meffait est il ou monde qui osast
dire et soubtenir que ie ne vous aye loyaul
ment seruie et aymee de tout mon pouoir/ha
site dist ma dame que vous lauez bien a vo
stre lucte monstre. Or ne parlons plus de ces
choses/et me laissez en paix. Le seigneur de
saintre qui tout cler veoit la chose telle quel
le estoit/ne desiroit mpe en sa grace retour
net/ne a la requeste delle ne leust daignee ia
mais plus aymer ne seruir/mais biē luy vou
loit monstrer le villain tort quelle luy tenoit(q
auoit fait sans riens dire quil se fust apperceu
de ces nouuelles amo s. Et quant ilz furent
en lostel de ma dame auant que descendre el
le luy dist/allez vous en seigneur de saintre/
car iay aucū peu a besongner (q aussi auez vo
Ainsi eut congie (q a dieu iusqs a demain. Le
seignr de saitre q de toutes ces nouuelles cho
ses fut en pensemēt/se myst a la voye auecqs
ce peu de gens quil auoit droit a la cite et sen
alla ou ses gens estoient/si ne erra guieres q
toute sa cōpaignie ne trouuast cōme il auoit
ordonne. Lors appella son maistre dhostel/ et
luy dist que ma dame et damp abbez venoiēt

demain en son logis disner/et quil fist toute
diligence de trouuer de bonnes viandes (de
bons vins pour en estre bien seruiz et po² le²
compaignie de mesmes vins et viandes/dõt
ilz seroient seruiz largement/dautre part luy
ordonna quil eust du tout compte et paye a sõ
hoste ce quilz auoient despendu tant de bou=
che que les cheuaulx. Et que quant il seroit
paye quil luy donnast encores dix escuz pour
le seruice des varletz et meschines de lhostel
Et si ordõna que le bien matin ses coursiers
et son bahu et la plus grant partie de ses gẽs
sen voysent (ne demourassẽt que dix ou dou
ze de ses gens et ainsi fut fait. Et quant il
fut en son logis descendu il fist appeller lho=
ste (appert luy dist. Bel hoste en ceste ville a
il nul gentil homme ou bourgeois de la forme
de ce grant escuyer cy / et luy monstra vng de
ses gens. Monseigneur dist lhoste : ouy assez/
mais fault quilz ayent harnois completz / et
quilz soyent beaulx/ilz ont harnois completz
et beaulx. Lors demanda le non de cestuy qui
estoit le mieux arme/(luy pria quil le fist ve
nir. Et ainsi fist. Et quant le bourgois fut ve
nu et faicte sa reuerence au seigneur de sain=
tre duquel gracieusement se accointa : il luy
dist/iacques qui est le bourgois de ceste ville
qui est le mieux arme. Monseigaeur dist iac=
ques mains en ya. Mais,ia soit ce que ne les
baille/suis aussi bien arme pour cinq ou six
harnois cempletz que bourgeois de ceste ville
ne gentil homme de ce pays/voyre dist mon=
seigneur de saintre/par monseigneur sainct
iacques de tant plus estes vous a priser/vo²
auez les harnois de vostre corps/ nen finerez
vous pas bien encore dung autre q seruist a ce
cheualier que veez cy/la luy monstra sembla=
ble cheualier a sa personne. Monseigneur dist
il/ie vous fourniray du tout/aussi beaulx et
aussi bons q vous en serez cõptant/mais vou
lez vous bacinetz salkodes ou bannieres ou he
aulmes/Jacquet mon frere/ie vueil a baci=
netz/(aussi deux haches pareilles/(ne vous
souciez vous ny perdrez riens/perdre dist iac

quet/q tresioyeulx estoit dauoir la cõgnoissã
ce du seignr de saintre. Tout tant q iay mon
sieur est vre(a voz cõmandemens quãt vous
plaira d les auoir/ie les vouldroye auoir tout
maintenãt/mais en coffres ou en sacs lesme
faictes apporter q nul ne sen puisse apperce=
uoir:iacques incõtinent sen va en son hostelz
les deux harnois beaulx(clers auecques les
haches secretement fait apporter/dõt led sei=
gnr de saintre fut trescõtant. Et quãt la nuyt
fut passee (le io² fut venu q le seignr de sain
tre eut sa messe ouye tout son bagaige et ses
gens partiz fors les douze ql auoit retenuz la
viande du disner fut cõme preste (les tables
mises/ monta a cheual auecqs sa cõpaignie.
Lors au deuant de ma dame va/(quãt eut er
re la moitie de la voye:trouua ma dame(dãp
abez sur les champs. Lors gracieusement sen
tresaluerent/(dãp abez cõmenca (dist. Haro
q parle du loup il en voit la queue(les oreilles
monsieur de saintre/monsieur de saintre vo²
cornoient elles point/ie ne scay dist le seignr
de saintre/car ie pẽsoye a la grant pasciẽce q
prendriez trestous. Auez vo²poit desieune ma
dame (vo²monsieur labe. Ouy dist ma dame
po² la doubte de ces bruynes nous auõs des=
ieune des tostees a ypocras (a la pouldre de
duc. Bon preu vo²puist il faire dist il a ma da
me (a mõsieur labe aussi / donc en deuis ant
tous,trois ensẽble/le parler de ma dame tous
io²s saddressoit a labbe. Le seignr de saintre
voyãt perdre ses parolles tint sa bride (a ma
dame iehãne voult parler/mais elle luy dist q
arriere delle se mist/puis va a ma dame ka=
therine (a ysabel toutes luy dire ainsi / car,a
toutes estoit deffendu nõ parler a luy/lors re
tourna a ma dame (a dãp abez(ne tarda plº
gueres q au logis arriuerẽt. Lors le seignr de
saintre prit soubz le braz ma dame (en sa chã
bre(ses femmes mena (aussi dãp abez tyra en
vne autre. Et en dementiers quen leurs chã
bres ilz se aisoient/dist a son maistre dhostel
que incontinant quilz seroient a table / que
les cheuaulx fussent sellez et bridez en lesta=

ble/ et tous prestz a monter. Lors pour abreger
le disner fut tout prest/ et quant ma dame et
damp abbez eurent leurs mains lauees / au
bout du banc au hault de la table comme pre-
lat fut assis/et vng peu apres/ma dame qui
ne le voult mye de loing habandonner et puis
les autres deux au bas bout/ et luy pour prier
ne voult onches estre assis/mais mist sur les/
paulle la seruiette/et va ca et la trestous ser-
uir de bons vins et viandes largement/et de
bonne maniere/et aussi de plusieurs facons.
Que vous ditois ie/la fut la ioye si grande
de damp abbez au seigneur de saintre / telle
qua peine se pourroit deuiser/et quant les pan
ces furent bien plaines et farcies/et les esto-
mactz bien arrousez et bien abuurez. Le sei-
gneur de saintre demanda a damp abbez sil
fut oncques arme/dist dap abbez: non vraye-
ment/Hee dieux dist le seigneur de saintre:
que ce seroit belle chose de vous veoir arme.
Et quen dictes vous ma dame / nest ce mye
verite/vrayement dist ma dame ie cuyde bien
et suis certaine que tel ya qui de luy se mocq:
qui guieres ny gaingneroit/ma dame ie ne
scay qui se mocque/mais ie ne veiz onques
homme quil fist plus beau veoir arme/ et lors
dist a perrinet de sa chambre ce qui luy auoit
dit. Lors perrinet dressa au bout de la table
deux treteaulx/puis il mist dessus le plus bel
et le plus grant/harnois sans hache ne espee.
Et quant damp abbez veit ce tresbel et luy-
sant harnois au quel il print grant plaisir/ et
cestoit ouy grandement louer: pensa que pour
la largesse du seigneur de saintre il luy donne
roit ce harnois/et que pour ceste cause lauoit
il fait venir. Si sappensa que sil requeroit dar
met quil nen seroit mye reffusant. Lors pour
monstrer que tresbien il aymoit ce harnois le
comenca moult fort a louer. Et puis quil est
a vostre gre dist le seigneur de saintre sil vo9
est bien apoint vous laurez/ Auray monsei-
gnr. Ouy dap abbez par ma foy po² lamo² de
ma dame ie ne mengeray ne beuray tant que
lauray arme. Alors sescria ostez ces tables/

nous nauons que trop mengie / damp abbez
tout plain de ioye se mist en pourpoint/et tan
tost le seigneur de saintre print vng poinsson
et des esguillectes/et larme de corps et de ia
bes bien entierement/et le bassinet sur sa te-
ste luy mist bien acramponne. Et puis en ses
mains les gantelletz. Et quant damp abbez
fut du tout arme/si se tourna deuant et derrie
re en soy coutoyant et en disant a ma dame et
a ses femmes. Quen dictes vous de veoir ce
moyne arme: le fait il bon veoirs/moyne dist
ma dame/Telz moynes sont bien clercs semez
Hee dieux que nay ie vne hache et aucun qui
me voulsist combatre ou oultraiger. Puis en
farsant dist a ma dame/vrayement ce harnois
poise plus que le mie/mais il me suffist puis
que ie lay gaingne. Et en disant ces parolles
le seigneur de saintre luy dist/vous ne lauez
mye encores gaingne / mais tantost le gain-
gnerez. Lors fist apporter lautre harnois / du
ql tantost il fut arme. Quant ma dame ouyt
ces parolles et veit le seigneur de saintre si ha
stiuement armer/se doubta de ce ql en aduint
et luy dist/Sire de saintre quentendez vous a
faire/ma dame dist il quant il fut tout prest/
tantost le verrez/ie le verray dist madame: si
te couart voulez vous combatre a vng abbe.
Le seigneur de saintre estant arme/ordonna a
ses gens a bien garder lhuys quaucun nentrast
ne yssist hors de la salle/ et dist auxdames et da
moiselles aux moynes et a tous autres q leas
estoient tenez vo9 la a cest huys et ny ayt home
qui se meuue/car qui fera le contraire ie luy
fendray la teste iusques aux dens. Lors veissiez
la mauldire lheure : quilz estoient la assem-
blez. Lors il vint a ma dame et luy dist/de vo
stre grace/tres voulentiers voulsistes estre iu
ge de la luicte de damp abbez et de moy. Or
vous pry si treshumblement que ie puis que
le vueillez estre de la lucte/ a la quelle iay a-
prins a lucter. Et que auecques moy soyez a
faire la requeste a damp abez ie ne scay quel
le requeste dist ma dame/si vous luy faictes
vng toutseul desplaisir ie laduoue fait a moy

le prens en ma garde. Le seignr de saitre vit a dap abbez a luy dist/damp abbez a la reque ste de ma dame et de la vostre:ie luctay deux fois a vous deux saulx de trousse/ dont enco res me sens/ ny valut excuser que a sa req ste et a la vre ie ne passasse par sa. Or ie vos requier et prie aussi pour lamour de la dame que si loyaulment armez/que nous luctons a la facon que iay apris a lucter. A monseignr de saintre dist dap abbez/ ie ie scaroye lucter arme. Lors le seignr de saintre dist/vous pas serez par la ou par la fenestre / ma dame qui voit le seignr de saintre meu delibere a co batre felonneusement luy dist/ Sire de sain tre nous voulons et vous commandons sur peine dencourir nostre indignacion que inco tinat tous deux vous desarmez/ si vous ne le faictes come fol couart nous vous ferons du corps de la vie courroucer pugnir. Quat le seignr de saintre se vit ainsi villener me nacet a la faueur po lamour de dap abbez/ luy dist. Or faulce desloyalle telle qesle tel le que vous estes/ie vous ay si treslloyaulmt seruie longuemet que oncques homme peut seruir et coplaire a femme/ maintenat par vng ribault moyne/dot vous estes accointee si faulcement desloyaulment vous estes des honoree mauez habadonne. Et a ceste fin ql vous en souuiengne q po luy ne aultre ne me deuez villener ne menasser/ie vous donray tel loyer non mye tel ql y affiert a lepeple des autres desloyalles femmes. Lors la prent par la toupe de son atour haulsa la paukme pour luy doner vng couple d sauffletz/mais acoup se retint ayant memoire des grans biens qle luy auoit faitz/et ql en pourroit estre blasme. Et tout en plourant et come de dueil pasmer la fist cheoit sur le banc/q oncques ne sen osa mouuoir. Lors fist apporter deux haches/ et deux dagues/ quil fait saindre et baille es mains de damp abbez pour en predre le chois damp abbez damp abbez/souuiengne vo des iniures quauez dictes des cheualiers et escui ers qui vont par le monde faire armes pour

leurs honneurs acroistre/car vous le coparrez et lors baissa sa visiere/et fist baisser celle de damp abbez desmarcha contre luy. Et quat damp abbez veit que cestoit contre luy fo ce de soy combatre et reuencher/haulsa sa ha che et par tel force que sil eust actaint saintre a la force et puissance quil auoit/et aussi a la uantaige quil auoit destre plus grant il leust a terre porte ou naure / ce que ma dame eust bien voulu/mais par la voulente de dieu/ et des auantaiges quil scauoit en telz faitz dar mes/se couurit et receut ce coup de hache se fait le seignr de saintre de la pointe de sa ha che lenferra et le fist a force reculler iusques a vng banc/viz a viz de ma dame/ et le tomba a la reuerse au cheoit se donna tel coup quil sembloit que tout fondist abas. Criant mer cy/mercy/mercy/ma dame/a monseigneur de saintre pour dieu mercy. Le seignr de saintre esprins de mal tallant a cause des villennies mocqueries dont a este cy deuant parle/deli bere fut de le mectre a fin/ faisant ce il haul sa sa hache en memoire luy vindret les vers q sensuiuent/esqlz sont contenuz les sainctes parolles de nostre seignr iesucrist: qui dist ou viel testamet. ¶ Jnde Vteronomi. Et ou six iesme liure de la bible qui dient. ¶ Quicun qz funderit sanguine huanu fudetur sanguis illius. Encores dist il en la passion. ¶ Non edificabis michi domu qm vir sanguineu es Encores dist il par la bouche dauid. ¶ Vir sanguineu et doli non dimidiabut dies suos. Encore par la bouche de dauid dit. ¶ Dirit sanguinu dolosu abhominabitur dominus. Encores la mesmes dist il. ¶ Si occideris de9 pecatores: viri sanguinu declinate a me Et dautres tant pitiez merciz misericordes nous a il comandez/ et en sa propre personne mostrez/que par ce ledit seigneur de saintre se tint d proceder a la mort/toutesfoiz fut par vengence et par diuine voulente que a cause du si trefeuident et manifeste peche eust per mis ainsi le faire pugnir/il gecta au long sa hache et print sa dague en sa main / puis luy

hauffa fa vifiere et luy dift. Ores dãp abbez
congnoiffez que dieu eft le vray iuge quãt vo
ftre force et voftre mauuais et iniurieux parler
nont eu pouoir que ne foyez chaftie et prefent
celle de qui vous vous teniez fi fier pour laql
le auez fi deshonneftement menty et parle cõ
tre les cheualiers et efcupers, et pour ce celle
treffaulce langue le comparra. Lors luy perfa
de fa dague la langue et les deux ioues et en
ce point le laiffa et luy dift, damp abbez or a
uez vous le harnois bien et loyaulment gan
gne, fi fe fift defarmer, et quant fut tout def
abille et vit ma dame defcheuelee, et fon
atour renuerfe luy dift, A dieu ma dame la
plus faulce qui oncques fut. Et en ce difant
la veit fainte dun tyffu bleu ferre dor, lors luy
deffaingnit difant. Et comment ma dame
Auez vo9 cueur de porter fainture bleue, car
couleur bleue fignifie loyaulte, et vrayemẽt
vous eftes la plus defloyalle que ie congnoif
fe: pl9 ne le porterez. Lors luy ofta et deffeingnit
celle fainture, puis la ploya et mift en fon feig.
Puis dit aux dames et damoifelles, aux moy
nes et autres gens: q cõe brebiz aux coings de
la falle eftoient plourans, fi leur dift, Vous e
ftes tefmoings des chofes dictes et faictes qui
a mon grant defplaifir font caufe dauoir fait
ce q iay fait. Et quant a la defplaifance qua
uez eue et auez: le me pardonnez ie vo9 en prie
et a dieu foyez. Lors fut lhuys ouuert et defcẽ
dit en bas. Et a lofte dift, Si dãp abez veult
le grant harnois fi luy laiffez, mais le petit et
les deux haches a iacques luy rendez et luy dic
tes que il viengne a moy bien brief. Bel hofte
eftes vous bien comptant: et en ce difant il mõ
ta a cheual, et commanda a dieu fon hofte. Et
a tant laifferay cy a parler de luy qui fen va a
la court. Et diray de ma dame de damp abez
et de leurs gẽs qui demouretent bien efbahyz
et en trefgrant dueil et merencolie nen fault
mie doubter.

¶ Cõment ma dame et dãp abez
auec leurs gens font demourez.
Chapitre. lxxxiii.

¶ Lacteur.

Vant ma dame refut atour
nee et que toutes eurent affez
ploure. Et dãp abbez fut def
arme, fi fut le cirurgien mã
de. La veiffiez pleurs et fou
pirs et mauldire leurs vies,
quant oncques feftoiẽt la arriuez, damp abez
qui ne pouoit parler fut deueftu et couchie Et
puis conuint ma dame departir de fon amy.
Et qui pour ce ouyft ces pleurs fes plains et
gemiffemens a caufe de damp abez il fẽbloit
que tous fes parẽs et amys fuffent inors, fes
femmes difoient, Ha ma dame nous nen pen
fafmes oncques moins quant nous le vifmes
arriuer, et que mefchief nen aduenift, de tant
char ger lhonneur des gentilz hommes. Voyre
dift lautre: et de lauoir ainfi traictie et blecie et
a ce efte bien fait, ne vous chault dift ma da
me il en fera vengie, mais quil en foit guery
Et auffi ql ma voulu batre et villenner, puis
a ma fainture emportee comme murtrier et
larron quil eft. Et a tant laifferay cy a parler
de ma dame et de la guarifon de damp abbez
qui par lefpace d deux moys ceftoient dõnez
du bon temps enfemble meilleur que iamais
nauoiẽt eu par auãt, et en fut dure la departie

¶ Lacteur.

¶ Comment ma dame reuint
a la court.
Chapitre. lxxxiiii.

N dementiers que ma dame et
damp abbez ainfi fefbatoient
le roydung coufte et meffieurs
les ducz fefmerueilloient de ce
q leur belle coufine demouroit
tãt, dont vne foiz entre les autres a la royne
en parlerent. La royne ia trefdefplaifãte des
nouuelles pres fen toit pour fon honneur fen
teuft. Lors luy prierẽt qlle luy vouffift efcripre
par maniere quelle fen fift. La royne leur dift

que desia par deux foys lauoit este fait et es/
cripte par deux messaigiers quelle auoit en/
uoyez vers elle/(z que voyrement vensist quãt
elle vouldroit/mais iamais ne luy en rescrip
roit.Messieurs qui comprindrent bien le par
ler de la royne/que tresmal contente delle es/
toit luy rescriprent et luy enuoyerent lung de
leurs beaulx peres/Lors fut ma dame mor/
tellement desplaisante de laisser son confes/
seur/et donna iour quelle seroit a la royne sãs
point de faulte(z par ainsi le beau pe (z cõfesse²
pritcõgie delle (z elle de luy/(z reuint a la court.

(Lacteur.

Ce amo²s tresfaulces maul
uaises (z traistres sembleret
tousiours enfer/qui dengiou
tit ames iamaisne fut saoul
ne serezaussi iamaissaoulez
dettrauailler cue²s (z murtrir
dieu et nature vous en ont ilz donne telle puis
sance/que de prendre et mectre en voz lactz/
cueurs de papes/dẽpereurs/de roys /de roy/
nes/de ducz/deuesqs/ darseuesques de par/
triarches/de marquis/de marquises/de prin
ces/de princesses/cueurs dabbez/dabbesses/
de côtes de côtesses/ et de gẽs de tous autres
estatz et religieuses spirituelles (z temporel
les que daucuns en auez prins les cueurs ai/
si que maintes hystoires se treuue par escript
dont vous en estes tresfaulcement habandon
nez(z mauluaisemt seruiz(z puis a la fi cõfuse
habãdõnez(zmeritez dauoir pdu le²s ames/si
dieu ne a mercy (z le²s hõnorables tesmoigs d
ceulx cy/dont pour venir a mon propos ie mẽ
delaisse qui dit ainsi.   (Lacteur

Dart ma dame par telle foice fut
cõtraincte de laisser (z soy departir
tant estoient grans les douleurs a
souffrir que ie ne scaroye reciter ne
escripre Toutesfois les promesses
de dãp abbez furẽt q souuẽtesfois en habit dis
simule la verroit (z par celle doulce esperance
a tresgrãs destresses de leurs cueurs prindrẽt
congie lung de lautre/(z eust este bonne la cõ
paignie silneust este le departir.

(Cõmẽt ma dame fut a la court
(z la bonne chiere quon luy fist.
Chapitre.   lxxxv.

(Lacteur.

A dame toute pensiue de ses
amours vint a la court/ acõ
paignee de mains seigneurs
contes/ baronset escuyers /
assez qui au deuant delle fu/
rent/(z quant elle fut arriuee
fist sa reuerence au roy q assez bien la recueil
lit/puis vint a la royne/qui luy dist:Vostre ve
nue a este bien longue il semble bien quel ay/
mez lait du pays/puis va a messie²s les ducz
q assez gracieusement la recueillirent / puis
luy dirent de vostre venue dictes nous grant
mercy/et puis les autres dames / damoisel/
les/cheualiers et escuyers/tous luy vont fai/
re la reuerence et festoyer/(z ainsi passa enui/
ron vng moys.Aduint q vng soir apres soup/
per estant le roy (z la royne en vng beau preau
en grant nombre de dames et de cheualiers.
Lors le seigneur de saintre dist a la royne et
aux autres dames seez vous toutes cy si vo⁹
cõpteray vne vraye nouuelle et merueilleuse
hystoire que on ma de bien loing escripte.A/
uant dist la royne (z pour dieu que nous le sai/
chons/ma dame seez vous la.Et lors appella
madame belle cousine/et entre vous dames
seez vous toutes cy:(z escoutons ceste nouuel/
le q nous veult dire le seignr de saintre.Lors
la royne sassist:(z fist seoir ma dame pres del
le/(z puis les autres dames(z damoiselles en/
tremeslees daucũs seignrs q la estoiẽt cheua
liers(z escuyers.Lors en riant dist la royne uu
seignr d saintre/maistre des nouuelles cõmẽ
cez a deuiser.   (Lacteur.

(Cõmẽt le seignr de saitre sans riẽs
nõmer/cõpta lystoire de ma dame / de
dãp abbez (z de luy/(z rẽdit la sainture a
ma dame deuãt la royne (z plusieurs au
tres dames (z damoiselles.
Chapitre.   lxxx.vi.

LE seigneur de saintre lors cõmêca son cõpte en la meilleur facõ et maniere ql sceut et dist/ma dame iay nagueres veu vnes lectres dune histoire vraye (t nouuellement aduenue en almaigne dune tresnoble et puissante dame q de sa grace print plaisir en vng iousuencel bien gentil et tant de biens damours et dhonneurs luy monstra qp certaine espace de têps elle le fist vng trestenõme cheualier (t tant loyaulment se entreaymerent comme la lettre dit q oncques plus loyaulx amours ne furent ne secrez amours.

C Lacteur.

Aie fortune la traistresse cõme dit le bon boece a sa dextre plaine dorgueil voult les sergens mettre en dueil plus soubdainement les surprent que le flot de mer ne sesprêt et les destourne ensi peu dheure q le plus bas vient au dessus et au dessoubz vient le plus hault ne de leurs pleurs rien ne leur chault (t tant ont plus douleur (t pre/sa ioye est que en peu despace le pl(us)heureux le chetif passe.

C Saintre

Ainsi fut il ma dame de ce poure maleureux q tãt estoit en grace de sa dame q oncques auant de dame ne fut mieulx ayme q p la voulente de fortune po(ur) lamour delle (t po(ur) acroistre son hõneur il vint en france faire armes:dõt il yssit a son hõne(ur) Et en dementiers que ces choses se faisoiêt sa dame sacointa dung grant gros et trespuissant moyne qui estoit nõme damp abbez dune abbaye bonne et riche:et tant sentreaymerent qlle en oublya son treslopal amy et serviteur du tout/et lors respõdit la royne elle fist sa malle ioye q pour vng moyne laisser celuy qui tant laymoit:ma dame il fut ainsi/car ie lay ainsi veu par lettre qui mye ne me mentitoit.Or escoutez ma dame et orrez la raison et la fin.Or dictes doncqs dist la royne (t sacheuez. Et lors mot a mot lhystoire racompte/(t premier cõment lamant les trouua au gibier

comment labbe manda a ma dame si on le retiendroit au soupper/et la responce quelle en fist/comment lamant pour veoir la farce ne se fist gueres prier/comment labbe et ma dame blasonnerent les cheualiers et escupers q par le monde alloient faire armes/comment il mist sus la lucte (t en fut iuge/comment ilz lucterent et desuestirent en pourpoint/et les beaulx saulx que labbe faisoit deuant ma dame/les ris/les ieux/les mocqueries qlz faisoient a cause de la lucte (t de ce que labbe en auoit lhonneur/lambapade que le couuet en fist/et pour abreger comment il fut en la cyte disner/comment ilz furent armez en leur bataille/comment a labbe en print/aussi les parolles que ma dame dist a lamant en le villenant et menassant pour lamour de son nouel amy/comment il mist la main a son touppet faisant semblãt quil la voult frapper. Les parolles que lamant luy dist/et comment il luy osta sa sainture que porter ne debuoit de la couleur quelle estoit pour sa desloyaulte. Et apres ce que il eut conclud fut illecques la dame que on cupdoit estre dallemaigne tresgrandement blasmee et mesprisee /et fut lamant de sa bataille quil auoit emprinse tresgrãdemêt loue. Et de ceste belle nouuelle fut la nouuelle ioye illecques si grande qua paine se pouoit on desptir ne cesser de rire/mais ma dame la siple (t cope sans dire mot a malechete escoutoit tout. Lors le seigneur de saintre dist a la royne (t a toutes les autres dames qui la estoient. Ma dame (t vous mes dames lhystoire demande ql doit estre dit de celle dame si elle a biê faict ou non/et a vous maldame ien demande la premiere. Quant ma dame la royne ouyt parler des amours de damp abbez (t dune dame doubtalaucun peu q pour sa belle cousine ne fust/mais po(ur)ce quelle nauoit sccue lamour delle (t du seigneur de saintre a certain ne scauoit que penser. Lors pour veoir que ma dame diroit le commêcer a parler dicelle dame remist a elle. Lors elle respõdit/ma dame me soit pardonne/car a ce quil

a deuise riens ny pensoye/mais sil vo9 plaist
faictes dire les autres :iacoit ce q̄ lon sen de-
uroit taire/et quant vous et toutes en aurez
dit ie diray apres ce quil me semble·Alors la
royne dist/mais puis quil fault q̄ cōme roy-
ne nous commencons:vrayement saintre sil
est ainsi quauez dit nous disons que telle da-
me est faulce et mauluaise ʒ nendisons plus·

¶ Saintre

R ca ma dame de retel
quen voulez vous dire/
iendis ce que la royne en
a dit/et oultrepl9 que on
la deuroit bannir de tou-
te bonne compaignie si
elle y estoit· Dzsa vous
ma dame de vandosme
quē dictes vous/iendis beaulx amys que on
la deuroit lyer sur vng asne le viz deuers la
queue ʒ mener par la ville a grant derision·
Et vo9 ma dame du perche quelle est vostre
oppinion·Je dis que la royne et mes dames
qui en ont ia dit ont si bien dit q̄ on ne pour-
roit mieulx/ʒ si dis oultre que telle dame de-
uroit estre despouillee toute nue des la sain-
ture en amōt ʒ toute reze:puis oindre de miel
et mener par la ville:affin que les mousches
luy courussent sus et la picquassent la faulce
dame quelle est selle est viue:dauoir laisse sō
si parfaict et loyal seruiteur/cheualier ou es-
cuyer pour vng moyne ʒ benoist soit lamant
sainsi la pugnist· Lors ny eut la dame ne da-
moyselle que toutes nen rissent ʒ quilz ne sa-
cordassent esdictes oppinions:desquelles op-
pinions furent les dames de beaumont/de
craon/de grauille/de mauleurier et diury·
Les hōmes qui la estoient escoutcrent a grāt
desduit ʒ nen dirent riens:et par ainsi deuāt
elles furent donnees ses oppinions ʒ ouy le
iugement de sa deslojaulte·

T quāt le seigneur de saitre eut a chas-
cune demande ʒ en eurent dit ce que des-
sus est dit ʒ assez pis il se tourna a ma dame
et le genoul a terre luy demanda sonoppiniō
cōme aux aultres· Ma dame qui moul estoit
esbahye ʒ ne scauoit que dire comme celle a
qui lhystoire touchoit de bien pres tant fut p
la royne et autres dames contrainate q̄ force
luy fut quelle en dist son oppinion comme les
autres· Lors dist:puis quil fault que ien dye
il me sēble que celuy amant cheualier ou es-
cuyer quel qui soit fut tresmal gracieux da-
uoir deffainte celle dame ʒ emportee sa sain-
ture comme vous auez dit/Voyre dist le sei-
gneur de saintre vous ne dictes et ne respon-
dez riens a mon propos neia ma demande q̄
est:si lamant a faict bien ou non dauoit ainsi
habandonne son loyal amāt et seruiteur ʒ ny
scauez vous autre chose:fors que pour auoir
deffainte sa tresfaulce dame de sa bleue sain-
ture ʒ emportee cōme tresindigne de telle cou
leur porter ʒ dictes que pour ce il fut tresmal
gracieux· Lors tira de sa manche la sainture
ferree doz en luy disant/ma dame ie ne vueil
plus estre si mal gracieux/et deuant la royne
et la compaignie de dames ʒ de cheualiers ʒ
descuyers tresgracieusemēt vng genoul bas
il la luy mist en son giron· Et quant la royne
et sadicte compaignie virent ʒ ouyrent ceste
merueilleuse chose p merueilles et grant es-
bahyssement lung lautre regarda ʒ de ma da
me furēt tous et toutes cōme chafcun le peut
penser tresesbahiz/et ne faict mye a deman
der selle deuoit estre bien honteuse/car illec-
ques elle perdit toutes ioyes et honneurs/et
cy commencera la fin de ce compte:priant et
requerant a toutes dames et damoyselles/
bourgeoyses et autres de quelque estat quilz
soient que toutes prēnent exemple a ceste si
tresnoble dame oyseuse q̄ p sa luxure se per-
dit ʒ vueillent bien penser audict commun·
Oncques ne fut feu sans fumee tant fut il en
terre parfont / cest a dire que oncques ne fut
bien ou mal tant fust secret repost ou obscur
a la fin ne soit sceu/car aisi la ordonne lebray
et tout puissāt iuge de toutes choses:auquel
ne fault ne ne peut on riens celler pour neant
les bons et les iustes et pour pugnyr les pe-

cheurs et les mauluais soit en ame soit en corps ou en honneur Ainsi que fist ceste dame et de maine autres hommes pugnyr pour leurs desordonnees voulentez:ilz sont bien des fumees sans feu/cest a dire quilz sont maintes faulces langues desliees de flateurs a gecter les fumees sans feu/cest a dire porter et rapporter mauluaises renommees a hommes et femmes sans cause et contre reison/mais elles ne peuent porter le feu sans la veritable preuue dont ilz demeurent dame dhonneur a du corps perduz et dampnez:a sont par derriere villenez et mocquez.

Lacteur.

Et cy donneray fin au liure de ce tresvaillant cheualier q oultre les armes q iay dictes fut en maintes autres batailles p mer et par terre/et fist corps a corps maintes autres armes/a en especial il fut lung des.xbi.cheualiers aescuyers q combatirent au quatre deuant le souldan.xxii. chrestiens renoyez a les desconfirent pour la foy de nostre seigneur Jesuchrist et voyagea treslonguement qui seroit trop longue chose a vouloit tout reciter/Et quant le plaisir de dieu fut a soy vouloir prendre son ame par la mort qui nespargne nulluy le iour quelle clost la porte a la clarte de ses peulp il estoit le plus vaillant cheualier tenu du royaulme de france/lequel de sa vie naturelle fina ses iours en la ville du sainct esperit sur le rosne ayant pris tous les sainctz sactemens que tous bons et loyaulp chrestiens doibuent faire/et en faisant sa sepulture fut trouue vng petit escrinet:ouql auoit vng breuet qui disoit.Cy reposera le corps du plus vaillant cheualier de france/et plus qui pour lors sera:duquel plusieurs dyent quil se doit entendre le plus vaillant du monde qui en son temps fust/doncques

pour lamour de ses vaillances iay prins plaisir de veoir ou son corps gist et prins sur luy en memoire les lectres entaillees:qui en latin dient ainsi.

Hic iacet dominus Johannes de saintre milles senestalus andegauensis et senamanensis cameratius que domini dicis andegauesis qui obiit Anno domini milesimo. CCCC°.lxbiii°.Die.xxb.ta.octobris Cuius anima requiescat in pace.Amen

Treshault excellent et puissant prince amon tresredoubte seigneur:si aulcunement por trop ou peu escripre iauoye failly ce que de legier pourroye faire actendu q ne soye saige ne aussi clerc il vous plaise aussi a toy et a toutes leur pardonner / car maintesfois tel faict le mieulp quil peut qui ne faict gueres bien:dont nest mre merueilles moy qui suis a ay este iousiours rude a de gros engin en maintien/en faictz et en dictz/mais pour accomplir voz prieres qui entre tous les seigneurs me font entiers commandemes:iay faict escripre ce liure:dit saintre que en facon dune lettre ie vous enuoye:en vous suppliant que le prenez en gre.Et sur ce pour le present mon tresredoubte seigneur autre chose me vous rescriptz fors si treshumblement comme ie scay et puis me recommande a vostre tresbonne et tresdesiree grace ou que ie soye/et prie le dieu des dieup quil vous doit entiere ioye de trestous mes desirs.Escript a genepe en breban.Le.xxb.iour de septembre.Lan de nostre seigneur Mil quatre cens cinquante et neuf.

C Icy finist la tresplaisante hy
stoire et cronicque de messire ie
han de saintre/et de la ieune da
me des belles cousines sans au
tre nom nommer.

C Ici commence la trespiteu
se hystoire de messire floridan
iadis cheualier a de la tresbon
ne vertueuse damoyselle ellin
de a de leurs trespiteuses fins.

Es haulx et courageux faictz / des nobles et vertueuses per/sonnes sont dignes destre racõ/ptez et escriptz: tãt affin de le baitler et acroistre nom immor/tel par renommee et souueraine louenge / cõ me aussi po esmouuoir et enflãber les cue s des lisans et escoutans a euiter et fuyr oeu/ures vicieuses des honnestes et vituperables et entreprendre et acomplir choses honnestes vertueuses et meritoires pour en viure en gloire pardurable. Et pource que vous noble et bien renomme Anthoine de la salle auez tousiours prins plaisir « des le temps de vo/stre fleurie ieunesse vous estes delicte a lire aussi a escripre hystoires hõnorables / ouquel epcercice et continuant vous perseuerez de iour en iour sans interrupcion Ie tasse de bri chamel apres ce que vostre demande et peti cion iay acheue tresrudemẽt le petit nupcial traictant des mariages selon les decretz « les loix iay voulu en vostre faueur et contempla cion registrer et escripre par lectres « en cler francoys vne chose nouuelle nagueres faicte par aduãture piteuse / cest lhystoire dune no/ble ieune damoyselle nommee ellinde digne de venir auecques les femmes trescleres en congnoissance publicque: de laquelle fait mẽ cion soubz assez compẽdieuse briefuete. Mai stre nicolle de clamangis notable orateur en vne de ses epistres tresautenticques: laquel/ le iay eue pluschier estre recitee par vng floup et aorne lãgaige que par nul / car par haultes/ se deloquence ie puis rendre le faict plus no/ble et plusvertueux quil nest: pourquoy sil sẽ ble a aulcuns que ladicte description soit di/ gne de audience ie leur racompteray meuue ment lordonnance de la chose faicte sicomme elle a este baillee et recitee par gens notables dignes de foy et de credence.

Comment la tresbelle ellin de fut a vng vieil seigneur pro/mise a mariage sans son sceu.
Chapitre premier.

St assauoir dõcques que es fins de france fut vng riche et puis sãt cheualier: duquel le nom se taist: noble nõ mye par charnel le noblesse de ses predecesseur mais aussi par la desiree noblesse de courage et de vertu: lequel auoit de sa femme « espou se vne fille tant seullement nommee ellinde laquelle estoit tresbelle pucelle aagee de. pvi a. pvii. ans. Et par consequent abille et pdoi ne destre conioincte a aucun par mariage / ad uint que ledict cheualier « sadicte femme eu rent comme ont communement peres et me/ res voulente et desir de alier et marier leur dicte fille a vng seigne leur voysin qui estoit ia assez ancien / riche puissãt « pssu de bienno ble lieu / et de faict furẽt les alliances faictes et promises sans le sceu de la fille par parol/ les tant seullemẽt entre les dictz pere et mere et ledict seigneur / et combien que ledict an/ cien seigneur fust aucunement noble en cou/ raige / toutesfois la noblesse charnelle et puis sance de biens auoient en luy plus grant vi/ gueur que la noblesse vertueuse.

Comment messire floridan et la gente pucelle ellinde furẽt amoureux lung de lautre / et se promirent nauoir iamais autre partp. Et puis comment il lem/ mena hors la maison de sõ pere pour lespouser secrettement.
Chapitre ii.

R estoit il aisi qun ieune che ualier nomme floridã estoit tresfort embrase en lamo de ladicte pucelle : lequel estoit assez noble de sãg « non mye tant que lautre seigneur an/ cien / estoit aussi de figure beau / pieux / har dy et vaillant « qui mieulp vault: tresnoble de couraige et de vertus / de lamour duql che ualier ladicte pucelle estoit tresfort lassee a

n. iii.

cause des beaulx tiltres et de la renommee
quil auoit:pourquoy ledit messire floridan ⁊
la pucelle nestoient qun cueur/vne amour et
vne voulente:ledict ieune cheualier frequen
toit et visitoit sa belle et doulce amie ladicte
pucelle:non mye tãt de fois ⁊ si souuẽt q̃l plai
soit a lũg ⁊ a lautre/car les voyes ⁊ les ẽtrees
nestoiẽt mye franches audict messire floridã
pource q̃ le pere de la pucelle q̃ aucunemẽt se
doubtoit de la naturelle amour leur couppoit
et ostoit de son pouoit le chemin du lieu con
uenable aux amoureux:affin quilz ne parlaf
sent et deuisassent aucunemẽt ensemble/ne
antmoins lesdictz amoureux nestoient mye
si fort priuez ne forcloux du doulx et aggrea
ble regard:ne des gracieuses deuises de lung
a lautre quilz ne parlassent et deuisassent en
semble sans nul mal dire ne penser quant ilz
pouoient auoir lieu/heure et espace au veu ⁊
sceu dunchascun:fors que du pere de la pucel
le seullement.

Entre leurs doulces et amoureuses pa-
rolles estoit souuent regarde et deuise
par quelle raison et voye leur souuerain des
sir pourroit estre acomply/cest assauoir com-
ment ilz pourroient estre conioinctz et vniz
par bon et loyal mariage/car de ce faire ⁊ de
la voulente du pere nouoient ilz quelque es-
perance par ce comme dit est quil auoit prou
poux et entencion de la marier a celuy autre
seigneur ancien :duquel a este cy dessus fai-
cte mencion.

Le temps approchoit que la-
dicte pucelle deuoit estre es-
pousee audict seignr ancien
po²quoy hastiuemẽt ⁊ secret
temẽt elle enuoya querir mes
sire floridan son amy pour
traicter et scauoir a luy la maniere comment
elle pourroit euiter lennuyeuse compaignie
dudict seigneur ancien/et par consequent cõ
ment elle pourroit estre lyee auecques iceluy
son amy par mariage.

Apres ce que messire floridan
fut venu ⁊ quelle luy eut racõ-
pte lentencion et voulente de sõ
pere/et commẽt il la voult ma-
rier oultre son gre et voulente
a ce seigneur ancien ⁊ des ia le iour y estoit
prins et ordõne:et q̃ sur toutes les choses mõ
daines elle ne couuoytoit ne desiroit sinon e-
stre femme et espouse dudict messire floridã
eulx deux ensemble dune mesme amour et
voulente firent telle alliance et conuenance
que ledict messire floridan nauroit autre fẽ
me que ladicte essinde:⁊ que pareillement el
le nauroit autre mary que luy:et de faict pro
mirent foy et loyaulte lung a lautre / et pour
mieulx paruenir a leur entencion prindrẽt
conclusion que a certain iour ledict messire
floridan viendroit accompaigne daucuns de
ses gens en la ville ou ladicte pucelle demou
roit/⁊ quil laisseroit ses gens non mye trop
loing de lhostel du pere de la pucelle /et que
messire floridan sen viendroit tout seul a cer
taine heure le plus coyement et couuertemẽt
quil pourroit audict hostel:ouquel elle latten
droit en certain lieu quelle luy monstra:⁊ par
ce moyen lemmeneroit et sen yroit en certain
lieu/et lors ilz feroient la solempnite de leˢ
nopces comme il appartiendroit:et que par
celle facon ⁊ non par autre le desir de lung et
de lautre seroit mene a fin.

Et croyez certainement que messire flo-
ridan ne faillit mye a sa promesse/mais
retourna tout ainsi que aduise et accorde la-
uoient. Et quant il fut venu accompaigne
de plusieurs ses seruiteurs il sen vint vers la
pucelle que il trouua toute seulle en lacten-
dant/et lors sen alla auec luy iusques au lieu
ou il auoit laissez ses gens ⁊ assez dilligem-
ment monterent a cheual et mirent derriere
luy la damoyselle et partirent dicelle ville
eulx mectant en chemin ioyeusement. Dr no
soit ledict messire floridan trauailler la pu-
celle ne haster son cheual pour celle cause/
ains cheuauchoit doulcemẽt ⁊ cõsidera quon

les pourroit suir quant le pere sappetceuroit
du departement de sa fille·Pource il ozdõna
a ses gens faire le guet en cheuauchant / les
ungs de ca et les autres de la / ꝗ il se mist seul
a une part tyrãt le chemin a deptre trauersãt
les champs et cheminant selon aduis de paps
sa mye derriere soy· Et quant uint a heure de
disner / ilz arriuerent a une ville assez estran-
ge et loingtaine de grans trespas et chemins
en la quelle ses seruiteurs le deuoient suiure
et trouuer pour luy dire se aucune chose sca-
uoient de leurs suicte et pour luy faire com-
paignie des loze en auãt aussi pour repaistre
stre eulx ꝗ leurs cheuaulx / Car biẽ en estoit
heure·

Duint que ce iour estoit la fe-
ste en la ville et y estoient as-
sez plusieurs estrangiers / et
ieunes barletz des villaiges
voisins pour eulx festoyer et
esbatre / enclins de ployer a
toutes oeuures tant ordinaires que eptraoz-
dinaires / et desordonnees sicomme aduient
souuent a gens mal attrempez et de mauuai-
ses condicions remployer tant au moyen de
glotonnie et de bin boyre / que de leur propre
mauuaise et peruerse nature oultrageuse·

C Commẽt messire floris
dãse logea en une hostelle
rie ou il fut tue dũg coup de
fleche pour ce quil y auoit
quatre mauuais garcons ꝗ
Bouloient prendre par force
la belle ellinde / lesquelz il
mist en fuicte par sa uailla
ce / mais en furant lung di-
ceulx le naura d ladicte fle-
che si quil en mourut·

Chapitre.   iii.

T quãt il fut ainsi arriue a cel
le ville il descendit en la meil-
leur hostellerie a son aduis qui
y fust / et se mist en une cham-
bre la pucelle auecques luy po2
actendre que le disner fust prest et la uenue de
ses gens· Et incontinent suruindzent leans
quatre cõpaignons bien embastonnez ꝗ a lho
ste demanderent ou estoit celle femme qui e-
stoit leans uenue et descendue / la quelle ung
compaignon auoit amenee derriere luy / sur
ung cheual· Pour ꝗlle cause la demandez uo9
dist lhoste / pource ꝗ nous boulõs boyre auec-
ques elle / et quelle nous tiengne compaignie
Car cest une fẽme de nostre mestier / et uray-
ment celuy qui la amenee ne la remenera mie
iusques a tant que ayons fait nostre plaisir·

Omment dist lhoste ie croy ve-
ritablemẽt ꝗ estes mal infoz-
mez de ce ꝗ uous dictes / ꝗ e-
stes folz ꝗ mal aduisez / ie con
gnois bien cellup ꝗ la amenee
quon appelle messire floridã
ꝗ est cheualier qui ne daigneroit mener fem-
mes diffamees aual le pais et ie cupde quelle
soit sa parente / car elle a les manieres et cõte
nances destre femme ou fille de bon lieu / de
bien ꝗ dhõneur sans nulle villennie ou reprou
che / ꝗ aduisez bien en uostre fait et comment
uous parlerez / ꝗ si uous prp que uous ne faic
tes aucũ destoy enmõ ostel ne au cheualier ne
a sa cõpaignie aucũe villẽnie ne iniure / car ie
scay biẽ tãt d luy ꝗl ne uo9 souffretoit mie uou
lẽtiers / mais si bouliez pceder pl9 auãt uo9 en
pourriez aduenir en ung grãt meschief si ꝗ al
lez uo9 en faire ure besõgne paisiblemẽt ou bõ
uous semblera / car aual la ville trouuerez as
sez de telles femmes que demandez qui sans
debat acõpliront uoz uouloirs sans conttedit

Ar telles paroles et semblables
eptozcions se efforcoit le bon hoste
de refstoidit et appaiser ces qua-
tre garcos de leur desmesuree uou-
lẽte ꝗ entẽciõ / mais pour ꝗlꝗ doulce

priere ne parolle qui leur sceust dire ne aussi
par eulx remonstrer quilz se pourroient legie
rement mectre en dangier de leurs corps par le
moyen du couraigeux vouloir dudit messire
floridan qui de tout son pouoir contredisoit et
resistoit a leur mauuaise voulente / aussi en
dangier de iustice silz faisoient aucune oeu/
ure de fait ne voulente en son hostel / dont il
se plaindroit deulx / quilz en pourroient estre
griefuement pugniz / et par aduenture du corps
ilz ne sen vouldrent deporter / ains dirent ⁊ iu
rerent que silz nauoient celle femme ilz rom/
proient lhuys de sa chambre ou elle estoit.

Quant lhoste veit que ces qua
tre ribaulx vouloient perse/
uerer en leur mauuaise vou/
lente ⁊ ne les en pourroit des
mouuoit sen alla deuers mes
sire floridan / et luy dist lenten
cion et entreprise des ditz quatre ribaulx / et
que ce seroit bien fait que a eulx parlast doul
cement et courtoisement / pourquoy ilz se po⁊
roient deporter et eulx en aller. Et quant mes
sire floridan fut a eulx venu / tresgracieuse
ment leur demanda quilz queroient et demã/
doient. Et lors comme plains dire / conduitz
par lennemyeulx respondirent haultement qlz
vouloient auoir celle ribaulde / quil auoit en
sa chambre mussee / et que sil ne leur bailloit
prestement et de son bon gre / ilz lauroient et
prendroient par force ⁊ mal gre luy / et par aduen
uture aux coups et dommaige de son corps.

Doncques leur dist messire
floridan quil nestoit mye cou
stumier ne son estat d mener
deshonnorees femmes par le
pays en sa compaignie / car
il estoit noble homme et che/
ualier / yssu et party de noble lignee / et auoit
par tout son temps exercee et frequente le me/
stier des armes / en grandes et tresnobles cõ/
paignies de princes et seigneurs cheualiers
et escuyers. Et que de ce estoit certain son ho
ste qui autressfoiz lauoit veu et ouy et parle de
luy. Et que veritablemement la damoiselle
quil auoit amenee / estoit sa prochaine paren/
te et braye pucelle a marier / la quelle il me/
noit festoyer en sa maison cõme tenu y estoit.
Et en celluy hostel estoient descenduz tãt po⁊
repaistre que pour actendre ses gens et serui/
teurs qui deuoient tantost venir et arriuer a/
uec luy: ⁊ feussent tous seurs quil ne pourroit
veoir ne souffrir faire aucun desplaisir a sa
cousine et parente prochaine / encores moins
que a luy / Si les requist quilz le laissassent
en bonne paix / ⁊ se gardassent de luy faire ne
a la pucelle / aucune chose mal faicte / Car en
verite il leur y mectroit toute resistence a luy
possible / en leur declairant son nom et le lieu
de sa demourance et seigneurie / et ilz dirent
quilz auoieut bien ouy parler de messire flori/
dan / mais que ce fust il ne le croioyent mye /
Car il nauoit point acoustume de aller ainsi
seul par les champs / mais bien acompaigne.
Certes dist il vous dictes voir / et bien tost
verrez cy venir ma compaignie / ne pour aus
tre chose que pour repaistre entre tãdis ⁊ po⁊
lactendre ne me suis ie ycy descendu / vous di
rez font ces ribaulx ce que vous vouldrez /
mais vous nen serez mye creu / ne pour chose
que scaichez dire ne nous decepurez ne abuse
rez. Car tout est bourde et mensonge ce que
nous allez disant / et de tout ce vous taisez / et
nous baillez celle femme sans plus parler et
le faictes court / ou autremẽt par voye de fait
et vueillez ou non / nous la prõs prendre quel/
que chose quil en puisse aduenir.

Quant le noble et vaillant che
ualier veit que ces garcons
ne vouloient se deporter de
leur mauuaise et faulce vou/
lente / ne par son bel et graci/
eulx parler / ne pourroit se/
courir a la pucelle / si non par sa force et resi/
stence / et veit quilz commencerent a chercher
les chambres de leans / ia soit ce q ne fust mie
bataille pareille d quatre cõtre vng toutesffoiz
il se delibera de perseuerer ⁊ et garder sa mye /

et celle qui par honneur cestoit acompaignie
de luy iusques a oultrace· Et tout ainsi quilz
cuydoient entrer en la chambre ou la pucelle
estoit/ledit messire floridan leur vint coura-
geusement a lencontre:et leur dist/ que en sa
vie ne feroient force a la pucelle / et quilz ne
entreroient mye en la chambre si non par la
force de son espee·

Les ribaulx qui estoient bie[n] pourueuz de bastons/ a mer-
ueilles oultraigeux· Com-
mencerent a assaillir ledit
messire floridan qui se se def-
fendit vigoureusement / et
entre eulx eut grant meslee/ et monstra bien
quil estoit preux et vaillant/ Car illes blessa
tous et mist en fuite· Et lors cuyda estre as-
seur/mais ne se print garde q[ue] lu[n]g desditz qua
tre ribaulx de loig luy gecta vng dart q[ui] luy en
tra ou corps et le perca tout oultre et de ce coup
cheut a terre priue et destitue de toutes ses for
ces et vertuz· Et mourut en celle place/ dont
fut grant dommaige· Et quant ce fut ainsi
fait/ces ribaulx hastiuement firent vne fosse
ou iardin de leans/en laquelle ilz le mirent
et enterrerent· Et dirent a loste que sil en fai
soit nul semblant que riens nestoit de sa vie/
et quilz en feroient comme dudit cheualier·

Elaesse charnalite a point de frain/de raison/de mesure en
soy la chaleur d[e] luxure deuoit
estre contente et respondre de
la mort dicelup cheualier/sans
proceder plus auat· Et quant
ilz veirent que la pucelle auoit perdue sa seu
rete et garde/ilz vindrent a elle comme loups
a la brebiz et chiens enragez· A la venue des-
quelz non scaichant encores la mort de son loy
al amy/elle fut toute espouentee· Et comme[n]
ca a crier a haulte voix/ Helas chetiue que ie
suis/ou est ma garde et mo[n] espoir ou est il alle
quest il deuenu Pour quoy ma il laissee seul/
le ie cuyde quil soit mort / et sil est ainsi ie
ne vueil plus viure apres luy·

Comme[n]t ellinde me-
na grant douleur / quant
elle sceut que floridanson
amy estoit mort: et com-
ment les quatre garsons
qui lauoient tue la vou-
loient prendre par force /
par quoy affin de les dece
uoir et eschapper dentre
leurs mains/ pria a lung
qui luy sembloit le plus
doulx et debonnaire:quil
fist separer les autres/
trois/ iusques quil eust
faicte sa voulente·

Chapitre. iiii·

Vant ces paillars veirent q[ue] le estoit troublee et espouen-
tee ilz sefforcerent de la con-
soller et rappaiser/disant que
son amy estoit alle en la vi[ll]e
besongner / et quil la man-
doit querir par eulx a aller deuers luy pour e[s]
stre plus seurement et secrettement que en lo
stellerie public/mais de ce ne les creut mye
Ains commenca a faire plus grant dueil/
dont elle en auoit bien cause/et quant ilz vei
rent quelle ne les croioyt mie de chose qui luy
fissent entendant/ de face rigoureuse luy di
rent quelle maniere est ce que tu nous faitz/
Ce ne te vault/ Car bien te congnoissons·
Scaiches que nous auons deliure le pays de
ton ruffien qui tauoit icy amenee· Si couie[n]t
q[ue] no[us] faisons de toy nostre plaisir et voulete/
et ten deliure et de faire bonne chiere· Et en
ce disant la prindrent lung deca/ et laultre de-
la/ et leur requeroit trespiteusement quilz la
laissassent/et quelle estoit bonne pucelle / et
sans ce quelle fist oncques pechie auecques
homme charnellement/et si estoit de bo[n]ne mai
son et de nobles gens yssue/ dont ne tindrent
co[m]pte/et quant elle veit quelle ne pouoit re-
sister co[n]tre eulx leur dist et requist/ que puis

que malle fortune lauoit illecques amenee q̃
aumoins ilz eussent honte et vergongne lũg
de lautre que les trois sen allassent/ lautre de
mourast auecques elle/ helas elle ne les veult
mieulx auoir ne retenir pour acomplir le pe／
che/ dont elle estoit bien dãgereuse/ mais po²
et entencion destre preseruee et sauuee a son
honneur. Adonc elle esleut et retint le plus ai
gre esperant quil feroit sa voulente et quil re
traitoit les autres de la villenner. Et quant
les autres troys sen furent departiz de la chã
bre elle luy pria treshumblement quil la voul／
sist escouter. Si luy dist en ceste maniere / ie
scay et congnois mon treschier iouuencel que
tout le fait de ma poure auenture toutes mes
esperances ꝗ richesses sont maintenant en ta
puissance et en ta franche voulente gist mon
honneur/ ma honte et ma vie/ ꝗ ma mort. Cõ
ment pourras tu souffrir / que moy qui suis
vne pucelle ne viue chastement sans quelque
defloracion/ pense bien et regarde si conuien
dra par ta desordonnee chaleur et de tes com／
paignons/ que ie soye violee/ corrompue ꝗ hõ
nie au grant deshonneur de moy et de mon li／
gnage/ et a la dampnacion de voz ames. Et
affin que tu scaiche et congnoisses tout mon
fait / ie suis vne pucelle qui oncques ne fuz
attouchee dhomme/ et fille dung vaillant et
noble cheualier/ ie tay voulu premier et plus
tost eslyre que nul autre de tes compaignons
pour ce que a mon semblant tu es plus capa／
ble de raison et doibs estre plus prudent quilz
ne sont tant par ton aage que autrement/ aus
si que tu me semble estre le plus debonnaire
et doulx en ton maintien des autres / ie ne
tay point esleu pour moy deshonnorer ne de／
florer/ mais pour moy en preseruer et garder
et se tu veulx les pires desmouuoit et rettrai／
re par priere / de la quelle chose treshumble／
mēt ꝗ a genoulx deuant toy ie te supplie. Et
ne cuyde mye que tu ne faces pour riens/ car
silte plaist a le faire tu en auras bon et prouf／
fitable guerdon. Premierement la grace et a
mour de dieu et le sauuement de ton ame en

la gloire et ioye pardurable. Et si te prometz
de toy en faire riche et puissant a to⁹ les iours
de ta vie/ et si en auras lamour de moy ꝗ aus
si de mon pere de ma mere et de mes parēs ꝗ
amys. Et encores ie te requiers ou non de la
vierge marie/ que de moy vueilles auoir cõ
passion et moy octroyer ceste requeste. Et ie
te feray mon conduyseur en lhostel de monsei
gneur mon pere/ au quel iay grant desir de re
tourner/ et illec te feray faire tel payement de
ma promesse que tu en seras ioyeulx et con／
tent en telle maniere ꝗ si largement que tu a／
uras cause de prendre grant peine a gaingner
ta vie le temps aduenir. Ainsi piteusement
fist sa requeste celle pucelle cuydant eschap／
per de leurs voulente / mais quoy plusieurs
personnes sont qui sont to⁹ autres par dedãs
quilz ne monstrent par dehors/ Car ia soit ce
que aucuns semblent par dehors estre piteux
et debonnaires selon leur maintien/ que ꝗ les
pourroit veoir au parfond du cue² on les trou
ueroit tous au contraire/ ꝗ garnyz de mauuai
ses et paruerses condicions/ villaines entre／
prises/ et templiz de tous vices sicõme il ap／
parut en celuy qui estoit demoure auecꝭ la
pucelle/ lequel luy sembloit le plus hũble cour
tois et le mieulx condicionne / mais fortune
voult quelle retint le plus rebelle ꝗ desraison
nable des autres/ car encores nauoit elle mye
finee sa parolle et requeste/ quãt le mauuais
garniment luy entre rompit sa parolle : et luy
dist que pour neant et en vain elle parloit et
sermonnoit longuement. Et que son en
gin et piteux langaige monstroient cleremēt
quelle estoit vne garse et ribaulde rusee ꝗ quil
nestoit mye si ieune quil la creust ne quelle lē
dormist par telles bourdes ꝗ mēsonges/ mais
conuenoit sans plus seiourner/ que ce pour／
quoy il estoit auecques elle demoure fust fait
Car a toutes ses promesses et conuenances
il renuncoit et nen voult nulles.

❡ Comment la doloreuse El／
linde requist a ce mauluais gar／

ſon quil allaſt fermer les fene/
ſtres affin quon ne les veiſt / et
puis cõmẽt illesfermoit mieulp
aymant ladicte ellinde mourir
que perdre ſa virginite/typa ung
petit couſteau quel auoit et ſe le
mẽſt en la gorge ſi ãlle mourut
par quoy les quatre garſons ã ri
baulp ſen fuirent. Cha. ſ.

Aparfin quãt la pucelle vit
et congneut quil conuenoit
ſans remede quelle fuſt deſ/
honnoree/par ces quatre ri/
baulp plains diniquite doul/
traige/ã de villennie/elle re
quiſt a ce ribault qui auecques elle eſtoit que
pour plus ſecretement aocmplit ſon pechie il
clouiſt les feneſtres de la chãbre ou ilz eſtoiẽt
affin que par icelles aucun ne les peuſt veoir
ne regarder / la quelle choſe il fiſt et accorda.

Reſcoutez maintenant cho
ſe de grant merueille ã eſcan
de ã digne de memoire. En/
tandis que icelluy ribault en
tendoit a clourre ã fermer leſ
dictes feneſtres la pucelle de
ſirant auoir victoire de ſes ennemys et eſtre
preſeruee de ces garcons et de ſon pucellaige/
typa ung petit couſtel dont elle auoit acouſtu
me de trancher ſon pain a table ã eſtoit ſoubz
ſa robe et en faiſant ung cry treſhaultain ſe
trancha la gorge ã cheut toute enſanglantee ã
dempe morte a terre. Et par ainſi toſt apres
preſent loſte et pluſieurs auttes qui la ſuruin
drent elle priuee et forcloſe petit a petit / des
eſperitz qui donnent vie au corps mourut pi
teuſement.

Dant celuy ribault qui eſtoit ainſi
demoure auecques elle vit lorrible
fait ainſi aduenu/tantoſt luy et ſes
cõpaignons ã de ce furent eſpouen/
tez/doubtant a cauſe de leur meffait ſouffrir
ã recepuoir les peines et pugnicioub quilz a/
uoient deſſeruies ſen fourrent et allerent de

lhoſtel/dictes moy anthoine ſi celle piteuſe
aduenture ã infortune fuſt aduenue au tẽps ð
bocace poete florẽtin ſi leuſt teu ã paſſe ſoubz
ſilence ſans en faire aucune mencion en ſes
liures. Certes il eſt bon a croyre que non/ais
euſt bien ã notablement recite le fait de meſ/
ſire floridan en aucune partie de ſes liures ã
ſappellẽt des aduẽtures des hõmes/hommes
nobles/ã en latin. De caſibz viroʒ illuſtriũ
Euſt auſſi recite le fait ð la pucelle Ellinde
en ſon liure qui ſappelle des femmes claires
en latin:de mulieribus claris.

Les pſtoriographes des romains ont y ſou
ueraines louãges eſleuee lucreſſe iuãz au ciel
pour ce ãlle oppreſſee par la force de ſeptub le
filz du dernier roy de rõme ne ſe peut plus te
nit en vie aores le peche charnel/ã par iceluy
ſeptub fut violentement cõmis en elle/mais
affin quelle ſe monſtraſt innocente de la lay/
dure et villennie qui luy fut faicte ſans eſtre
en riens coupable de ce meffait ſe voult tuer
de ſon propre couſtel en teſmoignage de ſaver
tueuſe chaſtete/il ne voult poit touteſſoiz diſ
puter aſſauoir cõbien pour ce fait elle doit e/
ſtre louee. Cõme il ſoit ainſi ãl ſoit deffendu
par loyp diuines ã ciuilles ſoubz griefueb ã oʒ
ribles peines ã nulz ne nulles ſe mecte a mort
de ſoy meſmes pour quelque cauſe que ce ſoit
iay auſſi leu que le poete eſt ſans iniure em/
priſonne es enfers ceulp qui innocens ſe tuẽt
de leurs mains propres/mais ſoit que ladic/
te lucreſſe ait eſte a bon droit par ce fait ycp.
Et non mpe comme ie cuyde ait eſte tãt ſeul
lemẽt digne de louenge/mais auſſi fait a ep
cuſer debonnairement de la grandeur du peche
par lardant deſir de ſa purete. Touteſſoiz ie
oſe dire ã affermer que la pucelle ellinde/dõt
a eſte fait mencion/doit eſtre en toutes cho/
ſes non point ſeullement comparee ne reſſẽ/
blee a ladicte lucreſſe/mais plus priſee/ã du
tout en tout a icelle preferee pour cinq raiſõs
Car tout premieremẽt lucreſſe apres ce que
la luxure du filz du roy fut epcercee en elle/
ſe voult bien donner a la mort / affin que par

aucune suspeccion on ne cuydast mye quelle eust le fait consenti/mais ellinde treseftran=ge/de toute suspeccion de non licite consente=ment/voult par anticipacion pourueoir quel le ne fust soillee par vil et deshonneste atou=chement/et ayma mieulx la mort : que den=cheoit a ce peche/ la quelle chose luy eust este desplaisant tous les iours de sa vie. Seconde=ment lucresse ne voult plus viure affin quel=le neust point de vergonne du fait que en elle auoit este commis/mais ellinde se deliura a la mort : affin que riens en son corps ne souf=frist/dont elle peust estre accusee de peche/ ne auoir honte de dieu ne du mode. Tiercemet lucresse vaincue par crainte et paour obeist (fauorisa a la voulente luxurieuse dudit sex=tus filz du roy/mais ellinde ne par menasses ne par espouentemens quelxconcqs ne peut oncques estre surmontee ne menee a ce quel=le voulsist cosentir a pecher quelque requeste ou priere qui luy fust faicte. Quartement lu cresse fut/tant seullement oppressee dug tout seul homme qui encores estoit tresnoble com=me filz de roy/mais ellinde en son flory(blac pucellage et pour le garder couraigeusement batailler et mourir. Et fut a ce contraincte co tre quatre grans loudiers et inhumains mur triers. Lesquelz neurent point la force de la deshonnorer. Ains les surmonta/et se preser=ua de leur dampnable voulente et emprise. Quintement lucresse estriua pour lenteriete de son corps/mais ellinde voult en ce dangier batailler et mourir. Et conuient croyre / que ce fut mal gre soy/(quelle eust mieulx ayme viure que mourir(que le cas ne fust mie ad=uenu de loppression qui luy fut faicte.

Et combien quil ne soit mye loysible de croyre que ladicte el linde soit colloquee en leureu=se compaignie des sauuez si no par layde concurrat de salutai=re penitence/toutesfoiz on ne doibt mye cuy=der estre chose discordant de verite quelle qui soubdainnement ne partit pas de ce monde /

mais petit a petit et successiuement ne sen al last contricte et repentant de son meffait / en requerant a dieu mercy par pure entencion d cueur/et qui plus est nostre trespiteux et de=bonnaire sauueur luy peut auoit octroye (ac=corde indulgence et pardon: moyennant con=triccion et lextreme heure de la mort/ veu et considere quelle auoit espandu et arrouse en sa florie ieunesse(o virginal couraige damo(de celle contenance et de celle purte/et cy don ray fin a cest liuret de trois hystoires.

Ores montres doubte seignr si tres humblement que ie scay et puis a ioinctes mains vo(requiers (supplie/prenez en gre du simple et poure mer=cier la poure mercerie / et du poure seruant la bonne voulente en moy tous iours offrant aux tresloyaulx et tresdesirez seruices de tous voz commandemens. Et ce scet le dieu des dieux qui vous esiourse com me vous desirez.

Addicio extaicte des cronicques de flandres q est tresbelle chose.

Comment le duc de bourgogne descosit mes=sire robert dartois. Chapitre. premier.

Chapitre Premier

Le trouue entre les aultres
tresmerueilleuses batailles
et estranges rebellions que
la plus grãt partie des com/
munes de flandres ⁊ dartois
firent contre le roy ⁊ le conte
de flandres En lan de nostre seigneur Mil.
C.C.C.et quarãte que le roy phelippes de
france en ycelup temps auoit ordonne au duc
de bourgongne et conte darmignac que pour
quelconqs requestes des ennemys leurs per
sonnes especiallement ne yssissent hors des
portes de la ville de sainct omer qui francoy/
se estoit:si aduint que messire robet dartois
qui rebelle estoit et anglops a tresgrant puis
sance de gens darmes et de communes de flã
dres et de hapnault ⁊ dartois vint deuãt sait
omer acompaigne de cinquante ⁊ cinq mille
combatans diceulx pays sans les autres cap
pitaines et gens darmes presenter la batail/
le au duc et contes dessusdictz. Le duc qui du
roy especiallement auoit le commandement

de soy tenir et seiourner en laville ⁊ deffence
de non en partir po² quelque entreprinse que
fissent leurs aduersaires:fut tresdolant de ce
que partir nosoit doubtant desobeyr aus dictz
commandemens et deffences/lors appella le
conte darmignac et tout son cõseil ⁊ leur dist
mes amys Bous scauez que mon seigneur le
roy nous a commande et deffendu que iusqs
a sa Benue nous ne saillons a nulle requeste
de noz ennemys qui sont si pres de no⁹ ⁊ croy
que ce ne sont que villenaille et menu peuple
combien que tresgrant nombre soient Si ie
saulx hors pour les cõbatre ie seray desobeys
sant/⁊ se ie me tiens encloux en ceste ville ie
seray deshonnore:pource Bous prie que men
conseillez le meilleur/et a Bous beau cousin
darmignac ien demande le premier. Alors
dist le conte darmignach Monsieur puis que
Boulez que le premier ien dye quant a moy il
mest aduis que de la paix de monseigneur le
roy pourrez bien finer/mais de telle victoire
ne finerez Bous mye quant Bous Bouldriez

pource me semble que deuez sur eulx saillir/
car a layde de dieu de nostre dame ¢ de mon
sieur sainct denys nous les desconfirons qui
pourra estre cause de faire rettraire le roy dan
gleterre en son grāt ost. A ces parolles le duc
qui estoit prince cheualeureux et vaillant en
armes ne demanda plus a nul autre son op/
pinion:ains fait sonner trompettes ¢ ordon/
ne que chascun tantost a cheual et a pied fust
prest pour combatre:lors saillit hors/mais de
celle part ou messire robert dartois estoit en
tre les deux batailles auoit vng grant fousse
que chascun party craignoit a passer pour as/
sebler/et illecques furēt assez lōguement. Le
conte darmignac qui auoit huyt cens hōmes
darmes dont y auoit troie cens coursiers ar/
mez de haubers sauāca poⁱcourre sus a ceulx
dyppre qui auoient bataille a par eulx. Lors
tous se rompirent/mais les loyaulx flamās
et les artisiens quiuitēt leur banniere rettrai
re les assaillirēt de lung des coustez tellemēt
que tous les rompirent/mais le conte darmi
gnac et sa compaignie q a grans perilz ¢ dan
giers auoient passez les fossez en firent tres/
grande occision/et alors messire robert dar/
tois commenca pas a pas a soy rettraire /car
la nupct suruint:le duc de bourgōgne alors pas
sa le fousse ¢fiert a larriegarde de messire ro
bert ¢ la desconfit ¢ furent q ca que la de gēs
mors sans nombre/mais ses cappitaines ne
le vouldrent suyuir pour la nupt quiestoit a
la poursupte.Et en celle victoire vindrent y
nupct en la ville de sainct omer q a grant tor/
ches et lumieres a ioye telle que pouez pen/
ser les festoyerēt/ce fut le lendemain du iour
sainct iacques ou moys de iuillet /lā mil trois
cens et quarante.

Quant messire robet dartois se trou
ua ainsi desconfit ¢ auoit perdu si
grant nombre de ses gens ne se osa
loger ne arrester en ses tentes dont
il estoit party ¢ ceulx qui demou/
rez y estoient ia sen estoient fuyz et laissez ba
/pauittos/harnoys ¢ quāt quilz auoiēt

a grant haste:dont messire robert fut encores
plus esbahy/si se partit incontinent a tāt de
gens qui luy estoient demourez de la descon/
fiture.Et ne cupda iamais estre a temps sur
le mont de cassel ou il fut encores en tresgrāt
peril de ses gens tel que oncques ne fut assez
iusques a ce quil fust en la ville dyppre.

¶ Comment le roy dangleter/
re fist faire que nupct que iour
des pons pour faire passer ses
gens la riuiere de lescault.
Chapitre   ii.

ET quant le iour fut venu et
les cheuaucheurs eurent porte
la nouuelle de la fuytte de mes
sire robert et de ses gens /et q
les tentes et paueillons auec
tous les harnoys et bagaiges estoient demou
rez. Alors ceulx de sainct omer saillirent de
toutes pars a ce pillage.

Dont messire robert qui bien
cupdoit estre a seurete en la
ville Dyppre fut aduise du
murmurement que ceulx de
la ville faisoient des pleurs
et crys de leurs amys q mors
estoient Si sen partit bien hastiuement ¢ ne
fut iamais asseur iusques a ce que il fut en
lost du roy dangleterre q loge a tresgrāt puis
sance estoit a lun des coustez de la ville de to/
nay. Et quant le roy sceut celle desconfiture
fut tresgrandement dolent qui fut si grande
et si doubteuse que mil combatans eussent
bien couru iusques aux portes de bruges et
gand.Lors le roy dangleterre ordonna preste/
ment iour et nupct faire pons et fist passer
grant partie de ses gens oultre la riuiere de
lescault pour assieger tournay tout au toⁱ tāt
estoit sa compaignie et puissance grande ain
si que cy apres sensupt.

¶ Sensuyuent les noms des contes: princes et seigneurs qui estoient
auec le roy dangleterre.

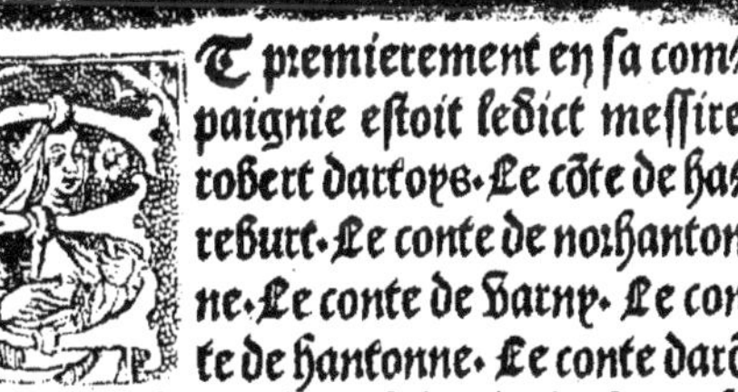

T premierement en sa com/
paignie estoit ledict messire
robert dartops. Le côte de has
reburt. Le conte de norhanton
ne. Le conte de barny. Le con
te de hantonne. Le conte darô
sel/le baron destanfort / le duc de brabant /le
duc de guelle. Le conte dehenault/messire ie
han son oncle. Le marquis de iuilliers/le cô/
te de mons/le conte de angny /le seigneur de
franquemôt/iacques dartenelle chief de to⁹
les rebelles de flandres ⁊ pres de tout le com
mun qui tous auoient assiege la ville de tour
nay/mais oncques assault ny firent ne autre
faict darmes:sinon vne fois que aucun, peu
de gens saillirent en la rue des faulx bourgs
mais a eulx saillirent vne grant compaignie
danglops et dalemens qui les firent retraire

¶ Comment le roy dangleter/
te enuoya vne paire de lettres au
roy de france par vng herault.
Chapitre   iii.

E roy de france qui auoit as/
semble vng tresgrât ost le pl⁹
que oncqs fust iamais auoir
este assêble par le roy de frâce
ou estoiêt premieremêt le roy
de behaigne. Le roy de nauarre/le duc de nor
mandie/le duc de bourbon/le duc de bourgoi
gne/⁊ duc de bretaigne/le duc de lorraine/le
duc dathenes/le conte dalêcon/le conte de flâ
dres/le conte de sauoye/le conte darmignac/
le conte de boulongne/le conte de bar/leuesq
du liege/le conte de dreux/le conte de marle
Le conte de blois/le conte de sanserre/le con
te dauxerre /le conte de ioingny / le conte de
roussy ⁊ maintz autres cheualiers/barons ⁊
escuyers sans les gens de traict ⁊ autres bôs
compaignons qui seroit trop longue chose a

escripre/oyant parler de ceste desconfiture en
son chemin le lendemain quelle fut faicte sen
alla loger a tout son grantost en la prairie de
sainct andrieu qui est entre aire et therouen/
ne/et illecques par vng roy darmes dangle/
terre luy furent portees vnes lettres q le roy
dangleterre luy enuoyoit· Desquttes la te/
neur sensuyt·

E par edouard Roy de fran
ce et dangleterre et seigneur
dirllande A vous sire philip/
pes de valtois scauoir faisos
comme par long tẽps auons
poursuy par messaiges et en
plusieurs aultres manieres/ affin que nous
feissiez raison et rendre nostre droicturier he
ritaige de ce royaulme de france/et car nous
voyons clerement que sur ce vous poursuy/
uez et efforcez en vostre iniurieuse detenue q
sans nous faire raison de nostre droicturie/
te demãde:vous signifians pour ce sommes
entrez en nostre terre de flandres et seigneur
souuerain dicelle auons trouue de bõs q preu
dhommes vraye obeyssance vous signifiõs
que auons prins layde de nostre seigneur Je
sucrist et de monsieur sainct george et de no/
stre bon droit et ayde dudit pays auec celle de
noz bons amys q alliez:regardez au droit que
auons a leritaige q sans cause et a tort nous
detenez/et pour ce entẽdons nous traire par
deuers vous pour mettre briefue fin sur no/
stre droicturiete demande et pource q si grãt
pouoir de gens darmes qui tiennent vostre
party ne si pourroient tenir longuement en/
semble sans faire tresgrans dommaiges q ex
torcions au poure peuple/ce que to9 bons cre
stiens doiuent escheuer:especiallement prin/
ces:ausquelz les peuples sont q doiuent estre
subgectz/si desirõs moult que la facon de noz
deux querelles po2 escheuer leffusion de sãg
humain vous pleust diffinir par nous deux
seullement corps a corps:laquelle chose nous
vous offrons a cause des choses dessusdictes
esperant la haulte noblesse dont estes party q

a ce ne nous reffuserez mye/et ou cas que ne
vouldriez accepter madicte requeste:ne diffi/
nir par icelle voye que nous soyons cõptés de
diffinir nosdictes querelles p noz corps accõ/
paignez chascun de cẽt cheualiers et escuyers
telz que vouldriez eslire/et si ne voulez lune
de ses deux offres que vous nous certifiez
iour cõpetant deuant la ville de tournay pour
combatre pouoir cõtre pouoir dedãs·xv·io2s
apres la date de ces lettres/toutes lesquelles
choses voulons estre faictes q establies p tout
le monde q que cest nostre desir:non mye par
orgueil ne oultrecuydance/mais affinq dieu
mecte repoux de bien enmieulx entre les cre
stiens/q pource que les ennemys de dieu fus
sent resistez q effacee la voye que sur ce voul/
driez eslire sur le contenu de nosdictes reque/
stes:sur lesquelles p le porteur de cestes nous
vueillez faire hastiue et briefue respõce· Dõ
ne soubz nostre grant seel A elchindales pres
de tournay/en lan de grace Mil·C·C·C·et
quarante/le·xxvii·iour de iuillet·

Commẽt le roy de frãce fist
responce au roy dangleterre he/
douart·chapitre   iiii·

Dant le Roy de france eut
leues ses lettres et sa respon
ce ordonnee en son conseil ou
furent lesdictz deux roys de
Behaigne et de Nauarre et
maitz autres ducz/cõtes/ba
rons et seigneurs deuant nommez/inconti/
nent fut escripte et faicte ycelle responce en
la maniere qui sensuyt·

Phelippes par la grace de dieu
Roy de france A edouart roy
dangleterre/nous auons veu
vnes lettres apportees a no/
stre court enuoyees a phelip/
pes de valoys/lesquelles con
tenoiẽt aucunes requestes/mais po2 ce quel/
les ne sadressoiẽt pas a no9 ne voz requestes
aussi/comme vous appartenãt aux teneurs
de voz lettres ne faisons point de responce/

ne auantmoins pource q̃ nous auons entẽdu
p̃ vos dictes lres ꝛ autremẽt q̃vo⁹ estes ẽbatu
en nostre royaulme đ frãce en portãt tresgrãt
dõmaige a no⁹ ꝛ a noz subgectz ꝛ aussi au peu
ple de nostredit royaulme esmeu de mauuai⸗
se voulẽte et sans cause ne raison. Non regar
dant ce q̃ hõme lige doit regarder a son droic⸗
turier seigñr auq̃l auezfait hõmaige lige En
recongnoissance de feaulte ꝛ telle obeissãce q̃
loyal subgect doit feablemẽt recõgnoistre a sõ
droicturier seigñr lige sicõme il appt par voz
patẽtes lres seellees de vostre grãt seel lesq̃l
les no⁹auons par deuer no⁹. Sur ce autre cho
se ne vous escripuons fors q̃ nostre entẽte est
a layde de nostreseigñr vray et tout puissant
dieu/de nostre dame ꝛ de mõseigñr sainct de⸗
nis auec nostre bon droict ꝛ ayde de noz bons ꝛ
loyaulx amys ꝛ subgectz no⁹vo⁹ ferons chan⸗
ger langaige ꝛ honteusement vuider hors de
nostre royaulme ꝛ vo⁹faire recõgnoistre loffẽ
ce q̃ auez nagueres faicte a nostreseigñr quãt
po² vous a este empesche lẽprise ꝛ voyage doul
tremer Pourquoy mains bõs crestiẽs ont per
du leurs vies ꝛ la saincte foy catholicq̃ amen⸗
drie ꝛ affoiblie q̃ ne fust si eussiez voulu faire
sur ce q̃ auiez promis. Et quãt a layde des cõ
munes de flãdres ꝛ artisiens/dõt vo⁹estes ay
de nous sõmes informez q̃ les bõnes gẽs ont
este faulcemẽt deceuz p̃ gẽs mauuais ꝛ corrõ
puz/mais doresnauãt no⁹esperõs q̃lz se adui⸗
seront ꝛ ferõt leurs deuoirs enuers nous ꝛ no
stre cousin le cõte de flandres leur naturel sei
gneur ainsi que dieu et nature lont ordonne.
Et sur ce a present plus ne vous escripuons/
donne en nostre chãp et exercice royal ou prio
re sainct andrieudelez nostre ville daire soubz
le seel de nostre sacre en absence du grant / le
trentiesme iour de iuillet. Lan de grace. Mil
tois cens et quarante.

N demẽtiers que ces choses e⸗
stoient le roy tint son conseil as
cauoir sil yroit en flandres / ou
tiendroit le chemin de tournay
Le conte de flandres qui doub⸗

ta la destruction de son pays/tant des amys q̃
des rebelles sans demander fut le premier q̃
parla et dist Monseigneur ne vous desplaise
si ie mauance de parler/car apres vo⁹ ie suis
celuy a qui pl⁹ la chose touche. Se vous allez
en flandres ia soit ce que le pays conquerez ꝛ
destruisez du tout/ia pour ce nautez mye des⸗
confit le roy dangleterre qui par derriere vo⁹
pourroit dommaiger/mais si vous auiez con
quis ce roy vous estes en vng iour seigneur ꝛ
roy paisible de tout vostre royaulme. Alors
chascun fut auecques le conseil ꝛ aduis du cõ
te. Le roy qui veit tout son conseil a vne oppi
nion/ordonna prestemẽt ses batailles/ꝛ vint
par ses iournees loger a bournes vne villete
a trois lyeues pres de tournay.

Comment ceulx de tournay
manderent au roy de france quil
les allast secourir:et comment le
roy leur manda quilz fissent bõ⸗
ne chiere ꝛ quen brief ilz auroiẽt
secours. Et cõmẽt la contesse de
haynault sentremist de faire la
paix entre les deux princes.
Chapitre.   v.

Uant le roy dãgleterre sceut
q̃ le roy de frãce sapprochoit
de luy/io² et nuyt ne cessa de
faire pons par dessus la riuie
re de lestault pour deux cho⸗
ses/lune pour assieger tour⸗
nay tout autour. Et lautre pour passer luy et
son ost du couste q̃l vouldroit. Et quant ceulx
de tournay se veirent ainsi destrois incõtinãt
mãderent au roy/q̃ pour dieu les voulsist se⸗
courir/car les viures y estoient petis pour lõ⸗
guemẽt tenir ꝛ estre enfermez des anglois cõ
me ilz estoiẽt. Pourquoy nulz viures ne pou
oiẽt pl⁹venir a la ville/ꝛ quãt le roy eut veues
le²s lres ꝛ cõplaincte le² mãda q̃lz fissent bõne
chiere/ꝛ que briefuemẽt ilz auroient secours.

En dementiers que ces choses estoient ainsi disposees/et que la bataille deuoit estre si mer/ueilleuse comme chascun espe/roit la contesse de haynault qui seur du roy de france estoit/et fille du roy dan gleterre se fist moyenne des deux princes/et requist le roy de behaygne en son ayde pour e/stre moyen auecques elle. Si fut ladicte da/me deuers les deux roys/et tant se trauailla a layde et conseil du roy de behaigne/et dau/tres saiges des deux partiz q̃ pesoint le grant peril de la chose/considere le peuple et grant nombre de gẽs nobles:et autres qui la estoiẽt assemblez tant dune part que dautre. Si fut ordonne et consenti par les deux roys de fran ce et dangleterre auec leurs seellez et lectres patentes de plain pouoir sans rappel ou con/tredire/q̃ accord̃ traictie seroit entreulx fait par les aduis̃ cõseilz de ceulx q̃ chascun esli/roit pour son party. A ceste conclusion fut ap/pelle iacques darthenelle bourgois de bruge et chief des rebelles flamans/qui dist au roy dangleterre presente la contesse de haynault et tout son conseil. Sire prenez garde quelle paix vous ferez/Car selle nest faicte en fa/con que tous en soiẽt cõtens/ia ne vous quic/terons du serment q̃ nous auez fait. Et quãt a moy:ie ne suis pas roy/iaymeroye mieulx prendre la bataille telle quelle viendroit/que la paix/si elle nestoit a mon plaisir et a mon honneur. Ou autrement iamais ne partirõs dycy.

Et quant la contesse louyt ainsi or/guilleusement parler: dist au roy/ He sire esse a vous chose honneste que vng tel villain soit si longue/mẽt escoute/ne a ses dyabolicques parolles adiouster aucune foy/car son villain cueur plain dorgueil/de yre/et de villennie/ pour la haultesse ou il est/qui ne poise mye le stat/le sang ne honneur de si haulx princes et si nobles seigneurs/q̃ de tant de crestiens cõ/me a ceste bataille pourra estre respandu/si

dieu par sa grace q̃ pitie ny pourueoit. Si vo⁹ supply treshumblement que plus ne lescoutez Et quãt iacques darthenelle ouyt ainsi la cõ/tesse parler son cueur sadoulcist/et se accorda a ce que la chose fust traictee amyablement et sans bataille.

¶ La facon et chapitre de la paix ceulx qui la conclurent/q̃ ceulx pre miers du roy de france.

¶ Le roy de behaigne/le conte darmignach/ le conte de sauoye/messire loys de sauoye/le seigneur de nohiers.

¶ Ceulx de par le roy dangle/terre.

¶ Messire guillaume de clitonne/leuesque de nicholle/sire geoffroy de strop/sire ihean de henault/le sire de thuc/sire henry dãthoing.

Et premier fut ordonne/que le roy de france rendroit au roy dangleter re par le mariage de leurs enfans/ toute la terre et duchie dacquitaine Et la conte de põthieu en la propre facon et maniere que le roy edouard son grãt pere la tint. Et par ainsi que nulz sergẽs roy/ aulx ne puissent sergenter/epploicter ne au/cune chose executer. Et en tãt quil touche au pays de flandres que grans moyens et petis: soient remis aux loix quilz auoiẽt au temps du conte guy. Item q̃ toutes obligacions en quoy ilz seroient obligez enuers le roy de frã/ ce/en quelxconques facons et manieres que ce soit/ne de quelxconques temps soient to⁹ quictes tant devoyages cõme de somme dar/ gẽt/ou de peines ou ilz pourroiẽt estre ẽcheuz ¶ Item que de tous excommuniemens ou ilz pourroiẽt estre encouruz ilz soyent absoulz et que tous les forfaiz et obligacions par les/ quelles ilz pourroiẽt estre tõbez esdictes sen/ tences/leur soit rendues q̃ mise en le²s mais: ¶ Item que toutes le⸱ offenses quilz pourr

roient auoit faictes contre le roy ⁊ le conte de
flandres leur seigneur seront franchement et
reaulment pardonnez. Et remis en leurs gra
ces et amours/en telle maniere que iamais
aucun deulx pour ce ne dope recepuoir dom/
maige en corps et en biens. Et sil aduenoit
que pour le temps aduenir ilz fissent aucune
chose/dont ilz deussent estre pugniz / par les
loix et coustumes du lieu ou ilz serōt habitās
Et pour tous ces traictez et accords de paix
faitz a plus grant deliberacion/ la contesse de
hapnault requist vnes treues iusqs a la sainct
iehan baptiste. Ausquelles treues certaines
personnes / seroient enuoyez en vng certain
lieu. Et illecques seroient les sentences rela
xees et suspendues/et seroit on par tout flan
dres les seruices de saincte eglise / ainsi que
par auant on faisoit.

T quant ces choses furēt faic/
tes et ainsi ordonnees/le roy
de france sen retourna a paris
ou il remercia tresgrandemēt
ses amys ⁊ leur donna du sien
treslargement/et puis chascū
retourna en son pays Et le roy dagleterre sen
alla a gand/et la vint le conte de flandres le
quel il festoya tresgrandement. et pour se at/
traire a sa voulente luy fist de grans dons que
au regard de desloyaulte furent tous perduz/
car le conte nauoit nul taillant dauoir aliance
au roy dangleterre. A lencontre de son souue
tain seigneur le roy de france. En demētiers
que ainsi se festoioiēt a gād/les vaisseaux p

mer arriuerēt pour retourner le roy en angle/
terre/lors il print congie et remercia tous les
seigneurs qui lauoient serup. Et cy dōneray
fin a ce que iay extraict desdictes cronicques
a cause des deux lettres et de la paix/Car le
surplus ou sont de tresbelles et notables cho/
ses pourra on la veoir qui vouldra.

Lacteur. Anthoine de la salle.

Cy finist lhystoire et cronicque
du petit Iehan de saintre / et de la
ieune dame des belles cousines sās
autre nom nommer. Auecques lhy
stoire de messire floridan/et la bel
le elinde. Et lextraict des croni/
ques de flandres/ touchant la paix
Entre le trescrestien roy de france
Phelippes/et le roy Edouard dan
gleterre. Nouuellement Imprime
a paris par Michel le noir Libraire
iure de luniuersite dudit lieu. Le
quinziesme iour de Mars Lan mil
cinq cens ⁊.xviii. Et a preuilege de
trois ans/que nul libraire:ne autre
ne le peut faire imprimer ne ven
dre/que ceulx que ledit Noir a imi
primez/cōme il appert plus a plain
a lasecōde paige de ce present liure.

CEST. MON. DESIR.
M. LENOIR
POVR DOVLT PLAISIR
DE DIEV SERVIR
POVR ACQVERIR